21世纪应用型本科会计系列规划教材

U0862109

Foundations of Financial Management

5th edition

财务管理概论

（第五版）

李忠宝　肖峰　主编

东北财经大学出版社
Dongbei University of Finance & Economics Press
大连

图书在版编目（CIP）数据

财务管理概论 / 李忠宝，肖峰主编．—5版．—大连：东北财经大学出版社，2018.8（2019.12重印）
（21世纪应用型本科会计系列规划教材）
ISBN 978-7-5654-3326-9

Ⅰ．财…　Ⅱ．①李…②肖…　Ⅲ．财务管理-高等学校-教材　Ⅳ．F275

中国版本图书馆CIP数据核字（2018）第207899号

东北财经大学出版社出版
（大连市黑石礁尖山街217号　邮政编码　116025）
网　　址：http://www.dufep.cn
读者信箱：dufep@dufe.edu.cn
大连雪莲彩印有限公司印刷　　东北财经大学出版社发行

幅面尺寸：185mm×260mm　　字数：300千字　　印张：13
2018年8月第5版　　2019年12月第11次印刷

责任编辑：孙　平　章北蓓　　责任校对：王　娟　冯智慧
封面设计：冀贵收　　版式设计：钟福建

定价：30.00元

第五版前言

本书自出版以来，受到了读者的普遍欢迎。由于客观经济形势的变化，财务管理的内容也发生了相应的变化，为此，我们对本书再次进行了修订。在修订过程中，我们对内容进行了充实、更新与删减，更加关注财务管理与相关学科之间的关系，使本书更具专业特色和实用性，力求做到体系新颖、表述规范、内容完整、重点突出、深浅适度、简明实用。本书适合高等学校财务管理专业及其他经济管理专业使用。

本书修订的计划和具体方案由李忠宝拟订，由李忠宝、肖峰任主编，张桂仁、刘新任副主编。参加本书编写的人员有：李忠宝（第1、5章）；肖峰（7、9、10章）；张桂仁（第3、6章）；刘新（第4章）；蔡万东（第2章）；王志刚（第8章）。最后由李忠宝进行修改、总纂和定稿。我们对本书第四版的作者表示衷心的感谢！

杜晓光教授对本书进行了审阅，在此深表谢意！

在本次修订过程中，我们参阅了国内外最新的著作、教材和其他相关资料，并得到了一些热心朋友的大力帮助，东北财经大学出版社及编辑对本书再版给予了大力的支持，在此一并表示感谢！

本书配有电子课件，详情请登录东北财经大学出版社网站（www.dufep.cn）查询。

尽管我们力求做到符合专业特点，遵循学科体系，但由于水平所限，一定会存在许多不尽如人意之处。为此，我们真诚希望专家、同行和本书使用者在使用本书之后，能提出宝贵意见，以便我们进一步改进。

编　者

2018年8月

目　录

第一章

总　论

学习目标

在了解财务管理的产生与发展的基础上，掌握财务活动与财务关系的含义及内容；掌握财务管理的内容及特点，理解财务管理的任务，掌握财务管理的原则；熟悉财务管理的方法，掌握财务管理的法律规范。

学习重点与难点

财务活动、财务关系、财务管理、财务管理的内容、财务管理的任务、财务管理的原则、财务管理的方法。

第一节　财务管理的概念

企业是指以营利为目的，从事商品生产与销售、劳务供应与协作的经济组织，是按照经济核算制原则建立起来的基本生产经营单位。由于我国实行的是社会主义市场经济，商品货币关系的存在决定了价值规律依然发挥作用，因此，每个企业要生存和发展，必须按经济规律办事，在国家宏观政策调控下，以市场为导向，努力增产节约、增收节支，不断提高企业的经济效益和社会效益，实现企业的自我完善、自我发展。为此，企业必须加强经济核算和生产经营管理，其中一项重要的内容就是财务管理工作。

一、财务管理的产生与发展

（一）财务管理的产生

财务管理产生于西方社会，是与股份公司的产生、发展相伴随的。

据史料记载，15—16世纪，地中海沿岸一带的城市得到了迅速发展，意大利的许多城市（如威尼斯、热纳亚等）已发展成为欧洲与近东的贸易中心。随着跨地区商业的发展，一些城市中出现了邀请公众入股的城市商业组织，股东有商人、王公、廷臣乃至一些市民。这种股份经济组织往往由官方设立并监督其业务，股份不能转让，但投资可以收回。国外有些学者视其为原始的股份制企业。这虽然还不是现代意义上的股份公司，但它们已经把向社会公众筹集的资金用于商业经营，并已出现了红利的分配和股本的回收等问题，因此，许多学者认为，这实际上已有了财务管理的萌芽，但这时的财务管理还没有作为一项独立的职能从商业经营中分离出来。

17—18世纪，随着资本的原始积累、金融业的兴起、生产和交换规模的不断扩大、工业技术的发明和应用，股份公司在许多国家建立和发展起来。19世纪50年代以后，欧洲各国及美国产业革命进入完成时期，制造业迅速崛起，新机器、新技术不断涌现，企业规模不断扩大，组织企业生产经营需要大量的资金，股份公司得到了迅速发展。

19世纪末20世纪初，随着公司的迅速发展，企业规模不断扩张，公司中出现了一种新的管理职能，即如何筹措资本、如何发行股票、外部资本如何筹措、筹措到的资本怎样安排使用、盈利如何分配等。于是，许多公司纷纷成立一个新的职能管理部门——财务管理部门——来承担上述职能。财务管理作为一项独立的管理工作，开始从企业管理中分离出来，专业化的财务管理产生了。

（二）财务管理的发展

财务管理自从产生以来，其发展过程经历了筹资财务管理、内部控制财务管理和投资财务管理三个阶段。

1.筹资财务管理阶段

在这一阶段，财务管理的主要职能是预计公司资金的需要量和筹措公司所需的资金。20世纪初期，由于股份公司迅速发展，各公司都面临如何筹措扩大经营所需资金的问题。由于当时的资本市场还不很成熟，会计信息不充分、不可靠，股票交易中“内幕交易”现象严重，投资者大都不敢进行投资。

1929年的资本主义经济大危机，导致整个资本主义经济普遍不景气，生产萎缩，许多公司破产倒闭，投资者损失惨重。为了保护投资人的利益，各国政府纷纷通过立法手段加强对证券市场的监管。其间，美国于1933年和1934年通过了《联邦证券法》和《证券交易法》，规定公司在发行证券之前必须向证券交易委员会登记注册，向投资者提供公司财务状况及其他有关情况的说明书，并按规定的模式向证券交易委员会定期报告财务状况。因此，如何筹措资金成为当时财务管理的重要职能。

2.内部控制财务管理阶段

这是财务管理的一个重要发展阶段。筹资阶段的财务管理只着重研究资本筹措，却忽视了公司日常的资金周转和内部控制，也未能研究出一套必要的财务管理办法，所以即使筹措到资金也不一定能使公司经营持续发展。第二次世界大战以后，随着资本主义国家经济的复苏、科学技术的迅速发展、市场竞争的日益激烈，企业的财务管理人员逐渐认识到，要在残酷的竞争中维持企业的生存和发展，财务管理的重要职责不仅在于筹措资金，更在于如何加强内部控制，管好、用好资金。在此阶段，资产负债表中的资产科目，如库存现金、应收账款、存货和固定资产等已引起财务管理人员的重视。

在财务管理实践中，公司内部的财务决策被认为是公司财务管理的最重要的课题，而与资金筹措有关的事项被逐渐淡化；各种计量模型逐渐应用于库存现金、应收账款、存货和固定资产等科目；财务计划、财务控制和财务分析等得到广泛应用。

3.投资财务管理阶段

随着企业经营的不断变化和发展，资金运用日趋复杂，加上通货膨胀和市场竞争日趋激烈，投资风险不断加大。资金运用效率和效益的提高不仅取决于日常的财务管理和控制，在很大程度上也与投资决策的成功与否有直接的关系，因此，投资管理开始受到重视。这表现在以下三个方面：

（1）确定合理的、科学的投资决策程序。财务管理人员认为，合理的、科学的投资管理程序是做好投资决策的基础。科学的决策必须遵循必要的程序，包括投资项目的提出、投资项目的评价与审核、投资项目的决策、投资项目的执行和投资项目的再评价。

（2）建立科学的投资决策指标体系。在这一阶段，财务管理人员逐渐认识到传统的财务评价指标，如静态的投资回收期、投资报酬率的缺陷，建立起考虑资金时间价值的贴现现金流量指标体系。这一指标体系主要包括净现值法、现值指数法和内含报酬率法等，在20世纪70年代已得到广泛应用。

（3）建立了科学的风险投资决策方法。这一时期建立的各种专业的决策方法为正确进行风险投资决策提供了科学的依据，创建的投资组合理论也为分散投资风险提供了重要的理论依据。

（三）财务管理的发展趋势

从财务管理的历史发展中，我们看出，财务管理始终处于不断发展变化和日趋完善的过程中，财务管理将从以下六个方面得到迅速发展：

1.更加注重财务管理价值指标的利用

财务管理工作中涉及一些重要的价值指标，主要是资金时间价值和风险价值。资金时间价值是指资金在周转使用过程中形成的差额价值。不同时间的资金价值量是不同的，企业筹资决策和投资决策必须考虑资金时间价值，注重现金流量。风险价值是指企业进行风险投资时应获得的风险报酬（或风险报酬率），也称为风险收益（或风险收益率）。企业的投资面临各种风险，低风险肯定带来低收益，而高风险不一定带来高收益。任何投资都必须规避风险，化解风险，以获得超过资金时间价值的额外收益，确保企业更好地生存和发展。

2.环境对财务管理工作的影响更加重要

企业生存和发展离不开客观环境，包括经济环境、法律环境和金融市场环境；另外，在人工智能、区块链技术等已显现其强大应用前景的今天，技术环境也是必须关注的。

经济环境是指对财务管理有重要影响的一系列经济因素，包括宏观经济环境和微观经济环境。宏观经济环境是指影响企业财务管理的各项宏观经济因素，主要包括经济发展状况、通货膨胀、利率的波动、政府的经济政策以及市场竞争等。微观经济环境是指影响企业财务管理的各项微观经济因素，主要包括企业所处的市场环境、采购环境、生产环境和人员环境等。

法律环境是指企业和外部发生经济关系时应遵守的各种法律、法规和规章。企业的理财活动，无论是筹资、投资还是利润分配，都要和企业外部发生经济关系。在处理这些经济关系时，应当遵守有关的法律规范，包括企业组织法律规范、税务法律规范以及财务法律规范等。企业必须依法成立，依法经营，照章纳税，按法定程序进行利润分配；否则，就要受到法律的惩罚。

3.财务预测工作将更广泛开展

在近期发展中，预测学的基本原理已在财务管理工作中得到广泛应用。财务预测是指根据历史资料，依据现实条件，利用定性和定量分析方法，对企业未来的财务活动及其成果的发展趋势和变化程度做出科学的测算和估计。企业为了保持和增强盈利能力，维持企业正常的现金流转，必须进行科学的财务预测，从而做出正确的决策。

4.财务决策将更加数量化和大数据化

一门科学的定量化，意味着一门科学的精密化、成就化和完善化。在过去的财务管理实践中，高等数学已被引入；在未来的财务管理实践中，数学将得到更广泛的应用，财务决策的数量化将更加受到重视。而现代科学技术的发展，也为财务管理数量化、模型化提供了有利的条件。当前，大数据已在财务领域得到应用，大数据化将助推财务决策更加精准和更具前瞻性。

5.关注通货膨胀对财务管理的影响

20世纪70年代开始，持续的通货膨胀给财务管理提出了许多新的问题，西方各国都开展了如何在通货膨胀情况下进行有效的财务管理的研究工作。通货膨胀给企业财务管理带来了许多困难，企业资金需求量增加，现金流转困难，生产成本上升，利润虚增，筹资决策、投资决策、股利政策也遇到了许多难题。虽然目前对通货膨胀在这些方面的影响已有一些研究成果，但还处于较低水平，没能找出全面的解决办法，需要进一步深入研究和探讨。

6.国际财务管理成为独立学科

在经济全球化、金融国际化的现代化社会，跨国企业、跨国公司发展迅速，国际财务管理越来越重要，将成为独立学科。国际企业（或公司）涉及不同的国家（或地区），要在不同法律、制度、环境下做出决策，必然会遇到一些特殊的问题，如外汇兑换的损益及风险问题、跨国性融资问题、在其他国家投资的资本预算问题、国外投资环境问题、避税与反避税问题、贸易壁垒问题、内部转移价格问题等，这些内容属于国际财务管理的范畴。

二、财务的概念

财务是财务活动和财务关系的统一。概括说来，企业财务是指企业生产经营过程中的资金运动，即有关的资金筹措和投放、资金的耗费和收回以及资金的循环和周转等，它体现了企业同各方面的经济关系。

从现象形态上看，财务是企业的资金运动。从内容实质上看，财务体现了企业同各方面的经济关系。考察企业的财务活动，离不开企业的再生产过程。商品生产是财务存在和发展的客观基础。

企业进行生产经营活动，必须具备生产资料和劳动力。生产资料包括劳动资料（亦称劳动手段）和劳动对象。生产过程中劳动者和生产资料相结合的性质，则决定于一定的社会形式，即生产资料所有制的形式。

物质资料的生产是社会存在和发展的基础，它总是连续不断地进行的。企业作为一个物质生产单位，其生产过程同时也是再生产过程。在再生产过程中，企业一方面进行产品的生产活动，另一方面必须不断地供应生产所需的劳动对象。同时，企业生产出来的产品必须及时销售，以满足企业再生产和社会的需要。因此，企业的再生产过程体现了销售、生产和供应三个主要经营过程的统一。

社会再生产过程是由生产、分配、交换和消费四个环节组成的，企业的再生产也体现了这四个环节的统一。首先，生产过程既是产品的生产，也是产品的消费。其次，销售和供应过程是交换的两个不同阶段。最后，对于生产过程中生产出来的产品，在其销售以后，要进行各种扣除，要扣除产品成本，支付各种费用（销售费用、管理费用、财务费用等），上缴税费。余下部分构成企业利润，要按有关规定在投资者、企业、职工和国家之间进行分配。由此可见，销售、生产和供应过程的活动构成了企业的经济活动。

我国现阶段实行的是社会主义市场经济，企业生产的产品仍然具有商品性质。凡是商品必然是使用价值和价值的统一体，企业再生产过程也必然具有两重属性，既是使用价值的生产和交换过程，又是价值的形成和实现过程。因此，企业再生产过程必须使用货币作为价值的计量和交换工具。这也就说明，企业在组织生产和进行分配与交换过程中，必然存在筹措、投放、耗费、收回和分配资金的活动，从而构成了企业的财务活动。财务活动中发生的各种经济关系即为财务关系。

综上所述，企业财务是指企业生产经营过程中的价值方面——资金运动及其产生的经济关系。

（一）企业的财务活动

企业再生产过程是不断进行的，企业的财务活动也是不断进行的。企业的财务活动是企业生产经营过程中的资金运动。

1.资金的筹措

企业的资金是指企业生产经营过程中以货币表现的，用来进行周转、创造社会物质财富的价值。企业进行生产经营活动，必须筹措一定数量的资金。

按照规定，企业的资金来源主要有所有者权益和负债两大类。所有者权益是投资者对企业净资产（资产减去负债）的权利，包括投资者投入企业的资本金及持续经营过程中形成的经营积累。

资本金是指企业在工商行政管理部门登记的注册资金。简单地说，资本金就是注册资金。企业的资本金根据投资主体不同，分为国家资本金、法人资本金、个人资本金和外商资本金等。

经营积累是指企业在生产经营过程中形成的资本公积、盈余公积和未分配利润等。

负债是指企业承担的能够以货币计量、需以资产或劳务偿付的债务，分为流动负债和非流动负债。

流动负债是指可以在1年内或者超过1年的一个营业周期内偿还的债务，包括短期借款、交易性金融负债、应付票据、应付账款、预收账款、应付职工薪酬、应交税费、应付利息、应付股利、其他应付款、1年内到期的非流动负债等。

非流动负债是指偿还期在1年或超过1年的一个营业周期以上的债务，包括长期借款、应付债券、长期应付款等。

企业根据生产经营的实际需要，通过一定的渠道和方式，筹措一定数量的资金，使资金进入企业，这是企业资金运动的起点。

2.资金的投放和使用

企业从不同来源取得的资金，投放企业再生产过程，并分布在企业再生产过程的各个阶段上，且不断发生形态的改变。企业的资金大部分处于财产物资形态上，小部分处于货币形态上。凡是占用在房屋建筑物、机器设备等方面的资金称为固定资金；占用在原材料、未完工产品、产成品、货币资金和应收款项等方面的资金称为流动资金；此外，企业还可以用现金、实物或无形资产采用一定的方式对外投资，形成短期投资和长期投资。

固定资金的实物形态是固定资产。固定资产是使用期限较长、单项价值较高，并且在使用过程中能够保持原有实物形态的有形资产。它属于长期投资，是企业进行生产经营的物质前提。它具有两个特征：（1）为生产商品、提供劳务、出租或经营管理而持有；（2）使用寿命超过一个会计周期。

流动资金的实物形态是流动资产。流动资产是指可以在1年内或者超过1年的一个营业周期内变现或者耗用的资产。它包括货币资金、交易性金融资产、应收票据、应收账款、预付账款、存货等。流动资金的原始形态是货币资金。在再生产过程中，流动资金从货币形态开始，顺次通过供、产、销三个主要阶段，分别表现为物资存货、在产品存货和产成品存货等各种不同形态，然后又回到货币形态。流动资金从货币形态开始又回到货币形态这一运动过程，称为流动资金的循环。流动资金周而复始、连续不断的运动就是流动资金的周转。

企业通过投资形成的资产在生产经营过程中营运使用，并发生耗费。企业投放资金和使用资金的目的是实现资金的增值，亦即取得一定的收益。

3.资金的收入和分配

企业以营业收入取得的货币资金，体现了已实现的产品的全部价值和提供劳务的价值。另外，企业还可能取得投资收益。企业以营业收入抵补生产经营过程中的产品成本（制造成本），支付各项费用（销售费用、管理费用和财务费用），缴纳流转税，余下部分再加上投资收益，为企业的营业利润。营业利润加上营业外收支净额构成企业的利润总额。利润总额首先要按规定缴纳所得税，税后利润按规定顺序进行分配。另外，在企业生产经营过程中，企业资金由于其他一些原因也会退出企业，如固定资产报废清理、归还到期银行借款本息、分配投资收益等。

总之，在企业生产经营过程中，资金由一种形态向另一种形态转化，构成了资金运动。资金运动是由经济业务引起的，因此，资金运动必然是一定经济业务的反映，是一定经济关系（财务关系）产生的基础。

（二）企业的财务关系

企业是为了开展生产经营活动、实现一定的经济目标而建立的。企业生产经营过程中的资金运动，体现了企业和各方面的经济关系，即财务关系。企业财务关系主要包括以下几个方面：

1.企业与税务机关之间的财务关系

企业应按照税法向国家缴纳各种税款，包括流转课税、所得课税和计入成本费用的税金。向国家缴税，以满足国家财政的需要，这是企业必须承担的经济责任和义务。

2.企业与投资者、受资者之间的财务关系

企业吸收投资者投入的资金，进行生产经营活动，并将所实现的利润按各出资者的出资额进行分配。企业还可将资本投入其他企业单位（即受资者），受资者应向企业分配投资收益。企业与投资者、受资者之间的关系，即投资同分享投资收益的关系，在性质上属于所有权关系，处理这种财务关系必须维护投资方与受资方的合法权益。

3.企业与债权人、债务人、往来客户之间的财务关系

企业在生产经营过程中，由于对资金的需要、往来结算等原因，经常与中国工商银行等金融机构发生经济关系。首先，这是企业和银行之间借款与还款的关系。企业根据业务需要，可以从银行取得短期借款和长期借款，也可以通过银行等金融机构发行债券或通过其他筹资方式向社会筹措资金，但企业必须保证按期归还借款并支付利息。随着社会主义市场经济的发展，企业与银行等金融机构之间的经济交往会越来越密切。其次，企业必须在中国工商银行等商业银行开立账户，办理经济业务往来结算，这是由银行的中介地位所决定的。

进行社会化大生产的各个企业，存在大量的经济联系，发生广泛的经济协作。实际上，只要有社会分工，只要开展生产经营活动，这种经济关系就是不可避免的。企业之间相互提供产品或劳务而发生货币资金结算关系，这种货币资金结算关系必须按照等价交换的原则进行，严格遵守国家的财经政策、财经法规和结算纪律。企业一方面要对自己的债权负责；另一方面更要对自己的债务负责，以保证经济秩序的稳定。

企业与债权人、债务人、往来客户之间的财务关系，在性质上属于债权债务关系、合同义务关系。处理这种财务关系，必须按有关各方的权利和义务进行，保障有关各方的权益。

4.企业内部的财务关系

企业是一个系统，所属各职能部门是否协调，直接关系企业的发展和经济效益的提高。

首先，企业内部除了基本生产以外，还有基本建设、福利事业等部门，它们的业务不同，资金的取得和使用也就不同，这就产生了企业基本生产与其他各部门之间的资金结算关系。其次，企业内部各部门（如计划、供应、生产、销售等）、各级单位（总厂、分厂、车间、班组）在企业生产经营过程中，也发生资金分配和结算关系。最后，企业内部由于贯彻经济责任制，分级管理，划小核算单位，内部各部门随着这种体制和经济关系的变化会产生资金和财务成果的再分配关系。

处理企业内部的财务关系，要严格分清有关各方面的经济责任，以便有效发挥激励机制和约束机制的作用。

5.企业与职工之间的财务关系

企业要根据职工的工作业绩、劳动表现，以货币形式支付职工劳动报酬（包括工资、奖金、津贴等）。这种企业与职工之间的货币结算关系，体现了职工个人和集体在劳动成果上的分配关系。处理这种财务关系，要正确地执行有关的分配政策。

三、财务管理的概念

财务活动就是指企业的资金运动，为了合理地组织财务活动，正确处理财务关系，必须加强财务管理。

财务管理是围绕企业资金运动的一切管理工作。具体来讲，财务管理就是根据客观经济规律的要求，利用价值形式，对企业的资金运动进行有效的预测、组织、控制、监督和调节，并正确处理企业与各方面的经济关系。财务管理是企业管理的重要组成部分，也是国家财政管理和银行信贷管理的基础环节。

财务管理的特点在于它是一种价值管理，利用价值法则配置经济资源，促使企业以尽可能少的资源占用，取得尽可能好的经济效果。

财务管理的另一个特点是具有综合性。企业筹资效率是高还是低，资本结构是否合理，资金运用是否最佳，生产过程是否协调，财务成果是高还是低等，都与企业财务管理水平有直接关系。

第二节 财务管理的内容

财务管理是组织企业财务活动、处理企业财务关系的一项综合性管理工作。财务管理的对象是资金（或现金）的循环和周转，财务管理的主要内容是筹资、投资和股利分配，财务管理的主要职能是决策、计划和控制。

一、筹资管理

无论是新建立企业还是持续经营的企业，都必须筹措一定数量的资金。筹资管理既是企业资金运动的起点，也是财务管理最原始、最基本的职能。

筹资管理的核心是筹资决策。筹资决策要解决的问题是筹资渠道、筹资方式、筹资风险、筹资成本等，要求确定最佳的资本结构，选择最佳的筹资方式，并在风险和成本之间进行权衡。

筹资决策的内容主要包括以下几个方面：（1）预测企业资金需要量，测定筹资额度。（2）规划企业的筹资渠道，合理筹措资金。（3）研究最佳的筹资方式，使筹资成本最低。（4）确定企业综合资本成本与最优资本结构。（5）保持企业一定的举债余地和偿债能力，为企业持续稳定的发展创造条件。

二、投资管理

企业筹措资金的目的是把资金投放于生产经营，取得盈利。企业管理者在把资金投入到各种不同的资产上时，必须以企业的财务目标，即企业价值最大化为标准。企业的投资按照不同的标准可以分为以下类型：

1.直接投资和间接投资

直接投资是指把资金直接投放于生产经营性资产，以便获取利润的投资，如兴建工厂、购置设备、开办商店等。

间接投资也叫证券投资，是指把资金投放于金融资产上，以便获取股利或利息收入的投资，如购买政府债券、购买公司债券和公司股票等。

直接投资和间接投资的决策方法是不同的。直接投资要求事先拟订多个备选方案，通过对备选方案的分析与评价，从中选择最佳的投资方案。间接投资是通过证券分析与评价，从证券市场选择合适的证券品种，并组成投资组合，以规避风险，获取预期收益。

2.短期投资和长期投资

短期投资主要是指投放于货币资产、交易性金融资产、应收账款和存货等流动资产上的投资。短期投资具有较好的流动性，对于提高公司的变现能力和偿债能力有好处，也能减少风险。但短期投资营利能力较差，把资金大量投放在流动资产上，很可能会减少企业的盈利。

长期投资，又称为资本性投资，是指用于固定资产、长期股权投资、投资性房地产等资产上的投资，其中主要是指固定资产投资。

短期投资和长期投资的决策方法有所区别。长期投资涉及的时间长，风险大，投资报酬具有不确定性，因此，决策分析时更应重视货币的时间价值和投资风险的计量。

三、股利分配

股利分配是指对企业盈余如何进行分配，多少用于发放股利，多少用于留存收益。

在进行股利分配时，既要考虑股东近期利益的要求，定期发放一定股利，又要考虑企业的长远发展，留下一定的利润作为留存收益，促使股票价格上升，以利于股东获得更多的利益。其实，影响股利决策的因素很多，包括税法对股利和出售股票收益的不同处理、未来的投资机会、各种资金来源及成本、股东对当期收入和未来收入的相对偏好等。每个公司根据自己的具体情况确定最佳的股利政策，是财务决策的一项重要内容。

股利分配政策从另一个角度看也是留存收益决策，留存收益属于企业内部筹资，所以，有人认为股利决策属于筹资的范畴，而并非一项独立的财务管理内容。

股利分配主要研究下列内容：（1）股利分配与内部融资的关系；（2）股利政策及影响股利政策的因素；（3）股利支付程序；（4）股票股利等。

上述内容是公司组织形式的企业财务管理的基本内容，原则上也适用于其他组织形式的企业。此外，就所处理的专门问题来看，财务管理的内容还包括很多，如企业设立、合并的财务管理，企业破产、清算的财务管理，企业分立、重组的财务管理，企业兼并的财务管理，跨国公司经营的财务管理，通货膨胀下的财务管理等。

第三节　财务管理的任务

财务管理的任务取决于企业的性质和任务，并且受财务管理的内容所制约。企业一方面为社会提供物质产品，另一方面又为国家提供资金积累，为投资者创造财富。要完成这双重任务，必须把提高经济效益（企业效益和社会效益）作为一切工作的根本任务。企业财务管理的基本任务和方法是，做好各项财务收支的计划、控制、核算、分析和考核工作，依法合理筹措资金，有效利用各项资产，努力提高经济效益。

一、做好各项财务收支的计划、控制、核算、分析和考核工作

企业的财务收支是企业财务管理的主要对象，因此，企业应对各项财务收支编制财务收支计划，严格实行计划管理，使企业的各项财务收支按照预定的目标来进行，以提高经济效益，并为考核企业财务收支效果提供客观的标准。财务计划制订后，必须认真执行，要按计划标准实行严格的控制。有效控制是财务管理工作的一个重要环节，其目的是使实际运行符合计划规定的标准。实际发生的财务收支是否符合计划管理的要求，控制的目的是否达到，还必须利用财务会计的考核方法，对其做出真实、及时、准确的反映。核算不仅能如实反映企业财务收支情况，而且还能为财务控制和以后更好地编制财务收支计划提供必要的信息。财务分析是对实际发生的财务收支情况的合理性与合法性所做的科学判断

与评价，是财务管理的重要环节。通过财务分析，可以发现企业财务管理工作取得的成绩和存在的不足，揭示问题，找出原因，总结经验，改进工作。考核是财务管理的最后环节，通过财务考核，可以评价企业的绩效，使企业进一步提高管理效率。

二、依法合理筹措资金并有效使用

企业进行生产经营活动，必须拥有一定数量的资金。财务管理的首要任务，就是依法合理筹措资金并有效使用，以保证企业生产经营活动顺利进行。

首先，依法合理筹措资金。企业所需的资金可以依法向投资者筹集，如吸收投资者的现金、实物、无形资产等，也可以通过发行股票的方式筹措资本金等。同时，企业还可以根据实际需要，依法负债，如举借短期借款、长期借款、发行债券等。企业在筹措资金时，要进行筹资效益分析，努力降低资金成本。

其次，以最合理的标准有效使用资金。筹措到一定数量的资金后，如果安排得当，使用合理，加速资金周转，提高资金利用效率，就可以用一定数量的资金完成更多的生产经营任务，实现更多盈利。同时，财务部门要会同各部门，合理地规划企业的资金结构，并根据生产发展变化进行适当的调整，以使企业资金分布最优化。

三、有效利用企业的各项资产，努力提高经济效益

企业的资产是企业所拥有的各种经营资源，企业应该充分利用这些经营资源，使之通过生产经营活动，为企业创造更好的经济效益。企业各项资金的运用都体现一定的资金耗费，最后都要计入成本费用，因此，企业减少资金占用，就能降低产品成本，节约费用开支，从而增加企业盈利。

四、分配所得，合理积累资金

企业的货币收入包括营业收入、投资收益和营业外收入等，分配是指对收入和利润（主要指税后利润）的分配。首先，用取得的营业收入扣减营业成本、税金及附加、销售费用、管理费用、财务费用，加上投资收益和营业外收入，减去营业外支出，得到利润总额。其次，依法计算并缴纳所得税。最后，对税后利润进行分配，其顺序为：(1) 被没收的财物损失，支付各项税收的罚款和滞纳金；(2) 弥补以前年度亏损；(3) 提取法定盈余公积；(4) 提取任意盈余公积；(5) 向投资者分配利润。

五、处理好与各方面的财务关系，严格遵守财经法律、法规

企业在生产经营过程中，要经常地与各方面发生经济往来和经济关系，所以，企业必须严格遵守国家的财经法律、法规，公司章程及所有者制定的各项监控制度，坚持“守法守规，平等互利”的原则。财务管理人员应熟悉公司法、税法、证券法等法规中有关财务方面的规定，熟悉金融市场，具备一定的管理知识和管理能力，能够预测财务方面的发展变动趋势，并具备会计、财政等方面的知识，掌握与各方人士打交道的技巧。只有这样，才能做好财务管理工作，处理好财务关系。

第四节　财务管理的原则

财务管理的原则也称为理财原则，是指人们对财务活动共同的、理性的认识。它是企业财务管理工作必须遵循的准则。

关于财务管理的原则，人们的认识不完全相同。道格拉斯·R.爱默瑞和约翰·D.芬尼特的观点具有代表性，他们将理财原则概括为3类，共12条。

一、有关竞争环境的原则

第一类是有关竞争环境的原则，它们是对资本市场中人的行为规律的基本认识。

（一）自利行为原则

自利行为原则是指人们在进行决策时都按照自己的财务利益行事，在其他条件相同的条件下，人们会选择对自己利益最大的行动。

自利行为原则的依据是“理性的经济人”假设。人们对每一项交易的可能性都能衡量其代价和利益，并且会选择对自己最有利的方案来行动。自利行为原则假设企业决策者对企业目标具有合理的认识程度，并且对如何达到目标具有合理的理解。在这种假设情况下，企业会采取对自己最有利的行动。

自利行为原则的一个重要应用是委托-代理理论。该理论认为，一个公司涉及的利益关系人很多，他们之间存在利益冲突，都按自利行为原则行事。企业和各利益关系人之间的关系大多属于委托-代理关系，这种相互依赖又相互冲突的利益关系需要通过契约来协调。

自利行为原则的另一个应用是机会成本和机会损失的概念。机会成本是指经济资源采用一个方案而放弃另一个方案时，被放弃方案的最大净收益，也称为择机代价。机会损失是指被放弃方案的参数给定时，被采用方案的收益与被放弃方案可能取得的最大收益之间的差额，也称为预计误差损失。尽管人们对机会成本和机会损失的概念有分歧，它们的计算也经常遇到困难，但是人们在决策时，机会成本是一个重要的考虑因素。

（二）双方交易原则

双方交易原则是指每一项交易至少都存在两方，在一方根据自己的经济利益决策时，另一方也会按照自己的经济利益行动，因此一方在决策时要正确预见对方的反应。

双方交易原则的建立依据是商业交易至少有两方，交易是“零和博弈”，各方都是自利的。每一项交易都有一个买方和一个卖方，无论是买方市场还是卖方市场，在已经成为事实的交易中，买进的资产和卖出的资产总是一样多，一个人的获利只能以另一个人的付出为代价。一个高的价格使买方受损而使卖方受益，一个低的价格使买方受益而卖方受损。一方得到的与另一方失去的一样多，从总体上看双方收益之和等于零，故称为“零和博弈”。在零和博弈中，双方都按自利行为原则行事，都想获利而不想吃亏。那么，为什么还会成交呢？这与事实上人们的信息不对称有关。由于信息不对称，买卖双方对未来的价格走势和收益预期产生了偏差，因此，决策时不仅要考虑自利行为原则，还要使对方获利，否则交易就难以实现。

双方交易原则要求在理解财务交易时不能只看重自身的经济利益，在谋求自身经济利益的同时，也应注意对方的存在，对方也在遵循自利行为原则行事。这条原则要求我们不要总是“自以为是”，错误地认为自己优于对手。

双方交易原则还要求在理解财务交易时要注意税收的影响。由于税收的存在，主要是利息的税前扣除，使得一些交易表现为非零和博弈。凡是交易，政府都从中收取税金。减少政府的税收，交易双方都可以受益。避税就是寻求减少政府税收的合法交易形式，避税的结果使交易双方受益但其他纳税人会承担更大的税收份额，从更大范围来看并没有改变零和博弈的性质。

（三）信号传递原则

信号传递原则是指行动可以传递信息，并且比公司的声明更具有说服力。

信号传递原则是自利行为原则的延伸，比如公司买进一项资产意味着该项资产物有所值，买进的行为提供了有关决策者对未来的预期或计划的信息。

信号传递原则要求根据公司的行为判断它未来的收益状况，比如一个经常用配股方法圈钱的公司，很可能现金流转困难；一个大量购买国债的公司，很可能缺少净现值为正数的投资机会；内部持股人出售股票，通常是公司盈利下降的重要信号。

信号传递原则还要求公司在决策时不仅要考虑行动方案本身，还要考虑该项行动可能给人们传递的信息。

（四）引导原则

引导原则是指所用办法都失败时，寻找一个可以信赖的榜样作为自己的引导。引导原则在两种情况下适用：一是理解存在局限性，认识能力有限，找不到最优的解决办法；二是寻找最优方案的成本过高。

引导原则的一个重要应用是行业标准概念，比如资本结构没有一个绝对的标准，理论不能提供公司最优资本结构的实用化模型，可以通过观察本行业的成功企业的资本结构，或者多数企业的资本结构，使自己不要与它们的水平偏离太远，就成了资本结构决策的一种简便、有效的方法。

二、有关创造价值和经济效率的原则

第二类是有关创造价值和经济效率的原则，它们是对增加企业财富基本规律的认识。

（一）有价值的创意原则

有价值的创意原则是指新创意能获得额外报酬。竞争理论认为，企业的竞争优势可以分为经营奇异和成本领先两个方面。经营奇异是产品本身、销售交货、营销渠道等客户广泛重视的方面在产业内独树一帜，这都来源于新的创意。创造和保持经营奇异的企业，如果其产品溢价超过了为产品的独特性而附加的成本，它就能获得高于平均水平的利润。有价值的创意原则主要应用于直接投资项目，同时也应用于经营和销售活动。

（二）比较优势原则

比较优势原则是指专长能创造价值。在市场上要赚钱，必须发挥你的专长。要赚到钱，你必须在某一方面比别人强，并依靠你的强项来赚钱。没有比较优势的人，很难取得超出平均水平的收入；没有比较优势的企业，很难增加股东财富。

比较优势原则的依据是分工理论。让每一个人去做最适合他的工作，让每一个企业生产最适合它生产的产品，社会的经济效率才能提高。

比较优势原则的一个应用是“人尽其才、物尽其用”。在有效的市场环境中，你不必要求自己什么都做得最好，但要知道谁做得最好。对某一件事情，如果有人比你自己做得更好，就支付报酬让他代你去做，而你去做比别人做得更好的事情，让别人给你支付报酬。如果每个人都去做能够做得最好的事情，每项工作就找到了最称职的人，就会产生经济效率。每个企业要做自己能做的最好的事情，自然就会产生高效率。

比较优势原则的另一个应用是优势互补。合资、合并、收购等都出于优势互补，一方有某种优势，另一方有其他优势，优势互补，能产生“1+1>2”的效果。

（三）期权原则

期权是指不附带义务的权利，它是有经济价值的。期权原则是指在估价时要考虑期权的价值。在财务上，一个明确的期权合约经常是指按照预先确定的价格买卖一项资产的权利。

（四）净增效益原则

净增效益原则是指财务决策建立在净增效益的基础上，一项决策的价值取决于它和替代方案相比所增加的净收益。

在财务决策中，净收益通常用现金流量计算。一个方案的净收益是指该方案现金流入量减去现金流出量的差额，也称为净现金流量。一个方案的现金流入量是指该方案引起的现金流入量增加额；一个方案的现金流出量是指该方案引起的现金流出量的增加额。

净增效益原则的应用领域之一是差额分析法，也就是在分析投资方案时只分析它们有差别的部分，而省略其相同的部分。

贯彻净增效益原则，还应注意沉没成本概念。沉没成本是指已经发生，不会被以后的任何决策改变的成本。沉没成本与将要采纳的决策无关，因此在分析决策方案时应不予考虑。

三、有关财务交易的原则

第三类是有关财务交易的原则，它们是人们对于财务交易基本规律的认识。

（一）风险-报酬权衡原则

财务管理中的风险通常是指企业经营活动的不确定性影响财务成果的不确定性。风险按其形成的原因可分为经营风险和财务风险。经营风险是指由于企业生产经营上的原因而给经营成果带来的不确定性，它来源于企业外部环境的改变和企业内部原因两个方面。财务风险是指企业由于筹措资金的原因给企业财务成果带来的不确定性，它来源于企业资产报酬率与负债资金利率差额的不确定性和负债资金与权益资本比例的高低。

风险-报酬权衡原则是指风险和报酬之间存在一个对应关系，任何投资必须进行风险和报酬之间的分析。低风险往往带来较低收益，而高风险则不一定带来较高收益。人们之所以愿意冒着风险进行投资，其目的是获得超过平均收益的额外收益，但要实现此目的，必须规避风险，化解风险。

（二）投资分散化原则

投资分散化原则是指不要把全部财富都投资于一个公司、一个项目或一种证券，而要分散投资。

投资分散化原则的理论依据是投资组合理论。该理论来源于股票投资，将若干种股票组成投资组合，其收益是这些股票收益的加权平均数，但其风险要小于这些股票的加权平均风险，所以投资组合能降低风险。

（三）资本市场有效原则

资本市场有效原则是指在资本市场上频繁交易的金融资产的市场价格反映了所有可获得的信息，而且面对新信息完全能迅速地做出调整。

资本市场有效原则要求理财时重视市场对企业的估价，同时要求慎重使用金融工具。如果资本市场是有效的，购买或出售金融工具的交易的净现值则为零。公司作为从资本市场上取得资金的一方，不要企图通过筹资获取正的净现值，而应当依靠生产经营性投资增加股东财富。

（四）货币时间价值原则

货币时间价值原则是指在财务计量时要考虑货币时间价值因素。货币时间价值是指货币在周转中由于时间因素而形成的差额价值。

货币时间价值的依据是货币投入市场后其数额会随着时间的延续而发生增值，这是一种普遍的客观经济现象。要让投资者投资，市场必须给他们一定的报酬。这种报酬包括两部分：一部分是时间价值，即无风险投资的投资报酬；另一部分是风险价值，即因为冒着风险而获得的投资报酬。

第五节　财务管理的方法

财务管理的方法是用来反映财务活动的内容、执行和完成财务管理各项任务的手段。具体有如下几种：

一、进行财务预测

预测就是对未来做出某种估计。财务预测是根据有关财务的历史资料，依据现实条件，考虑发展趋势，运用科学方法，对未来的财务情况和财务成果做出科学的预计。企业要搞好财务管理工作，离不开财务预测。财务预测的作用在于优化筹资结构，确定最优筹资方案；测算各项生产经营方案的经济效益，为经营决策提供可靠的依据；预计财务收支的发展变化情况，确定经营目标；测定各项消耗定额和标准，为编制财务计划、分解计划指标服务。财务预测的程序包括：（1）确定预测对象和目的；（2）收集和整理所需资料；（3）确定预测方法，利用预测模型进行测算；（4）对比选优，确定最优值，提出最佳方案。

二、编制财务计划

财务计划是企业生产经营计划的重要组成部分，是企业组织财务活动、检查生产经营活动效果的依据，也是财务预测指标的系统化、具体化。企业通过编制财务计划并下达给各部门，使各部门行动有方向，工作有压力，考核有依据。

企业的财务计划一般包括资金计划、成本费用计划、销售收入和利润税金计划，以及财务收支计划总表等，它们以货币形式概括了企业生产经营中的资金运用、劳动耗费和财务成果，并且确定了企业和国家预算及银行信贷之间的关系。

首先，在编制财务计划时要依据国家宏观发展计划的要求；其次，必须注意财务计划指标和各项生产技术指标之间的协调一致；最后，编制财务计划要以先进合理的定额为依据。财务计划编制的程序包括：（1）分析和预测企业未来的财务情况；（2）确定企业财务管理目标；（3）确定实施目标方案并做出决策；（4）选择方案，编制财务计划；（5）贯彻执行财务计划。

三、组织财务控制

财务控制是在生产经营活动中，以企业计划任务和各项定额为依据，对资金的筹集、使用、耗费、成果进行日常的计算和审核，以实现计划指标，提高经济效益。实行财务控制是落实计划、保证计划实现的有效措施。

组织财务控制要把财务指标分解和实行归口分级管理。我们知道，各项财务指标都是综合性的经济指标，无论是成本费用、资金还是利润指标，都是从某一角度反映企业生产经营活动的。这些财务指标的执行与完成，又和企业各部门、各生产环节的生产经营活动有密切的联系。为了保证财务指标的实现，必须进行财务指标分解，然后层层落实，由各部门、各环节根据自身的业务范围实行归口管理。在归口管理的基础上，再实行分级管理。财务指标分解和归口分级管理的实质就是处理好企业经营管理中上下左右的权责关系，把财务管理同生产技术管理结合起来，调动各方面的积极性，保证财务计划指标的完成。财务控制的程序包括：（1）制定标准；（2）执行标准；（3）确定差异；（4）消除差异。

四、开展财务分析

财务分析是企业经济活动分析的重要组成部分，它主要依据会计资料及其他信息资料，围绕企业成本费用、资金和利润等财务指标，以及财务报表，采用一定的分析方法，研究其计划执行情况，确定实际脱离计划的差异，并分析变动原因，以便肯定成绩，总结经验，提出措施，改进工作。

五、实行财务检查

财务检查是指在财务管理过程中，以核算资料为依据，对企业经济活动和财务收支的合理性、合法性和有效性所进行的检查。它是保证正确贯彻执行国家的财经法律、维护财经纪律、全面完成财务计划的重要手段。

财务检查按其进行方式可以分为事前检查、日常检查和事后检查三种。

事前检查是在财务计划的编制、审核和批准过程中进行的，目的是保证正确地编制财务计划，从资金安排上保证生产的合理需要，并且在事前就提出了要求，防止违反国家政策和财经纪律的现象发生。

日常检查是在执行财务收支业务中进行的，目的在于监督生产，监督耗费，增加收入，节约支出，以保证财务计划的实现。

事后检查主要是财务收支业务发生后，检查财务计划的执行和财经纪律的遵守情况。

我国实行的财务检查主要是由企业以外的经济管理部门组织的财务检查，如财政部门、税务部门、权益部门等组织的财务检查。实践证明，财务检查对于整顿和加强财务管理、严肃财经纪律起到了积极作用。

第六节 财务管理规范

现代企业制度下的经营者被赋予了许多财务自主权，如自主筹资权、自主投资权、资产处置权、资本调度权等。企业在运用这些财务自主权时，除重大财务决策需要所有者决定外，还要遵守财务规范的要求和约束。我国现行的财务规范体系由企业组织法律规范、税收法律规范、证券法规、财务法规等构成。为使企业财务活动有序进行、有章可循，各企业还要制定内部财务管理制度。

一、企业外部财务管理规范

目前我国财务法律规范主要由《中华人民共和国公司法》（以下简称《公司法》）、《中华人民共和国企业所得税法》（以下简称《所得税法》）和《中华人民共和国证券法》（以下简称《证券法》）以及其他税收法规等组成。

《公司法》中与公司财务的有关规定主要有：（1）关于公司的最低注册资本；（2）股东投入资本的形式及无形资产投资比例限制；（3）股票发行事宜（包括发行的数量、种类、价格、程序、条件等）；（4）股票上市程序、条件、停牌等方面的规定；（5）发行公司债券的条件、程序、规模等规定；（6）利润分配程序方面的规定；（7）有关公司合并、分立、破产等方面的财务事宜。

《所得税法》中对公司的规定主要涉及公司利润分配方面，内容包括公司所得税的课税对象、纳税地点、纳税期限、缴纳办法、税收优惠政策、税率、应纳税额的确定、亏损弥补方法、利润分配程序等。

企业财务法规、制度是规范企业财务活动、协调财务关系的行为准则，对财务管理的规范化和科学化起着重要作用。我国在2006年制定了新的《企业财务通则》和《企业会计准则》。

二、企业内部财务管理制度

企业可根据内部管理的需要，结合本企业的实际情况，制定内部财务管理制度。如企业可以制定企业内部资金管理办法、成本管理办法、折旧管理办法及各项财产的分工管理办法等。建立内部财务管理制度的目的是加强企业财务管理，有章可循，增强企业活力，提高企业经济效益。

本章小结

财务管理的发展经历了三个主要阶段：筹资财务管理阶段、内部财务管理阶段和投资财务管理阶段。

企业财务是指企业生产经营过程中的资金运动及其所体现的经济关系。资金运动即为财务活动，主要包括筹资活动、投资活动和收益分配。经济关系即为财务关系，主要包括企业与税务部门之间的财务关系，企业与投资者、受益者之间的财务关系，企业与债权人、债务人、往来客户之间的财务关系，企业内部的财务关系，企业与职工个人之间的财务关系。

企业财务管理是组织企业财务活动、处理企业财务关系的一项综合性管理工作，它是企业管理的重要组成部分。财务管理的内容主要包括资金筹措管理、资金投放管理、股利分配管理等。财务管理的特点在于它是一种价值管理，同时具有综合性。

财务管理的任务决定于企业的性质和任务，并且受财务管理的内容所制约。它具体包括：做好各项财务收支的计划、控制、分析和考核工作；依法合理筹措资金并有效使用；有效利用企业各项资产，努力提高经济效益；分配所得，合理积累资金；处理好与各方面的财务关系，严格执行财经纪律、法规。

财务管理的原则也称理财原则，是指人们对财务活动的共同的、理性的认识，具体包括3类，共12条。第一类是有关竞争环境的原则，包括自利行为原则、双方交易原则、信号传递原则和引导原则。第二类是有关创造价值和经济效率的原则，包括有价值的创意原则、比较优势原则、期权原则和净增效益原则。第三类是有关财务交易的原则，包括风险-报酬权衡原则、投资分散化原则、资本市场有效原则和货币时间价值原则。

财务管理的方法是用来反映财务活动的内容、执行和完成财务管理各项任务的手段。它主要包括进行财务预测；编制财务计划；组织财务控制；开展财务分析；实行财务检查。

我国现行的财务规范体系由企业组织法律规范、税收法律规范、证券法规、财务法规等构成。为使企业财务活动有序进行、有章可循，各企业还要制定内部财务管理制度。

复习思考题

1.什么是财务活动？它包括哪些内容？

2.什么是财务关系？它由什么构成？

3.财务管理的内容及特点是什么？

4.中西方财务管理有何不同？

5.财务管理的任务是什么？

6.财务管理的原则是什么？

7.财务管理的方法有哪些？

8.现行财务管理法律规范的内容是什么？

第二章

财务管理的目标与环境

学习目标

了解企业的组织类别，理解财务管理的目标，掌握财务管理的法律环境、金融市场环境和经济环境，为以后各章的学习奠定基础。

学习重点与难点

企业目标、财务管理的目标、财务管理的环境。

第一节　企业的组织类别

企业的组织形式是各种各样的，其中最主要的三种类型分别是个人独资企业、合伙企业和公司。

一、独资企业

这里主要指个人独资企业。个人独资企业是指依法设立，由一个自然人投资，财产为投资人个人所有，投资人以其个人财产对公司债务承担无限责任的经营实体。个人独资企业的特点包括：(1) 只有一个出资者。(2) 出资人对企业债务承担无限责任。在个人独资企业中，投资人直接拥有企业的全部资产并直接负责企业的全部负债，也就是说，投资人承担无限责任。(3) 个人独资企业不作为企业所得税的纳税主体。一般而言，个人独资企业并不作为企业所得税的纳税主体，其收益纳入所有者的其他收益一并计算缴纳个人所得税。

个人独资企业具有结构简单、容易开办、利润独享、限制较少等优点，但也存在无法克服的缺点：一是出资者负无限偿债责任；二是筹资困难，个人财力有限，企业往往会因信用不足、信息不对称而存在筹资障碍。

我国的国有独资企业不属于本类企业，而是按有限责任公司对待。

二、合伙企业

合伙企业是指依法设立，由各合伙人订立合伙协议，共同出资、合伙经营、共享收益、共担风险，并对合伙企业债务承担无限连带责任的营利组织。合伙企业的法律特征是：(1) 有两个以上合伙人，并且都是具有完全民事行为能力、依法承担无限责任的人。(2) 有书面合伙协议，合伙人依照合伙协议享有权利、承担责任。(3) 有各合伙人实际缴付的出资。合伙人可以用货币、实物、土地使用权、知识产权或者其他属于合伙人的合法财产及财产权利出资。经全体合伙人协商一致，合伙人也可以用劳务出资，其评估作价由全体合伙人协商确定。(4) 有关合伙企业改变名称、向企业登记机关申请办理变更登记手续、处分不动产或财产权利、为他人提供担保、聘任企业经营管理人员等重要事务，均须经全体合伙人一致同意。(5) 合伙企业的利润和亏损，由合伙人依照合伙协议约定的比例分配和分担；合伙协议未约定利润分配和亏损分担比例的，由各合伙人平均分配和分担。(6) 各合伙人对合伙企业债务承担无限连带责任。

合伙企业具有开办容易、信用相对较佳的优点，但也存在责任无限、权力不易集中、有时决策过程过于冗长等缺点。

三、公司

公司是指依照公司法登记设立，以其全部法人财产，依法自主经营、自负盈亏的企业法人。公司享有股东投资形成的全部法人财产权，依法享有民事权利，承担民事义务。公司股东作为出资者，按投入公司的资本额享有所有者的资产收益、重大决策和选择管理者等权利，并以其出资额或所持股份为限对公司承担有限责任。我国《公司法》所称公司指有限责任公司和股份有限公司。

（一）有限责任公司

有限责任公司是指由2个以上50个以下股东共同出资、每个股东以其所认缴的出资额为限对公司承担有限责任，公司以其全部资产对其债务承担责任的企业法人。其特征有：(1) 公司的资本总额不分为等额的股份。(2) 公司向股东签发出资证明书，不发股票。(3) 公司股份的转让有较严格的限制。(4) 限制股东人数，不得超过一定限额。(5) 股东以其出资比例享受权利、承担义务。(6) 股东以其出资额为限对公司承担有限责任。

一人有限责任公司是只有一个自然人股东或者一个法人股东的有限责任公司。一人有限责任公司是独立的企业法人，具有完全的民事权利能力、民事行为能力和民事责任能力，是有限责任公司的特殊类型。《公司法》规定，一人有限责任公司的设立和组织机构适用特别规定，没有特别规定的，适用有限责任公司的有关规定。这具体包括：(1) 一人有限责任公司的注册资本最低限额为10万元，股东应当一次足额缴纳公司章程规定的出资额，不允许分期缴付出资款。(2) 一个自然人只能设立一个一人有限责任公司，该一人有限责任公司不能投资设立新的一人有限责任公司。(3) 一人有限责任公司应当在公司登记中注明自然人独资或法人独资，并在公司营业执照中载明。(4) 一人有限责任公司不设股东会。(5) 一人有限责任公司应当在每一个会计年度终了编制财务会计报告，并经会计师事务所审计。(6) 一人有限责任公司的股东不能证明公司财产独立于股东自己的财产，应当对公司债务承担连带责任。

（二）股份有限公司

股份有限公司是指其全部资本分为等额股份，股东以其所持股份为限对公司承担责任，公司以其全部资产对公司的债务承担责任的企业法人。其特征有：(1) 公司的资本划分为股份，每一股份的金额相等。(2) 公司的股份采取股票的形式，股票是公司签发的证明股东所持股份的凭证。(3) 同股同权，同股同利；股东出席股东大会，所持每一股份有一表决权。(4) 股东可以依法转让所持有的股份。(5) 股东不得少于规定的数目，但没有上限限制。(6) 股东以其所持股份为限对公司债务承担有限责任。

与独资企业和合伙企业相比，股份有限公司的特点有以下几方面：(1) 有限责任。股东对股份有限公司的债务承担有限责任，倘若公司破产清算，股东的损失以其对公司的投资额为限。而对独资企业和合伙企业而言，其所有者可能损失更多，甚至是个人的全部财产。(2) 永续存在。股份有限公司的法人地位不受某些股东死亡或转让股份的影响，因此，其寿命较之独资企业或合伙企业更有保障。(3) 可转让性。一般而言，股份有限公司的股份转让比独资企业和合伙企业的权益转让更为容易。(4) 易于筹资。从筹措资本的角度而言，股份有限公司是最有效的企业组织形式。因其永续存在以及举债和增股的空间大，股份有限公司具有更强的筹资能力。(5) 对公司的收益重复纳税。作为一种企业组织形式，股份有限公司也有不足，最大的缺点是对公司的收益重复纳税：公司的收益先交纳企业所得税；税后收益以现金股利分配给股东后，股东还要交纳个人所得税。

公司这一组织形式，已经成为西方大企业所采用的普遍形式，也是我国建立现代企业制度过程中选择的企业组织形式之一。本书所讲的财务管理，主要是指公司的财务管理。

第二节 财务管理的目标

任何一个组织的存在都有其目的性，企业也不例外。企业依法从事商品生产经营活动，必然有自己的经营目标和发展方向，企业财务管理的目标受企业经营目标的决定和制约。因此，要理解企业财务管理的目标，首先要清楚企业目标。

一、企业目标

企业是以营利为目的的组织，其出发点和归宿是营利。企业一旦成立，就会面临竞争，并始终处于生存和倒闭、发展和萎缩的矛盾之中，企业必须生存下去才能有活力，只有不断发展才能求得生存。因此，企业目标可以具体细分为生存、发展和获利。

（一）生存

企业只有生存，才可能获利，企业在市场中生存下去的基本条件是以收抵支。企业一方面支付货币资金，从市场上取得所需的实物资产；另一方面提供市场需要的商品或服务，从市场上换回货币。企业从市场上获得的货币至少要等于付出的货币，才能维持继续经营，这是企业长期存续的基本条件。

企业生存的另一个基本条件是到期偿债。企业为扩大业务规模或满足经营周转的临时需要，可以对外借债。国家为维持市场经济秩序，从法律上保证债权人的利益，要求企业到期必须偿还本金和利息；否则，就可能被债权人接管或被法院判定破产。

（二）发展

企业是在发展中求得生存的。企业的生产经营如“逆水行舟，不进则退”。在科技不断进步的今天，企业只有不断推出更好、更新、更受顾客欢迎的产品，才能在市场中立足。一个企业如不能不断提高产品和服务的质量，不能不断扩大自己的市场份额，就不能发展，就可能产生生存危机，就可能被其他企业排挤出去。

（三）获利

企业只有能够获利，才有存在的价值。建立企业的目的是营利，营利不但体现了企业的出发点和归宿，而且可以反映其他目标的实现程度，并有助于其他目标的实现。

二、企业目标对财务管理的要求

（一）生存目标对财务管理的要求

如上所述，企业生存的威胁主要来自两个方面：一个是长期亏损，它是企业终止的根本原因；另一个是不能偿还到期债务，它是企业终止的直接原因。亏损企业为维持运营被迫进行偿债性融资，借新债还旧债，如不能扭亏为盈，迟早会借不到钱而无法周转，从而不能偿还到期债务。盈利企业也可能出现“黑字破产”的情况，如借款扩大规模，但由于各种原因导致投资失败，为偿债必须出售企业的资产，使生产经营无法持续下去。为此，力求保持以收抵支和偿还到期债务的能力，减少破产的风险，使企业能够长期、稳定地生存下去，是对财务管理的第一个要求。

（二）发展目标对财务管理的要求

企业的发展集中表现为扩大收入。扩大收入的根本途径是提高产品的质量，扩大销售的数量，这就要求不断更新设备、技术和工艺，并不断提高各种人员的素质，也就是要投入更多、更好的物质资源、人力资源，并改进技术和管理。在市场经济中，各种资源的取得都需要付出货币，企业的发展离不开资金。因此，筹措企业发展所需的资金，是对财务管理的第二个要求。

（三）获利目标对财务管理的要求

从财务的角度看，营利就是使资产获得超过其投资的回报。在市场经济中，没有“免费使用”的资金，资金的每项来源都有其成本。每项资产都是投资，都应获得相应的报酬。财务管理人员要对企业正常经营产生的和从外部获得的资金加以有效利用，这是对财务管理的第三个要求。

三、财务管理目标的含义

财务管理目标是在特定的理财环境中，通过组织财务活动、处理财务关系所要达到的目的。从根本上说，财务管理目标取决于企业生存目的或企业目标，取决于特定的社会经济模式。企业财务管理目标具有体制性特征，整个社会经济体制、经济模式和企业所采用的组织制度，在很大程度上决定企业财务管理目标的取向。根据现代企业财务管理理论和实践，最具有代表性的财务管理目标有以下几种：

（一）利润最大化

我们假定，在企业的投资预期收益确定的情况下，财务管理行为将朝着有利于企业利润最大化的方向发展。以追逐利润最大化作为财务管理的目标，其原因有三：一是人类从事生产经营活动的目的是创造更多的剩余产品，在商品经济条件下，剩余产品的多少可以用利润这个价值指标来衡量；二是在自由竞争的资本市场中，资本的使用权最终属于获利最多的企业；三是只有每个企业都最大限度地获得利润，整个社会的财富才可能实现最大化，从而带来社会的进步和发展。在社会主义市场经济条件下，企业作为自主经营的主体，所创利润是企业在一定期间全部收入和全部费用的差额，是按照收入与费用配比原则加以计算的。它不仅可以直接反映企业创造剩余产品的多少，而且在一定程度上反映出企业经济效益的高低和对社会贡献的大小。同时，利润是企业补充资本、扩大经营规模的源泉。因此，以利润最大化为理财目标是有一定道理的。

利润最大化目标在实践中存在一些难以解决的问题：(1) 这里的利润是指企业一定时期实现的利润总额，它没有考虑资金时间价值。(2) 它没有反映创造的利润与投入的资本之间的关系，因而不利于不同资本规模的企业或同一企业不同期间之间的比较。(3) 没有考虑风险因素，高额利润往往要承担过大的风险。(4) 片面追求利润最大化，可能导致企业短期行为，如忽视产品开发、人才开发、生产安全、技术装备水平、生活福利设施、履行社会责任等。

（二）资本利润率最大化或每股利润最大化

资本利润率是利润额与资本额的比率。每股利润是利润额与普通股股数的比值。这里的利润额是税后净利润。所有者作为企业的投资者，其投资目标是取得资本收益，具体表现为税后净利润与出资额或股份数（普通股）的对比关系。这个目标的优点是利润额同投入的资本或股本数进行对比，能够说明企业的盈利水平，可以在不同资本规模的企业或同一企业不同期间之间进行比较，揭示其盈利水平的差异。但该指标仍然没有考虑资金时间价值和风险因素，也不能避免企业的短期行为。

（三）企业价值最大化

投资者建立企业的重要目的在于创造尽可能多的财富，这种财富首先表现为企业的价值。企业价值通俗地说是指企业本身值多少钱。企业虽不是一般意义上的商品，但也可以被买卖。要买卖必然要对企业进行市场评价，通过市场评价来确定企业的市场价值或者企业价值。在对企业进行评价时，人们看重的不是企业已经获得的利润水平，而是企业潜在的获利能力。因此，企业价值不是账面资产的总价值，而是企业全部财产的市场价值，它反映了企业潜在或预期获利能力。投资者在评价企业价值时，是以投资者预期投资时间为起点的，并将未来收入按预期投资时间的同一口径进行折现，未来收入的多少按可能实现的概率进行计算。可见，这种计算办法考虑了资金的时间价值和风险问题。企业所得的收益越多，实现收益的时间越近，应得的报酬越确定，则企业的价值或股东财富越大。以企业价值最大化作为财务管理的目标，其优点主要表现在以下几个方面：(1) 这一目标考虑了资金的时间价值和投资风险，有利于统筹安排长短期规划，合理选择投资方案，有效筹措资金，合理制定股利政策等。(2) 这一目标反映了对企业资本保值增值的要求。从某种意义上说，股东财富越多，企业市场价值就越大，追求股东财富最大化的结果可促使企业资本保值增值。(3) 这一目标有利于社会资源合理配置，社会资金通常流向企业价值最大化或股东财富最大化的企业或行业，有利于实现社会效益最大化。

以企业价值最大化作为财务管理的目标也存在一些问题：(1) 对于股票上市企业，虽可通过股票价格的变动揭示企业价值，但是股价是受多种因素影响的结果，特别是在即期市场上的股价不一定能够直接揭示企业的获利能力，只有长期趋势才能做到这一点。(2) 为了控股或稳定购销关系，不少现代企业采用环形持股的方式，相互持股。法人股东对股票市价的敏感程度远不及个人股东，对股价最大化目标没有足够的兴趣。(3) 对于非股票上市企业，只有对企业进行专门的评估才能真正确定其价值。而在评估企业的资产时，由于受评估标准和评估方式的影响，这种估价不易做到客观和准确，这也导致企业价值确定的困难。

应当指出的是，企业作为市场主体，它不仅要为其所有者提供收益，而且还要承担相应的社会责任，如保护生态平衡，防治环境污染，支持社区文化教育和福利事业等。适当从事一些社会公益活动，有助于提高企业的知名度，进而提高股票市价。但是，过分强调社会责任而使股东财富减少，可能导致整个社会资金运用的次优化。因此，企业管理当局必须在各种法规约束下去追求每股利润最大化或企业价值最大化。

在我国，企业管理的基本目标是提高经济效益。所谓效益，是指投入与产出的关系，即以一定的资源消耗获得最大限度的收益。这是一个比利润更广义的概念，通常是三类量化指标的综合：第一是价值量指标，如资金、成本、利润以及相应的相对数指标等；第二是实物量指标，如产量、品种、质量、市场份额等；第三是效率指标，如劳动生产率、资产利用率、资产保值增值率等。如果说第一类指标反映的是企业现实的盈利水平，那么第二类和第三类指标反映的则是企业未来潜在的盈利水平，或企业未来的增值能力。因此，我们可以把效益看成利润和预期利润的综合，也就是在利润中加入了时间因素。

企业价值最大化目标的具体内容包括：(1) 强调风险与报酬的均衡，将风险限制在企业可以承受的范围内。(2) 强调股东的首要地位，创造企业与股东之间的协调与平衡关系。(3) 加强对企业代理人即企业经理人或经营者的监督和控制，建立有效的激励机制，以保证企业战略目标的顺利实现。(4) 关心企业职工的利益，为职工创造和谐的工作环境和合理的福利待遇，使职工长期努力为企业工作。(5) 加强与债权人的关系，请债权人参与重大财务决策的讨论，培养可靠的资金供应者。(6) 关心客户的长期利益，以便保持销售收入的长期稳定增长。(7) 加强与供应商的合作，共同面对市场竞争，并注重企业形象的宣传，遵守承诺，讲究信誉。(8) 保持与政府部门的良好关系。

企业价值最大化有利于体现企业管理的目标，更能揭示市场认可企业的价值，而且它考虑了资金的时间价值和风险因素，所以，通常它被认为是一个较为合理的财务管理目标。

另外，有人提出把相关者利益最大化作为企业最优的财务管理目标，主要考虑到现代企业是多变契约关系，除了所有者之外，还有企业的债权人、员工、经营者、客户、供应商和政府，这些与企业利益相关的人都为企业承担着风险，在考虑财务管理目标的时候，不能忽视这些相关利益群体的利益。

四、影响财务管理目标实现的因素

财务管理的目标是企业的价值或股东财富最大化，股票价格代表了股东财富，因此，股价高低反映了财务管理目标的实现程度。

股票价格受外部环境和管理决策两方面因素的影响。外部环境的影响在本章第三节论述，这里先说明企业管理当局可以控制的因素。

从公司管理当局可控制的因素看，股价的高低取决于企业的报酬率和风险，而企业的报酬率和风险又是由企业的投资项目、资本结构和股利政策决定的。因此，这五个因素影响企业的价值。财务管理正是通过投资决策、筹资决策、股利决策和提高报酬率、降低风险来实现其目标的。

(一) 投资报酬率

在风险相同的情况下，提高投资报酬率可以增加股东财富。公司的盈利总额不能反映股东财富，例如，某公司有1万股普通股，税后净利2万元，每股盈余为2元。假设你持有该公司股票1 000股，因而分享到2 000元利润。如果企业为增加利润拟扩大规模，再发行1万股普通股，预计增加盈利1万元。对此项财务决策你会赞成吗？你的财富会增加吗？由于总股数增加到2万股，利润增加到3万元，每股盈余反而降低到1.5元，你分享的利润将减少到1 500元。由此可见，股东财富的大小要看投资报酬率，而不是盈利总额。

(二) 风险

任何决策都是面向未来的，并且会有或大或小的风险。决策时需要权衡风险和报酬，才能获得较好的结果。不能仅考虑每股盈余，而不考虑风险。例如，你持股的公司有两个投资机会：第一个方案可使每股盈余增加1元，其风险极低，几乎可以忽略不计；第二个方案可使每股盈余增加2元，但是有一定风险，若方案失败则每股盈余不会增加。你应该赞成哪一个方案呢？回答是要看第二个方案的风险有多大，如果成功的概率大于50%，则它是可取的；反之，则是不可取的。由此可见，财务决策不能不考虑风险，风险与可望得到的额外报酬相称时，方案才是可取的。

(三) 投资项目

投资项目是决定企业报酬率和风险的首要因素。一般说来，被企业采纳的投资项目都会增加企业的报酬，否则企业就没有必要为它投资。与此同时，任何项目都有风险，区别只在于风险的大小不同。因此，企业的投资计划会改变其报酬率和风险，并影响股票的价格。

(四) 资本结构

资本结构会影响企业的报酬率和风险。资本结构是指所有者权益与负债的比例关系。一般情况下，企业借债的利率低于其投资的预期报酬率，可以通过借债提高公司的预期每股盈余，但也会同时扩大预期每股盈余的风险。因为一旦情况发生变化，如销售萎缩等，实际的报酬率低于利率，则负债不但没有提高每股盈余，反而使每股盈余减少，企业甚至可能因不能按期支付本息而破产。资本结构不当是公司破产的一个重要原因。

(五) 股利政策

股利政策也是影响企业报酬率和风险的重要因素。股利政策是指公司赚得的盈余中，有多少作为股利发放给股东，有多少保留下来准备再投资用，以便使未来的盈余源泉可继续下去。股东既希望分红，又希望每股盈余在未来不断增长。两者有矛盾，前者是当前利益，后者是长远利益。加大留存收益，会提高未来的报酬率，但再投资的风险要比立即分红大，因此，股利政策会影响公司的报酬率和风险。

五、财务管理目标的协调

企业财务管理目标是企业价值最大化，在这一目标上，财务活动所涉及的不同利益主体如何协调是财务管理必须解决的问题。

(一) 所有者与经营者的矛盾与协调

企业价值最大化直接反映了企业所有者的利益，它与企业经营者没有直接的利益关系。对所有者来讲，他所放弃的利益也就是经营者所得的利益。在西方，这种被放弃的利益也称为所有者支付给经营者的享受成本。但问题的关键不是享受成本的多少，而是在增加享受成本的同时，是否更好地提高企业价值。因而，经营者和所有者的主要矛盾就是经营者希望在提高企业价值和股东财富的同时，能更多增加享受成本；而所有者或股东则希望以较小的享受成本支出带来更高的企业价值或更多的股东财富。为了解决这一矛盾，应采取让经营者的报酬与绩效相联系的办法，并辅之以一定的监督措施。

1.解聘

这是一种通过所有者约束经营者的办法。所有者对经营者予以监督，如果经营者未能使企业价值达到最大，就解聘经营者，经营者怕被解聘而被迫实现财务管理目标。

2.接收

这是一种通过市场约束经营者的办法。如果经营者经营决策失误或经营不力，未能采取一切有效措施使企业价值提高，该公司就可能被其他公司强行接收或吞并，相应的，经营者也会被解聘。经营者为了避免被接收，必须采取一切措施提高股票市价。

3.激励

激励就是将经营者的报酬与其绩效挂钩，以使经营者自觉采取能满足企业价值最大化的措施。激励有两种基本方式：

（1）“股票选择权”方式。它是允许经营者以固定的价格购买一定数量的公司股票，股票的价格越高于固定价格，经营者所得的报酬就越多。经营者为了获取更大的股票涨价益处，就必须主动采取能够提高股价的行动。

（2）“绩效股”形式。它是公司运用每股利润、资产报酬率等指标来评价经营者的业绩，视其业绩大小给予经营者数量不等的股票作为报酬。如果公司的经营业绩未能达到规定目标，经营者也将部分丧失原先持有的“绩效股”。这种方式使经营者不仅为了多得“绩效股”而不断采取措施提高公司的经营业绩，而且为了使每股市价最大化，也采取各种措施使股票市价稳定上升。

（二）所有者与债权人的矛盾与协调

所有者的财务目标可能与债权人期望实现的目标发生矛盾。首先，所有者可能未经债权人同意，要求经营者投资于比债权人预计风险要高的项目，这会增大偿债的风险，债权人的负债价值也必然实际降低。高风险的项目一旦成功，额外的利润就会被所有者独享；但若失败，债权人却要与所有者共同负担由此而造成的损失。对债权人来说，风险与收益是不对称的。其次，所有者或股东未征得现有债权人同意，要求经营者发行新债券或举借新债，致使旧债券或旧债的价值降低（因为相应的偿债风险增加）。

为协调所有者与债权人的上述矛盾，通常可采用以下方式：

（1）限制性借债，即在借款合同中加入某些限制性条款，如规定借款的用途、借款的担保条款和借款的信用条件等。

（2）收回借款或不再借款，即当债权人发现公司有侵蚀其债权价值的意图时，采取收回债权和不给予公司重新放款，从而保护自身的权益。

第三节 财务管理的环境

企业的财务管理环境又称为理财环境，是指对企业财务活动产生影响的企业外部条件。财务管理的环境是企业财务决策难以改变的外部约束条件，企业财务决策更多的是适应它们的要求和变化。财务管理的环境涉及的范围很广，其中最重要的是法律环境、金融市场环境和经济环境。

一、法律环境

财务管理的法律环境是指企业和外部发生经济关系时所应遵守的各种法律、法规和规章。企业在其经营活动中，要和国家、其他企业或社会组织、企业职工及国外的经济组织或个人发生经济关系。国家管理这些经济活动和经济关系的手段包括行政手段、经济手段和法律手段，特别是法律手段日益增多，越来越多的经济关系和经济活动的准则用法律的形式固定下来。同时，众多的经济手段和必要的行政手段的使用，也必须逐步做到有法可依，从而转化为法律手段的具体形式，真正实现国民经济管理的法制化。

企业的理财活动，无论是筹资、投资还是收益分配，都要和企业外部发生经济关系，在处理这些经济关系时，应当遵守有关的法律规范。

（一）企业组织法律规范

企业组织必须依法成立。组建不同的企业，要依照不同的法律规范。它们包括《公司法》《中华人民共和国全民所有制工业企业法》《中华人民共和国中外合作经营企业法》《中华人民共和国个人独资企业法》《中华人民共和国合伙企业法》等，这些法律规范既是企业的组织法，又是企业的行为法。

例如，《公司法》对公司的设立条件、设立程序、组织机构、组织变更和终止的条件及程序等都做了规定，包括股东人数、法定资本的最低限额、资本的筹集方式等。只有按其规定的条件和程序建立的企业，才能称为“公司”。《公司法》还对公司生产经营的主要方面做出了规定，包括股票的发行和交易、债券的发行和转让、利润的分配等。公司一旦成立，其主要的活动，包括财务管理活动，都要按照《公司法》的规定来进行。因此，《公司法》是公司财务管理最重要的强制性规范，公司的理财活动不能违反该法律，公司的自主权不能超出该法律的限制。

其他企业也要按照相应的企业法来进行其理财活动。

从财务管理角度来看，非公司企业与公司企业有很大不同。非公司企业的所有者，包括独资企业的业主和合伙企业的合伙人，要承担无限责任，他们占有企业的盈利（或承担损失），一旦经营失败必须抵押其个人的财产，以满足债权人的要求。公司企业的股东承担有限责任，经营失败时其经济责任以出资额为限，无论股份有限公司还是有限责任公司都是如此。

（二）税务法律规范

任何企业都有法定的纳税义务，有关税收的立法分为三类：所得税的法规、流转税的法规、其他地方税的法规。

税负是企业的一种费用，会增加企业的现金流出，对企业理财有重要影响，企业无不希望在不违反税法的前提下减少税务负担。税负的减少，只能靠精心安排和筹划投资、筹资和利润分配等财务决策，而不允许在纳税行为已经发生时去偷税漏税。精通税法，对财务主管人员有重要意义。

（三）财务法律规范

财务法律规范主要是《企业财务通则》和行业财务制度。

《企业财务通则》是各类企业进行财务活动、实施财务管理的基本规范，经国务院批准，由财政部发布，它对以下问题做出了规定：建立资本金制度、固定资产的折旧、成本的开支范围、利润的分配。

行业财务制度是根据《企业财务通则》的规定，为适应不同行业的特点和管理要求，由财政部制定的行业规范。

除上述法律规范外，与企业财务管理有关的其他经济法律规范还有很多，包括各种证券法律规范、结算法律规范、合同法律规范等。财务管理人员要熟悉这些法律规范，在守法的前提下完成财务管理的职能，实现企业的财务目标。

二、金融市场环境

金融市场是指资金筹措的场所。广义的金融市场是指一切资本流动的场所，包括实物资本和货币资本的流动。广义金融市场的交易对象包括货币、票据承兑和贴现、有价证券的买卖、黄金和外汇买卖、办理国内外保险、生产资料的产权交换等；狭义的金融市场一般是指有价证券市场，即股票和债券的发行和买卖市场。

（一）金融市场与企业理财

1.金融市场是企业投资和筹资的场所

金融市场上有许多种筹集资金的方式，并且比较灵活。企业需要资金时，可以到金融市场上选择适合自己的方式筹资。企业有了剩余的资金，也可以灵活选择投资方式，为其资金寻找出路。

2.企业通过金融市场使长短期资金互相转化

企业持有的股票和债券是长期投资，在金融市场上随时转手变现，就成为短期资金；远期票据通过贴现就转变为现金；大额可转让定期存单可以在金融市场上卖出，成为短期资金。与此相反，短期资金也可以在金融市场上转变为股票、债券等长期资产。

3.金融市场为企业理财提供有价值的信息

金融市场的利率变动反映资金的供求状况，有价证券市场的行市反映投资人对企业的经营状况和盈利水平的评价。它们是企业经营和投资的重要依据。

（二）金融性资产的特点

金融性资产是指货币资金或有价证券等可以进入金融市场交易的资产。它们具有以下属性：

1.流动性

流动性是指金融性资产能够在短期内不受损失地变为现金的属性。流动性高的金融性资产的特征是：（1）容易兑现；（2）市场价格波动小。

2.收益性

收益性是指某项金融性资产投资收益率的高低。

3.风险性

风险性是指某种金融性资产不能恢复其原投资价格的可能性。金融性资产的风险主要有违约风险和市场风险。违约风险是指由于证券的发行人破产而导致永远不能偿还的风险；市场风险是指由于投资的金融性资产的市场价格波动而产生的风险。

上述三种属性相互联系、互相制约，流动性和收益性成反比，收益性和风险性成正比。货币资产的流动性最高，但持有货币资产不能获得收益；股票的收益性高但风险大；政府债券的收益性不如股票高，但其风险很小。企业在投资时，期望流动性高、风险小而收益高，但实际上很难找到这种机会。

（三）金融市场的分类和组成

1.金融市场的分类

（1）按交易的期限，划分为短期资金市场和长期资金市场。短期资金市场是指期限不超过1年的资金交易市场。因为短期有价证券易于变成货币或作为货币使用，所以它也叫货币市场。长期资金市场是指期限在1年以上的股票和债券交易市场。因为发行股票和债券主要用于固定资产等资本货物的购置，所以它也叫资本市场。

（2）按交割的时间，划分为现货市场和期货市场。现货市场是指买卖双方成交后，当天或几天之内买方付款、卖方交出证券的交易市场。期货市场是指买卖双方成交后，在双方约定的未来某一特定的时日才交割的交易市场。

（3）按交易的性质，划分为发行市场和流通市场。发行市场是指从事新证券和票据等金融工具买卖的转让市场，也叫初级市场或一级市场。流通市场是指从事已上市的旧证券或票据等金融工具买卖的转让市场，也叫次级市场或二级市场。

（4）按交易的直接对象，划分为同业拆借市场、国债市场、企业债券市场、股票市场、金融期货市场等。

2.金融市场的组成

金融市场由主体、客体和参加人组成。

金融市场的主体是指银行和非银行金融机构，它们是金融市场的中介机构，是连接筹资人和投资人的桥梁。

金融市场的客体是指金融市场上的买卖对象，如商业票据、政府债券、公司股票等各种信用工具。

金融市场的参加人是指客体的供给者和需求者，如企业、事业单位、政府部门、城乡居民等。

（四）我国主要的金融机构

遍布全国的金融机构，其业务范围、职能和服务对象等是不同的。

1.中国人民银行

中国人民银行是我国的中央银行，它代表政府管理全国的金融机构和金融活动，经理国库。其主要职责是制定和实施货币政策，保持货币币值稳定；维护支付和清算系统的正常运行；持有、管理、经营国家外汇储备和黄金储备；代理国库和其他与政府有关的金融业务；代表政府从事有关的国际金融活动。

2.政策性银行

政策性银行是指由政府设立，以贯彻国家产业政策、区域发展政策为目的，不以营利为目的的金融机构。政策性银行与商业银行相比，其特点在于：不面向公众吸收存款，而以财政拨款和发行政策性金融债券为主要资金来源；其资本主要由政府拨付；不以营利为目的，经营时主要考虑国家的整体利益和社会效益；其服务领域主要是对国民经济发展和社会稳定有重要意义而商业银行出于营利目的不愿出资的领域；一般不普遍设立分支机构，其业务由商业银行代理。但是，政策性银行的资金并非财政资金，也必须有偿使用，对借款也要进行严格审查，并要求还本付息、周转使用。

我国目前的政策性银行有国家开发银行、中国进出口银行、中国农业发展银行。

3.商业银行

商业银行是以经营存款、放款、办理转账结算为主要业务，以营利为主要经营目标的金融企业。商业银行的建立和运行受《中华人民共和国商业银行法》的规范。我国的商业银行可以分成两类：

（1）国有独资商业银行，是由国家专业银行演变而来的。它们过去分别在工商业、农业、外汇业务和固定资产借款领域提供服务，近年来其业务交叉进行，传统分工已经淡化。

（2）股份制商业银行，是1987年以后发展起来的。这些银行的股权结构各异，以企业法人股和财政入股为主，个别银行有个人股权和外资股权。股份制商业银行完全按商业银行模式运作，服务比较灵活，业务发展很快。

4.非银行金融机构

保险公司主要经营保险业务，包括财产保险、责任保险、保证保险和人身保险。目前，我国保险公司的资金运用被严格限制在银行存款、政府债券、金融债券、股票和投资基金范围内。

信托投资公司主要是以受托人的身份代人理财，其主要业务有经营资金和财产委托、代理资产保管、金融租赁、经济咨询以及投资等。

证券机构是指从事证券业务的机构，包括：（1）证券公司，其主要业务是推销政府债券、企业债券和股票，代理买卖和自营买卖已上市流通的各类有价证券，参与企业收购、兼并，充当企业财务顾问等；（2）证券交易所，提供证券交易的场所和设施，制定证券交易的业务规则，接受上市申请并安排上市，组织监督证券交易等；（3）登记结算公司，主要办理股票交易中所有权转移时的过户和资金的结算。

财务公司通常类似于投资银行。我国的财务公司是由企业集团内部各成员单位入股，向社会募集中长期资金，为企业技术进步服务的金融股份有限公司。它的业务被限定在本集团内，不得从企业集团之外吸收存款，也不得对非集团单位和个人贷款。

金融租赁公司是指办理融资租赁业务的公司组织，其主要业务有动产和不动产的租赁、转租赁、回租租赁等。

（五）金融市场上利率的决定因素

在金融市场上，利率是资金使用权的价格。一般说来，金融市场上资金的购买价格可用下式表示：

利率=纯粹利率+通货膨胀附加率+风险附加率

1.纯粹利率

纯粹利率是指无通货膨胀、无风险情况下的平均利率。在没有通货膨胀时，国库券的利率可以视为纯粹利率。纯粹利率的高低受平均利润率、资金供求关系和国家调控的影响。

首先，利息是利润的一部分，所以利率依存利润率，并受平均利润率的制约。一般说来，利率随平均利润率的提高而提高，利率的最高界限不能超过平均利润率，否则企业无利可图，不会借入款项；利率的最低界限大于零，不能等于或小于零，否则提供资金的人不会拿出资金。至于利率占平均利润率的比重，则决定于金融业和工商业之间的竞争结果。

其次，在平均利润率不变的情况下，金融市场上的供求关系决定市场利率水平。在经济高涨时，资金需求量上升，若供应量不变，则利率上升；在经济衰退时正好相反。

最后，政府为防止经济过热，通过中央银行减少货币供应量，则资金供应减少，利率上升；政府为刺激经济发展，增加货币发行，则情况相反。

2.通货膨胀附加率

通货膨胀使货币贬值，投资者的真实报酬下降。投资者在把资金交给借款人时，会在纯粹利率的水平上再加上通货膨胀附加率，以弥补通货膨胀造成的购买力损失。因此，每次发行国库券时，利率随预期的通货膨胀率变化，它等于纯粹利率加预期通货膨胀率。

3.风险附加率

投资者除了关心通货膨胀率以外，还关心资金使用者能否保证他们收回本金并取得一定的收益。这种风险越大，投资人要求的收益率越高。实证研究表明，公司长期债券的风险大于政府债券，要求的收益率也高于政府债券；普通股股票的风险大于公司债券，要求的收益率也高于公司债券；小公司普通股股票的风险大于大公司普通股股票，要求的收益率也大于大公司普通股股票。风险越大，要求的收益率也越高，风险和收益之间存在对应关系。风险附加率是投资者要求的除纯粹利率和通货膨胀附加率之外的风险补偿。

三、经济环境

这里所说的经济环境是指企业进行财务活动的宏观经济状况。

（一）经济发展状况

经济发展的速度对企业理财有重大影响。近些年，我国经济增长速度比较快，企业为了跟上这种发展速度并在其行业中维持它的地位，至少要有同样的增长速度。企业要相应增加厂房、机器、存货、工人、专业人员等。这种增长需要大规模筹措资金，需要财务管理人员借入巨额款项或增发股票。

经济发展的波动，即有时繁荣有时衰退，对企业理财有极大影响，这种波动最先影响的是企业的销售额。销售额下降会阻碍企业现金的流转，如产品积压不能变现，则需要筹资以维持运营。销售额增加会引起企业经营失调，如存货枯竭，则需筹资以扩大经营规模。尽管政府试图减少不利的经济波动，但事实上经济有时过热，有时过冷。财务管理人员对这种波动要有所准备，筹措足够的资金并加以分配，用以调整生产经营。

（二）通货膨胀

通货膨胀不仅对消费者不利，也给企业理财带来很大困难。企业对通货膨胀本身无能为力，只有政府才能控制。企业为了实现期望的报酬率，必须调整收入和成本。同时，使用套期保值等办法减少损失，如提前购买设备和存货、买进现货卖出期货等，或者相反。

（三）利率波动

银行贷款利率的波动，以及与此相关的股票和债券价格的波动，既给企业以机会，也是对企业的挑战。

在为过剩资金选择投资方案时，利用这种机会可以获得营业以外的额外收益。例如，在长期债券上，由于市场利率下降，按固定利率计息的债券价格上涨，企业可以出售债券获得较预期更多的现金收入。当然，如果出现相反的情况，企业会蒙受损失。

在选择筹资来源时，情况与此类似。在预期利率将持续上升时，以当前较低的利率发行长期债券，可以节省资金成本。当然，如果后来事实上利率下降了，企业则要承担比市场利率更高的资金成本。

（四）政府的经济政策

由于我国政府具有较强的调控宏观经济的职能，其制定的国民经济发展规划、国家的产业政策、经济体制改革的措施、政府的行政法规等，对企业的财务活动都有重大影响。

国家对某些地区、某些行业、某些经济行为的优惠、鼓励和有利倾斜构成了政府政策的主要内容，它同时也是对另外一些地区、行业和经济行为的限制。企业在进行财务决策时，要认真研究政府政策，按照政策导向行事。

问题的复杂性在于政府政策会因经济状况的变化而调整，企业在进行财务决策时要为这种变化留有余地，甚至预见其变化的趋势，这将对企业理财大有好处。

（五）竞争

竞争广泛存在于市场经济之中，任何企业都不能回避。企业之间、各产品之间、现有产品和新产品之间的竞争，涉及设备、技术、人才、推销、管理等各个方面。竞争能促使企业用更好的方法来生产更好的产品，对经济发展起推动作用。但对企业来说，竞争既是机会，也是威胁。为了改善竞争地位，企业往往需要大规模投资，成功之后企业盈利增加；但若投资失败，则竞争地位更为不利。

竞争就是“商业战争”，它综合体现了企业的全部实力和智慧。经济增长、通货膨胀、利率波动带来的财务问题，以及企业的对策等都会在竞争中充分体现出来。

本章小结

企业组织形式主要有三种类型：独资企业、合伙企业和公司。其中，公司已成为现代企业的主要形式。

企业财务管理目标常见观点有以下三种：利润最大化、每股利润最大化和企业价值最大化。其中，企业价值最大化是一个较为科学合理的目标。

财务管理环境是对财务活动产生影响的外部条件，包括法律环境、金融市场环境和经济环境等。

复习思考题

1.企业组织通常有哪几种类型？

2.企业目标对财务管理的要求是什么？

3.试评价财务管理目标的几种观点。

4.什么是财务管理环境？它包括哪些内容？

5.简述金融市场环境。

6.什么是财务管理的经济环境？它包括哪些方面？

第三章

财务管理的价值观念

学习目标

理解资金时间价值和风险价值观念，掌握资金时间价值的含义、本质及计算；掌握风险价值的含义、特征及风险的衡量。

学习重点与难点

资金时间价值、单利、复利、年金、终值、现值、资金时间价值的计算、风险、报酬、风险报酬的衡量与计算。

第一节 资金时间价值

时间价值是客观存在的经济范畴，任何企业的财务活动，都是在特定的时空中进行的。离开时间价值因素，就无法正确计算不同时期的财务收支，也无法正确评价企业的盈亏。时间价值原理揭示了不同时点上的资金之间的关系，是财务决策的依据。

一、资金时间价值的含义及实质

资金时间价值，是资金经过一定时间的投资和再投资所增加的价值，也称为货币时间价值。

在商品经济中，有这样一种现象：现在的1元钱和1年后的1元钱的经济价值不相等，现在的1元钱比1年后的1元钱的经济价值要大些。例如，将现在的1元钱存入银行，存款利率若是10%，1年后可得到1.10元。这1元钱经过1年时间的投资增加了0.10元，这就是资金时间价值。

这是因为，货币投入生产经营过程后，随着时间的推移，其价值不断增长，这是一种客观经济现象。企业资金循环和周转的起点是投入货币资金，企业用货币资金购买所需要的资源，生产新的产品，产品出售得到的货币量大于最初投入的货币量。资金循环和周转以及因此实现的货币增值需要一定的时间，每完成一次循环，资金就增加一定的数额。资金周转次数越多，增值额也就越大。这一增值额就是资金时间价值，它是由劳动创造的，资金时间价值的真正来源（实质）是劳动者创造的剩余产品价值。

资金时间价值包含三个要点：一是资金时间价值反映了一定量的资金在不同时点上的价值量的差额，其实质是资金周转后的增值额；二是资金的价值增值是在其被当作投资资本的运营过程中实现的；三是资金时间价值与时间长度有关。资金时间价值的计算涉及现值、终值、时间长度、利率和计息方式等要素。

从量的规定性看，资金时间价值的大小通常以利率（或利息）表示。利率是没有风险、没有通货膨胀条件下的社会平均资金利润率。在市场经济中，竞争普遍存在，各部门的投资利润率趋于平均化。各企业进行项目投资，至少要获得社会平均利润率；否则它就会改变投资方向。因此，资金时间价值成为评价投资方案可行与否的基本标准。在财务管理中对资金时间价值的研究主要是对资金的筹集、投放、使用和收回从量上进行分析，以便进行财务决策。

二、资金时间价值的计算

在财务管理中，要正确进行筹资、投资和收益分配决策，就必须弄清楚在不同时点上收到或付出的资金价值之间的数量关系，掌握资金时间价值的计算方法。有关资金时间价值的指标很多，这里介绍单利终值和现值、复利终值和现值、年金终值和现值的计算方法，以利率表示资金时间价值。同时，为方便计算分析，假设资金的流入和流出是在某一时期（通常为1年）开始或终了时进行的。

终值，又称将来值或本利和，是现在一定量资金在未来某一时点上的价值。现值，又称本金，是指未来某一时点上一定量资金折合到现在的价值。

（一）单利终值和现值的计算

单利，每期都按初始本金计算利息，当期利息不计入下期本金，计算基础不变。

【例 3-1】现在的1元钱，年利率为10%，从第1年到第5年，各年年末的终值计算如下：

1元1年后的终值=1+1×10%×1=1×（1+10%×1）=1.1（元）

1元2年后的终值=1+1×10%×2=1×（1+10%×2）=1.2（元）

1元3年后的终值=1+1×10%×3=1×（1+10%×3）=1.3（元）

1元4年后的终值=1+1×10%×4=1×（1+10%×4）=1.4（元）

1元5年后的终值=1+1×10%×5=1×（1+10%×5）=1.5（元）

单利终值的一般计算公式为：

$$F=P+P\cdot i\cdot n=P(1+i\cdot n)$$

式中：F——终值，即第n年年末的价值；P——现值，即第1年年初的价值；i——利率；n——计算利息的期数。

单利现值的计算和单利终值的计算是互逆的，可用倒求本金的方法计算。由终值求现值，叫贴现。

【例 3-2】年利率为10%，从第1年到第5年，各年年末的1元钱现值计算如下：

1年后1元的现值=1÷（1+10%×1）=0.909（元）

2年后1元的现值=1÷（1+10%×2）=0.833（元）

3年后1元的现值=1÷（1+10%×3）=0.769（元）

4年后1元的现值=1÷（1+10%×4）=0.714（元）

5年后1元的现值=1÷（1+10%×5）=0.667（元）

单利现值的一般计算公式为：

P=F÷（1+i·n）

【例3-3】现在有100元，年利率为10%，求3年后的单利终值。

F=100×（1+10%×3）=130（元）

【例3-4】某人希望在5年后取得本利和1 000元，年利率为5%（单利），他现在需要存入多少钱？

P=1 000÷（1+5%×5）=800（元）

（二）复利终值和现值的计算

复利，本金生利，利息在下期转为本金，与原来的本金一起计息，即“利滚利”。也就是说，它涉及本金的利息，也涉及利息所生的利息。资金时间价值通常是按复利计算的。复利终值，是指一定量的本金按复利计算若干期后的本利和。

【例3-5】现在的1元钱，年利率为10%，从第1年到第5年，各年年末的复利终值计算如下：

1元1年后的终值=1×（1+10%）=1.1（元）

1元2年后的终值=1.1×（1+10%）=1×$(1+10\%)^2$=1.21（元）

1元3年后的终值=1.21×（1+10%）=1×$(1+10\%)^3$=1.331（元）

1元4年后的终值=1.331×（1+10%）=1×$(1+10\%)^4$=1.464（元）

1元5年后的终值=1.464×（1+10%）=1×$(1+10\%)^5$=1.611（元）

因此，复利终值的一般计算公式为：

$F=P(1+i)^n$

$(1+i)^n$通常称作“复利终值系数”，也可表示为（F/P，i，n），可以查阅“1元复利终值表”。

复利现值，是指以后年份收到或付出资金的现在价值。它是复利终值的逆运算，可用倒求本金的方法计算。

【例3-6】年利率为10%，从第1年到第5年，各年年末的1元钱现值按复利计算如下：

1年后1元的现值=1÷$(1+10\%)^1$=1÷1.100=0.909（元）

2年后1元的现值=1÷$(1+10\%)^2$=1÷1.210=0.826（元）

3年后1元的现值=1÷$(1+10\%)^3$=1÷1.331=0.751（元）

4年后1元的现值=1÷$(1+10\%)^4$=1÷1.464=0.683（元）

5年后1元的现值=1÷$(1+10\%)^5$=1÷1.652=0.621（元）

因此，复利现值的一般计算公式为：

$$P=\frac{F}{(1+i)^n}$$

$(1+i)^n$通常称作“复利现值系数”，也可表示为（P/F，i，n），可以查阅“1元复利现值表”。

【例3-7】某项投资预计6年后可获得收益800万元，按复利12%计算，这笔收益的现值是多少？

$P=\frac{F}{(1+i)^n}$=800×（P/F，12%，6）=800×0.507=405.6（万元）

【例 3-8】李先生将200 000元存入银行，年利率为6%。按复利计算，6年后提出本利和，他一共可提出多少现金？

共提出现金=200 000×（F/P，6%，6）=200 000×1.419=283 800（元）

（三）年金终值和现值的计算

前面介绍的单利终值和现值的计算、复利终值和现值的计算，都属于一次性收付款项（在某一特定时点上一次性支付或收取，经过一段时间后再相应地一次性收取或支付的款项）。在现实经济生活中，还存在一定时期内多次收付的款项，称为系列收付款项。如果每次收付的金额相等，这样的系列收付款项被称为年金。

年金是指一定时期内每次等额收付的系列款项，通常记作A。年金的形式有多种，如利息、租金、保险费、折旧费、等额分期收款、等额分期付款以及零存整取或整存零取储蓄等。年金按其每次收付发生的时点不同，分为普通年金（后付年金）、先付年金（即付年金）、递延年金（延期年金）、永续年金。

下面介绍不同种类年金的计算（均按复利计算）。

1.普通年金终值和现值的计算

普通年金是指一定时期内每期期末等额收付的系列款项。普通年金终值犹如零存整取的本利和，它是一定时期内每期期末收付款项的复利终值之和。

【例 3-9】每年存款1元，年利率为10%，经过5年，年金终值计算如图3-1所示。

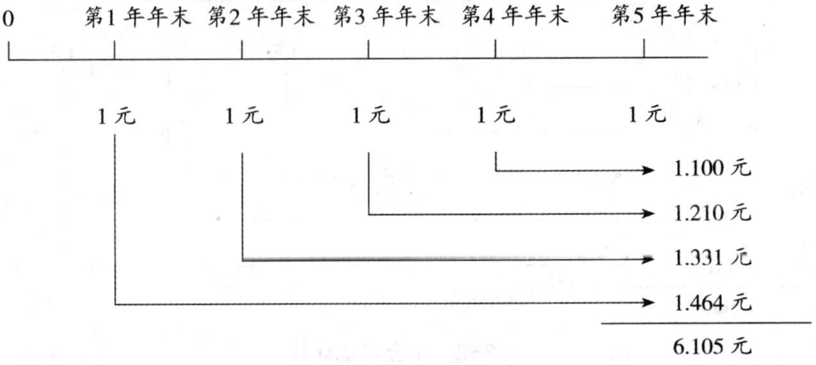

图3-1 年金终值计算

1元年金5年的终值=1×（1+10%）^{0}+1×（1+10%）^{1}+1×（1+10%）^{2}+1×（1+10%）^{3}+1×（1+10%）^{4}

=1+1.100+1.210+1.331+1.464=6.105（元）

因此，普通年金终值的计算公式为：

$$F=A(1+i)^0+A(1+i)^1+A(1+i)^2+\cdots+A(1+i)^{n-2}+A(1+i)^{n-1}$$

$$=A\cdot\sum_{t=1}^{n}(1+i)^{n-t}=A\cdot\frac{(1+i)^n-1}{i}$$

式中：A——年金；t——每笔收付款项的计息期数；n——全部年金的计息期数。

$\frac{(1+i)^n-1}{i}$通常称作“年金终值系数”，也可表示为（F/A，i，n），可以查阅“年金终值系数表”。

【例 3-10】某项目在5年建设期内，每年年末向银行借款100万元，年复利率为10%，该项目竣工时应付本息总额是多少？

F=100×（F/A，10%，5）=100×6.105=610.5（万元）

（1）年偿债基金的计算（已知年金终值F，求年金A）。

偿债基金是指为了在未来某一时点清偿某笔债务或积聚一定数额的资金而必须分次等额提取的存款准备金。由于每次提取的等额准备金类似年金存款，因而同样可以获得按复利计算的利息，所以，债务实际上相当于年金终值，每年提取的偿债基金相当于年金。也就是说，偿债基金的计算实际上是年金终值的逆运算。计算公式为：

$$A=F\cdot\frac{i}{(1+i)^n-1}$$

$\frac{i}{(1+i)^n-1}$通常称作“偿债基金系数”，也可表示为（A/F，i，n）。

【例3-11】某企业有一笔4年后到期的借款1 000万元，为此设偿债基金，年复利率为10%，到期一次还清借款。该企业每年年末应存入的金额是多少？

A=1 000×（A/F，10%，4）=1 000×1÷4.641=215.47（万元）

（2）普通年金现值的计算。

普通年金现值是一定时期内每期期末等额系列收付款项的现值之和。

【例3-12】每年取得收益1元，年利率为10%，为期5年，年金现值计算如图3-2所示。

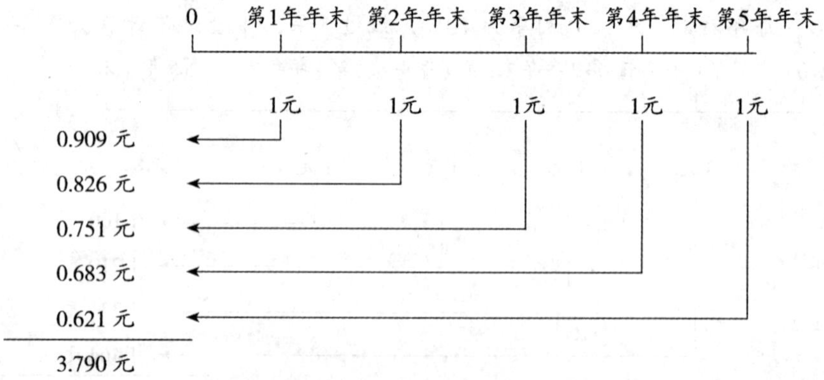

图3-2　年金现值计算

1元年金5年的现值=1÷（1+10%）^{1}+1÷（1+10%）^{2}+1÷（1+10%）^{3}+1÷（1+10%）^{4}+1÷（1+10%）^{5}

=0.909+0.826+0.751+0.683+0.621=3.790（元）

因此，普通年金现值的计算公式为：

$$P=A/(1+i)^1+A/(1+i)^2+\cdots+A/(1+i)^{n-1}+A/(1+i)^n$$

$$=A\cdot\sum_{t=1}^{n}\frac{1}{(1+i)^t}=A\cdot\frac{1-(1+i)^{-n}}{i}$$

$\frac{1-(1+i)^{-n}}{i}$通常称作“年金现值系数”，也可表示为（P/A，i，n），可以查阅“年金现值系数表”。

【例3-13】某企业租入一台设备，每年年末需要支付租金1 200元，年复利率为10%，则该企业5年内应支付的租金总额的现值是多少？

P=1 200×（P/A，10%，5）=1 200×3.79=4 548（元）

（3）年资本回收额的计算（已知年金现值P，求年金A）。

资本回收是在给定的年限内等额回收或清偿初始投入的资本或所欠的债务。年资本回收额是年金现值的逆运算。其计算公式为：

$$A=P\cdot\frac{i}{1-(1+i)^{-n}}$$

$\frac{i}{1-(1+i)^{-n}}$通常称作“资本回收系数”，也可表示为（A/P，i，n）。

【例3-14】某企业现在借款100万元，在10年内以年利率12%等额偿还，每年年末应偿还的金额是多少？

A=100×（A/P，12%，10）=100×1÷5.65=17.70（万元）

2.先付年金终值和现值的计算

先付年金是在一定时期内每期期初等额的系列收付款项，又称即付年金。先付年金与普通年金的区别仅在于付款时间不同。先付年金终值和现值的计算可在普通年金终值和现值的计算公式基础上进行调整。

（1）先付年金终值的计算。

n期先付年金终值和n期普通年金终值之间的关系如图3-3所示。

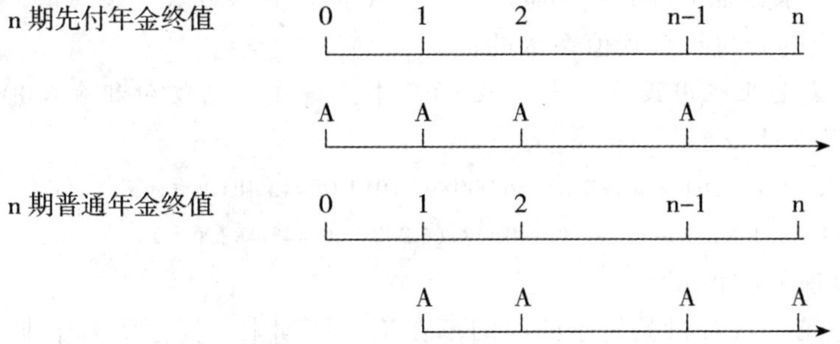

图3-3 先付年金终值和普通年金终值关系图

从图3-3可以看出，n期先付年金和n期普通年金的付款次数相同，但付款的时间不同，n期先付年金终值比n期普通年金终值多计算一期利息。所以，可以先计算出n期普通年金终值，然后再乘以（1+i）便可求出n期先付年金终值。其计算公式为：

F=A·（F/A，i，n）·（1+i）

或 =A·［（F/A，i，n+1）–1］

［（F/A，i，n+1）–1］被称作“先付年金终值系数”，它是在普通年金终值系数的基础上，期数加1、系数减1的结果。通过查阅“年金终值系数表”得到（n+1）期的值，再减去1，即可得到对应的先付年金终值系数的值。

【例3-15】某公司决定连续5年于每年年初存入10万元作为住房基金，复利率为10%。则该公司在第5年年末一次取出多少本利和？

F=10×（F/A，10%，5）×（1+10%）=10×6.105×1.1=67.16（万元）

或 =10×［（F/A，10%，5+1）–1］=10×（7.716–1）=67.16（万元）

（2）先付年金现值的计算。

n期先付年金现值和n期普通年金现值之间的关系如图3-4所示。

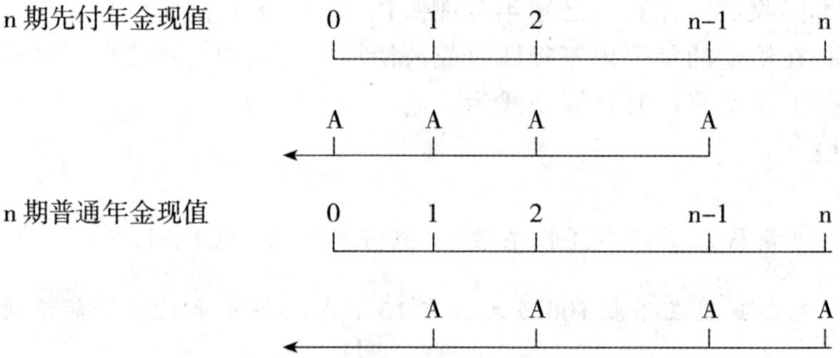

图3-4　先付年金现值和普通年金现值关系图

从图3-4可以看出，n期先付年金和n期普通年金的付款次数相同，但付款的时间不同，n期先付年金现值比n期普通年金现值少贴现一期。所以，可以先计算出n期普通年金现值，然后再乘以（1+i）便可求出n期先付年金现值。其计算公式为：

P=A·（P/A，i，n）·（1+i）

或　=A·［（P/A，i，n−1）+1］

［（P/A，i，n−1）+1］被称作“先付年金现值系数”，它是在普通年金现值系数的基础上，期数减1、系数加1的结果。通过查阅“年金现值系数表”得（n−1）期的值，再加1，即可得到对应的先付年金现值系数的值。

【例3-16】某企业租用设备一台，在10年中，每年年初支付租金6 000元，年利率为8%。租金的现值是多少？

P=6 000×（P/A，8%，10）×（1+8%）=6 000×6.710×1.08=43 481（元）

或　=6 000×［（P/A，8%，10−1）+1］=6 000×（6.247+1）=43 482（元）

3.递延年金现值的计算

递延年金是第一次收付款发生的时间不在第一期期末，而是隔若干期后才开始发生的系列等额收付款。它是普通年金的特殊形式，凡不是从第一期开始的普通年金都是递延年金，如图3-5所示。

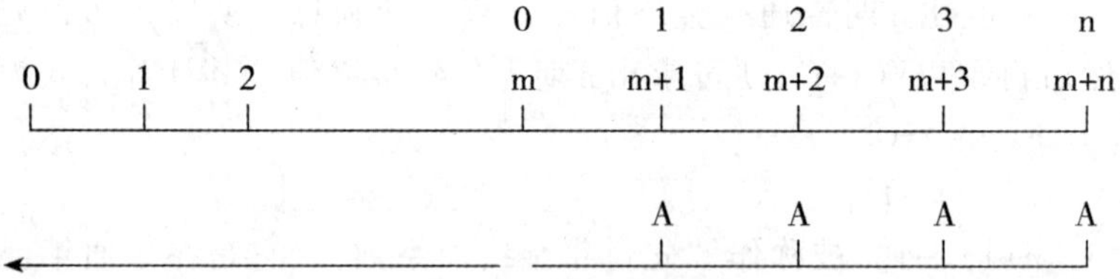

图3-5　递延年金图示

递延年金现值的计算可按以下办法进行：先全部按普通年金计算现值，然后再减去没有发生年金的前若干期普通年金现值，即可求出递延年金现值。其计算公式为：

P=A·（P/A，i，n+m）−A·（P/A，i，m）

或者先将普通年金部分按普通年金计算现值，然后再将其作为终值乘以复利现值系数贴现到第一期期初，即可求出递延年金现值。其计算公式为：

P=A·（P/A，i，n）·（P/F，i，m）

【例3-17】某人计划年初存入一笔款项，以便从第6年年末起每年取出1 000元，到第10年年末取完。当银行存款利率为10%时，此人年初应一次存入多少钱？

P=1 000×（P/A，10%，10）−1 000×（P/A，10%，5）

=1 000×6.145−1 000×3.791=2 354（元）

或 =1 000×（P/A，10%，5）×（P/F，10%，5）

=1 000×3.791×0.621=2 354（元）

4.永续年金现值的计算

永续年金是无限期等额收付的年金，它是普通年金的特殊形式，即期限趋于无穷的普通年金，如存本取息中的利息、优先股股利、西方无期限债券的利息等。

通过普通年金现值计算公式可推导出永续年金现值的计算公式：

P=A/i

【例 3−18】某人持有某公司的优先股1 000股，每年每股可获得优先股股利5元，如果他想长期持有，在利率为10%的情况下，对该项股票投资做出估价。

P=5÷10%=50（元）

（四）资金时间价值计算中的特殊问题

1.不等额系列款项现值的计算

前述单利、复利业务都属于一次性收付款项，年金则是每次收付相等金额的系列款项。在经济活动中，常常发生每次收付金额不相等的系列款项，这就需要计算不等额系列款项的现值之和。不等额系列款项有两种情况：全部不等额系列款项、年金和部分不等额系列款项。

（1）全部不等额系列款项现值的计算。

为求出全部不等额系列款项现值，可先计算每次收付款项的复利现值，然后加总。

【例 3−19】某企业连续5年每年年末的现金流量见表3−1。

若贴现率为5%，这笔不等额现金流量的现值为：

P=10×(P/F,5%,1)+20×(P/F,5%,2)+30×(P/F,5%,3)+20×(P/F,5%,4)+35×(P/F,5%,5)

=10×0.952+20×0.907+30×0.864+20×0.823+35×0.784

=97.48（万元）

表 3−1 **某企业连续5年每年年末的现金流量** 单位：万元

年份	1	2	3	4	5
现金流量	10	20	30	20	35

如果遇到若干年间不连续发生的不等额系列款项，可分别计算各项现金流量的复利现值，然后再加总求出其现值之和。

【例 3−20】某企业第3年年末需用20 000元，第5年年末需用20 000元，第6年年末需用40 000元，用于设备修理。为保证按期从银行提出所需资金，在复利率为10%时，该企业现在应向银行存款多少？

P=20 000×（P/F，10%，3）+20 000×（P/F，10%，5）+40 000×（P/F，10%，6）

=20 000×0.751+20 000×0.621+40 000×0.565

=50 040（元）

（2）年金和部分不等额系列款项现值的计算。

如果在一组不等额系列款项中，有一部分为等额款项，则可分段计算年金现值和复利现值，然后加总。

【例 3-21】某企业连续8年每年年末的现金流量见表3-2。

表3-2　**某企业连续8年每年年末的现金流量**　单位：万元

年份	1	2	3	4	5	6	7	8
现金流量	30	30	30	20	20	20	40	50

若贴现率为10%，计算这笔不等额现金流量的现值。

在本例中，1~3年现金流量均为30万元，是普通年金形式，可求3年期的普通年金现值；4~6年现金流量均为20万元，是递延年金形式，可求3年期的递延年金现值；第7年和第8年分别为40万元和50万元，分别按复利求现值。这笔不等额现金流量的现值为：

P=30×(P/A,10%,3)+20×(P/A,10%,3)(P/F,10%,3)+40×(P/F,10%,7)+50×(P/F,10%,8)

=30×2.487+20×2.487×0.751+40×0.513+50×0.467

=155.83（万元）

2.计息期短于1年的时间价值的计算

前面讨论的时间价值的计算均假定利率为年利率，每年复利一次。在实际经济生活中，会遇到计息期短于1年的情况。例如，债券利息一般每半年支付一次，股利有时每季支付一次，银行之间拆借资金为每天计息一次等。当每年复利次数超过一次时，这样的年利率叫名义利率，而每年只复利一次的利率才是实际利率。

对于1年内多次复利的情况，可采取两种方法计算时间价值：

（1）将名义利率调整为实际利率，然后按实际利率计算时间价值。

$i=(1+r/m)^m-1$

式中：i——实际利率；r——名义利率；m——每年复利次数。

【例 3-22】某企业于年初存入10万元，在年利率为10%、半年复利一次的情况下，到第10年年末，能得到多少本利和？

$i=(1+10\%\div 2)^2-1=10.25\%$

$F=10\times(1+10.25\%)^{10}=26.53$（万元）

（2）不计算实际利率，而是先调整有关指标，再计算时间价值。

利率=r/m　　　　　　期数=m · n

【例 3-23】仍用上例的有关数据，计算本利和。

$F=P\cdot(1+r/m)^{m\cdot n}$

$=10\times(1+10\%\div 2)^{2\times 10}$

=10×（F/P，5%，20）

=10×2.653

=26.53（万元）

3.利率的计算

前述现值和终值的计算，都假定利率是已知的，但在财务管理中，经常会遇到已知计息期数、现值和终值，求利率的问题。在这里，可以直接根据公式计算，也可以利用时间价值系数表计算。利用时间价值系数表计算利率的方法是：第一步求出换算系数；第二步根据换算系数和时间价值系数表求利率。根据前述有关公式，复利终值、复利现值、年金终值、年金现值的换算系数分别为：

（F/P，i，n）=F/P

（P/F，i，n）=P/F

（F/A，i，n）=F/A

（P/A，i，n）=P/A

【例 3-24】现在将10 000元存入银行，10年后可获得本利和25 940元，问银行存款利率为多少？

（P/F，i，10）=P/F=10 000÷25 940=0.386

查“复利现值系数表”，与10年相对应的贴现率中，10%的系数为0.386，则利率为10%。此外，也可以利用（F/P，i，n）=F/P来计算。

【例 3-25】现在将50 000元存入银行，在利率为多少时，才能保证在今后10年中每年年末得到7 500元？

（P/A，i，10）=P/A=50 000÷7 500=6.667

查“年金现值系数表”，当利率为8%时，系数为6.710；当利率为9%时，系数为6.418。所以利率应在8%~9%之间，假设x%为8%与所求利率之差，利用插值法计算如下：

利率

$$\left.\begin{array}{l}\left.\begin{array}{l}8\%\\ ?\end{array}\right\}x\%\\ 9\%\end{array}\right\}1\%$$

年金现值系数

$$\left.\begin{array}{l}\left.\begin{array}{l}6.710\\ 6.667\end{array}\right\}0.043\\ 6.418\end{array}\right\}0.292$$

x÷1=0.043÷0.292

x=0.147

利率（i）=8%+0.147%=8.147%

第二节 风险价值及其衡量

一、风险的含义

（一）什么是风险

企业的投资活动和其他经济活动可分为确定性和不确定性两种。确定性活动是指企业经济活动的未来结果是确定的，不会偏离预期的判断。对这类投资活动，决策者可以很容易地根据投资结果的优劣和其对企业价值的影响做出决策。不确定性活动是指企业经济活动的未来结果是不确定的，可能会偏离预期的判断，决策者无法事先确知最终将会出现哪一种结果。

不确定性活动又可进一步分为两种类型：一种是风险型的；另一种是完全不确定型的。

所谓风险型活动，是指虽然这些活动最终出现哪种结果是不确定的，但所有可能出现的结果和这些结果出现的可能性是已知的或是可以估计的。例如，某企业准备生产一套新款系列服装在明年投放市场，生产者虽然不能确切地知道这套服装明年投放市场后的收益情况，但根据对历史数据的分析以及市场调查和经验判断可以知道：如果这一服装系列能够成为流行款式，则收益率可达50%；如果销售状况一般，则收益率为20%；如果不太受欢迎，则收益率为-20%。同时，根据对明年服装流行色和流行款式的分析，生产者可以判断：该服装系列明年成为流行时装的可能性为60%，销售一般的可能性为30%，不受欢迎的可能性为10%。这类经济活动即为风险型活动。

完全不确定型经济活动是指不但经济活动可能出现的结果是不确定的，而且决策者对哪些结果会出现及结果出现的可能性也全然不知。例如，某企业准备在A国出售某种产品，但对该国的经济状况、市场状况和消费者偏好却一无所知。如果这时该企业就贸然进入A国市场，则其行为就是一种完全不确定型经济活动。

根据以上的分析，我们可以将企业财务管理中所讨论的风险定义如下：风险是指未来结果是不确定的，但未来哪些结果会出现及结果出现的可能性是已知的或是可以估计的这样一种特殊的不确定性。

（二）风险的特征

风险是事件本身的不确定性，具有客观性。例如，无论企业还是个人，投资于国库券，其收益的不确定性较小；如果投资于股票，则收益的不确定性大很多。特定投资的这种风险是客观存在的，是无法改变的，但你可以选择是否去冒风险以及冒多大的风险，这是你主观决定的。

风险的大小随时间的延续而变化，是“一定时期内”的风险。例如，对一个投资项目的成本，我们事先的预计可能不很准确，但越接近完工预计越准确。随着时间的延续，事件的不确定性在缩小，事件完成了，其结果也就完全肯定了。因此，风险总是“一定时期内”的。

风险可能给投资人带来超出预期的收益，也可能带来超出预期的损失。一般说来，投资人对意外损失的关注比对意外收益的关注要强烈得多，因此，在研究风险时，经常将风险看成不利事件发生的可能性，从财务管理的角度说，即是无法达到预期收益的可能性。

（三）风险的种类

1.从个别投资主体的角度看，风险分为市场风险和公司特有风险

（1）市场风险：是指那些影响所有公司的因素引起的风险，如战争、经济衰退、通货膨胀、高利率等。这类风险涉及所有的投资对象，不能通过多元化投资来分散，因此又称为不可分散风险或系统风险。例如，投资于股票，不论买哪种股票，都要承担市场风险，即在经济衰退时，各种股票的价格都会不同程度下跌。

（2）公司特有风险：是指发生于个别公司的特有事件造成的风险，如罢工、新产品开发失败等。这类事件是随机发生的，可以通过多元化投资来分散，因此又称为可分散风险或非系统风险。例如，投资于股票，买不同种股票比买一种股票风险小，可分散公司特有风险。

2.从公司本身来看，风险分为经营风险和财务风险

（1）经营风险：是指企业生产经营的不确定性带来的风险，它是任何商业活动都有的，又称为商业风险。例如，由于原材料供应地的政治经济情况变动，运输路线改变，原

材料价格变动，新材料、新设备出现等因素带来的供应方面的风险；由于产品生产质量不合格，新产品、新技术开发实验不成功，生产组织不合理等因素带来的生产方面的风险；由于出现新的竞争对手、消费者爱好发生变化、销售决策失误、产品广告宣传不利以及货款回收不及时等因素带来的销售方面的风险。此外，还有劳动力市场供求关系变化、发生通货膨胀、自然气候变化、税收调整以及其他宏观经济政策的变化等方面的因素，也会直接或间接地影响企业正常的经济活动。所有这些生产经营方面的不确定性，都会引起企业收益的变化，使企业的收益变得不确定，产生经营风险。

（2）财务风险：是指由于举债而给企业财务成果带来的不确定性，又称为筹资风险。由于企业举债经营，从而产生了定期还本付息的压力，如果企业到期不能还本付息，就面临着诉讼、破产等威胁，遭受严重损失。财务风险程度大小受借入资金对自有资金比例的影响。借入资金比例越大，风险越大；借入资金比例越小，风险越小。对财务风险进行管理，关键是保证合理的资金结构，维持适当的负债水平。既要充分利用举债经营获得财务杠杆收益，提高自有资金盈利能力；又要防止过度举债而引起财务风险加大，避免陷入财务困境。

二、风险的衡量

在财务管理中，任何决策都是根据对未来事件的预测做出的，而未来的情况往往是不确定的。由于不确定性的存在，未来出现的实际结果可能与我们期望的结果不一致，这种实际结果与期望结果的偏离程度往往被用来衡量风险。

（一）概率与概率分布

在现实生活中，某一事件在相同条件下可能发生也可能不发生，这类事件称为随机事件（用X_i表示）。概率（用P_i表示）就是用来表示随机事件发生可能性大小的数值。通常人们把必然发生的事件的概率定为1，把不发生的事件的概率定为0，随机事件的概率介于0与1之间。概率越大，表示该事件发生的可能性越大。概率必须符合以下两个要求：

（1）$0 \leq P_i \leq 1$

（2）$\sum_{i=1}^{n} P_i = 1$

将随机事件各种可能结果按一定的规则进行排列，同时列出各结果出现的相应概率，这一完整的描述称为概率分布。

【例3-26】西京公司和东方公司股票的报酬率及概率分布见表3-3。

表3-3　西京公司和东方公司股票的报酬率及概率分布

经济情况	概率（P_i）	报酬率（X_i，%）	
		A方案	B方案
繁荣	0.2	40	70
一般	0.6	20	20
衰退	0.2	0	-30

概率分布如图3-6所示。

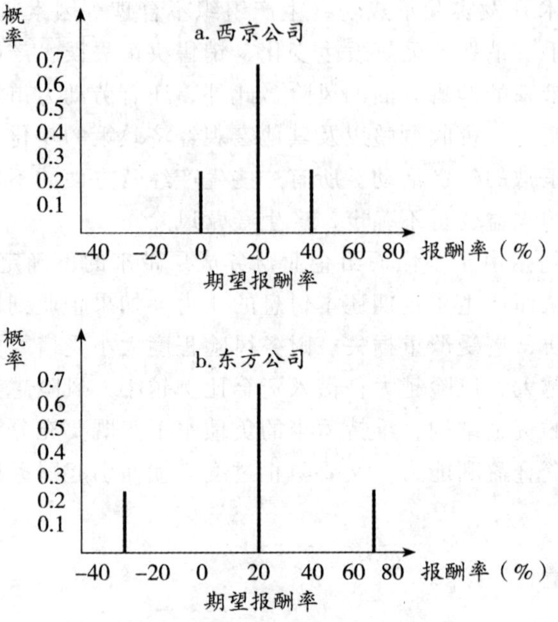

图3-6 离散的概率分布

以上是假定存在繁荣、一般和衰退三种情况。在实践中，经济状况可以在极度衰退和极度繁荣之间发生无数种可能结果，如果对每一种可能的经济状况都给予相应的概率，并对每一种情况都给予一个报酬率，将其绘制在直角坐标系中，便可得到连续的概率分布，如图3-7所示。

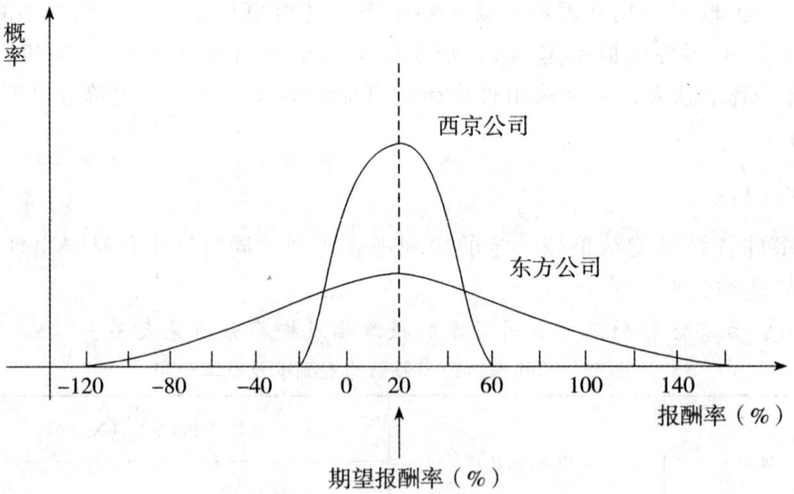

图3-7 连续的概率分布

可见，概率分布可分为两种类型：一种是不连续的概率分布，特点是概率分布在各个特定的点上；另一种是连续的概率分布，特点是概率分布在连续曲线上。

（二）期望值

期望值就是随机事件的各个取值，以相应的概率为权数的加权平均数。它反映随机事件取值的平均化，通常用$\overline{E}$表示。计算公式如下：

$$\overline{E}=\sum_{i=1}^{n}X_iP_i$$

【例3-27】以【例3-26】中的有关数据为依据，计算两家公司股票报酬率的期望值。

西京公司股票$\overline{E}$=40%×0.2+20%×0.6+0%×0.2=20%

东方公司股票$\overline{E}$=70%×0.2+20%×0.6+（-30%）×0.2=20%

报酬率的期望值反映预计报酬率的平均化，在各种不确定因素的影响下它代表投资者的合理预期。在报酬率相同的情况下，投资的风险程度与报酬率的概率分布有密切联系。概率分布越集中，实际可能的结果就越接近预期报酬率，投资的风险就越小；反之，概率分布越分散，投资的风险就越大。在本例中，两个公司股票的期望报酬率都是20%，但西京公司股票报酬率的概率分布比较集中，而东方公司股票报酬率的概率分布比较分散，所以西京公司股票的风险小。

在评价一个期望值的代表性强弱时，要依据投资报酬的具体数值对期望值的偏离程度来确定。偏离程度越大，代表性就越弱；偏离程度越小，代表性就越强。这种偏离程度就是风险程度。为了定量地衡量风险大小，我们还要使用统计学中衡量概率分布离散程度的指标：标准离差和标准离差率。

（三）标准离差

标准离差是反映概率分布中各种可能结果对期望值的偏离程度，即离散程度的一个数值，通常以符号σ表示。其计算公式为：

$$\sigma=\sqrt{\sum_{i=1}^{n}(X_i-\overline{E})^2\cdot P_i}$$

标准离差以绝对数衡量决策方案的风险。在期望值相同的情况下，标准离差越大，说明离散程度越大，风险越大；标准离差越小，说明离散程度越小，风险越小。

【例3-28】以【例3-26】的有关数据为依据，计算两个公司股票的标准离差。

西京公司股票的标准离差：

$$\sigma=\sqrt{(40\%-20\%)^2\times0.20+(20\%-20\%)^2\times0.60+(0-20\%)^2\times0.20}=12.65\%$$

东方公司股票的标准离差：

$$\sigma=\sqrt{(70\%-20\%)^2\times0.20+(20\%-20\%)^2\times0.60+(-30\%-20\%)^2\times0.20}=31.62\%$$

东方公司股票的标准离差大于西京公司股票的标准离差，说明东方公司股票的风险大于西京公司股票的风险。

（四）标准离差率

标准离差率是标准离差同期望值之比，是一个相对数指标，它以相对数反映决策方案的风险程度，通常用符号V表示。其计算公式为：

$$V=\frac{\sigma}{\overline{E}}$$

标准离差作为绝对数，只适用于相同期望值决策方案风险程度的比较。对于期望值不相同的决策方案，评价其风险程度只能借助于标准离差率这一相对数指标。在期望值不同的情况下，标准离差率越大，风险越大；标准离差率越小，风险越小。

【例3-29】以【例3-26】的有关数据为依据，计算西京公司股票和东方公司股票的标准离差率。

西京公司股票的标准离差率：

$$V=\frac{12.65\%}{20\%}=63.25\%$$

东方公司股票的标准离差率：

$$V=\frac{31.62\%}{20\%}=158.1\%$$

东方公司股票的标准离差率大于西京公司股票的标准离差率，说明东方公司股票的风险大于西京公司股票的风险。当然，在本例中，两个公司股票的期望报酬率相等，可以直接根据标准离差来比较风险程度。如果期望报酬率不相等，则必须计算标准离差率才能对比风险程度。例如，假设本例中西京公司和东方公司股票报酬的标准离差仍分别为12.65%和31.62%，但西京公司股票的期望报酬率为15%，东方公司股票的期望报酬率为40%，那么，究竟哪种股票的风险更大呢？这不能用标准离差作为判别标准，而要使用标准离差率。

$$西京公司股票的标准离差率=\frac{12.62\%}{15\%}=84\%$$

$$东方公司股票的标准离差率=\frac{31.62\%}{40\%}=79\%$$

这说明西京公司股票的风险要大于东方公司股票的风险。

总之，衡量风险大小的原则是期望值越高风险越大，标准离差（率）越小风险越小。在标准离差相同的情况下，用期望值大小衡量风险。在期望值相同的情况下，用标准离差率大小衡量风险。

三、风险与报酬的关系

风险与报酬的基本关系是风险越大要求的报酬率越高。各投资项目的风险大小是不同的，在投资报酬率相同的情况下，人们会选择风险小的投资，结果竞争使风险增加，报酬率下降。最终，高风险的项目必须有高报酬，否则就没有人投资；低报酬的项目必须风险很低，否则也没有人投资。风险和报酬的这种关系是市场竞争的结果。

上述标准离差和标准离差率虽然能正确评价投资风险的大小，但这还不是风险报酬率。要计算风险报酬率，必须借助一个系数——风险报酬系数。风险报酬率、风险报酬系数和标准离差率之间的关系，可用公式表示如下：

$$R_R=bV$$

式中：R_R——风险报酬率；b——风险报酬系数；V——标准离差率。

投资的总报酬率可表示为：

投资报酬率=无风险报酬率+风险报酬率

$$R=R_F+R_R=R_F+bV$$

式中：R——投资报酬率；R_F——无风险报酬率。

无风险报酬率，是指加上通货膨胀贴水以后的资金时间价值。西方一般把投资于国库券的报酬率视为无风险报酬率。

风险报酬系数，是将标准离差率转化为风险报酬的一种系数。假设西京公司股票的风险报酬系数为5%，东方公司股票的风险报酬系数为8%，则两个公司股票的风险报酬率分别为：

西京公司股票 $R_R=5\%\times63.25\%=3.16\%$

东方公司股票 $R_R=8\%\times158.1\%=12.65\%$

如果无风险报酬率为10%，则两个公司股票的投资报酬率应分别为：

西京公司 $R=10\%+3.16\%=13.16\%$

东方公司 $R=10\%+12.65\%=22.65\%$

关于风险报酬系数的确定，有以下几种方法：

（1）根据以往同类项目加以确定。我们可以参照同类投资项目的历史资料，运用公式 $R=R_F+bV$ 来确定。例如，某企业准备进行一项投资，此类项目含风险报酬率的投资报酬率一般为20%，其报酬率的标准离差率为100%，无风险报酬率为10%，则由公式 $R=R_F+bV$ 得：

$$b=\frac{R-R_F}{v}=\frac{20\%-10\%}{100\%}=10\%$$

（2）由企业领导或企业有关专家确定。如果缺乏历史资料，则可由企业领导，如总经理、总会计师、财务经理等根据经验加以确定；也可以由企业领导组织有关专家确定。实际上，风险报酬系数的确定在很大程度上取决于各公司对风险的态度：比较敢于承担风险的公司往往把b值定得很低；反之，比较稳健的公司则常把b值定得高些。

（3）由国家有关部门组织有关专家确定。例如，财政部、中央银行等组织专家，根据各行业的条件和有关因素，确定各行业的风险报酬系数，由国家定期公布，供投资者参考。

本章小结

财务管理的价值观念包括资金时间价值观念和风险价值观念。

资金时间价值是资金经过一定时间的投资和再投资所增加的价值。与时间价值相关的计算包括复利终值、复利现值、年金终值、年金现值等。离开时间价值因素，就无法正确揭示不同期间财务收支的价值。

风险与报酬对等的观念是指风险投资应得到相应的风险报酬，风险报酬率是标准离差率与风险报酬系数的乘积。投资报酬率由无风险报酬率和风险报酬率两部分构成。

复习思考题

1.什么是资金时间价值？如何理解这一概念？

2.什么是复利？复利和单利有何区别？

3.什么是年金？如何计算年金的终值和现值？

4.什么是风险报酬？怎样理解风险与报酬的关系？

5.举例说明如何计算风险报酬。

第四章

财务预测与规划

学习目标

了解财务预测的概念及意义，掌握财务预测的程序，学会财务预测的基本方法和其他方法。在此基础上，掌握利润规划的原理和方法，并能够运用这些基本原理进行全面的财务预算。

学习重点与难点

财务预测、财务预测的方法、本量利分析法、财务预算。

第一节 财务预测

一、财务预测的意义与目的

企业存在的意义是为股东创造价值，这种价值创造是企业在未来生产经营活动中新创财富在现时的体现。企业未来的生产经营活动是由现在的经营决策所决定的，为了提高企业决策的科学性，必须不断地预测未来。

企业的财务管理也需要在企业整体战略的指导下，对企业的未来进行预测。

所谓预测，就是主体为特定的目的，以过去的历史资料和现在所能取得的信息为基础，运用其所掌握的科学知识和实践经验，对客观事物未来发展的可能趋势或结果进行合理的推断。

财务预测就是财务管理人员以企业过去一段时期财务活动的趋势性变化资料为依据，结合企业现在面临和即将面临的各种微观和宏观变化因素，运用统计和数学的定量分析方法，以及预测人员的主观判断，对企业财务方面的未来发展趋势及变化结果进行预计推断。

企业的财务活动受众多因素的影响，不仅受企业内部各种资源条件的影响，还要受国家宏观经济政策和经济形势的影响，也受金融市场发展水平、技术进步的影响。在全球经济一体化的背景下，国际经济形势的变化也对企业的财务管理有深刻影响。但是，企业财务管理仍然和其他事物的发展变化一样，具有一定的规律性。人们在分析过去、把握现状的基础上，完全能够从其变化中找出一些内在的必然规律，对其未来财务活动的发展趋势进行较为准确的预测。另外，财务管理人员在长期的实践中，已摸索出一套如何根据本企业的经营特点和所处的环境进行财务预测的原理和方法。

可见，财务预测的可行性是建立在财务管理自身的内在规律性与人们对这种规律认识的基础上的。

企业财务预测的对象是企业经营过程中的现金流量和资金运动，企业的现金流量和资金运动是对企业生产经营活动的全过程以货币形态进行的综合反映，企业的生产经营活动又是在特定的外部环境下利用企业内部资源的过程，所以，企业的财务预测就是联系企业的内部条件和外部环境，对企业的现金流量和资金运动状况进行的静态和动态预测。

企业财务预测的对象决定了企业财务预测有广义与狭义之分：广义的财务预测包括投资预测、销售收入预测、成本预测、利润及其分配预测和筹资预测；狭义的财务预测是指企业为了达到特定的经营目标，在特定的时间所需要筹措的资金数额。这里我们使用狭义财务预测概念。

财务预测之所以成为企业财务管理的一个重要环节，在于它对企业的生产经营有以下作用：

1.财务预测是企业进行财务决策的依据

财务管理的核心在于财务决策，正确的财务决策以合理的财务预测为前提。无数事实证明，预测不准，决策就会失真，企业的财务活动就可能因此误入歧途，迷失方向。

2.为财务预算提供依据

为了保证企业经营决策、财务决策正确实施，企业的生产经营活动和财务活动必须实行计划管理。企业生产经营计划和财务计划的货币表现就是预算。为了保证预算的科学性和指导性，企业在编制预算之前，要对企业生产经营过程中的各个环节、各个方面进行预测，预测销售收入实现的可能性、资金流量的可靠性、各项技术措施的有效性，预测各种增产节约措施对企业资金占用、费用支出、盈利水平的影响程度，为编制预算提供各种有用的数据。建立在正确预测基础上的预算，不仅切实可行，而且可使各个预算紧密衔接，协调各个部门的工作，为保证预算的顺利执行、完成企业的整体目标奠定基础。

3.为搞好企业日常财务管理工作提供依据

企业所处的经营环境是不断变化的，因此，企业日常财务管理工作正常有序，为企业的生产经营提供保障，就不仅依赖于对企业过去收入规律和情况的把握，而且还要善于洞察企业外部环境和内部条件在未来的变化，预测企业未来资金情况和财务收支平衡状况。只有这样，才能做到统筹兼顾、适当安排，使企业的日常财务管理活动发挥积极作用。

需要注意的是，财务预测作用的大小受其准确性的影响。财务预测准确性高，作用就大；财务预测准确性低，作用就小。

影响财务预测准确性的因素既有主观的，也有客观的。主观因素包括财务管理人员的业务素质、使用的预测方法、职业判断等；客观因素包括外部环境不可预测的突变等。另外，财务预测毕竟是主观见于客观，未来的发展变化与事前的预测不会完全一致的。所以，财务预测最主要的作用是使财务管理人员对未来可能的变化趋势有所准备、有所把握。可以说，财务预测的目的就是提高企业对不确定事件的反应能力，从而减少不利事件的出现带来的损失，增加利用有利机会带来的收益。

二、财务预测的步骤

（一）广义的财务预测步骤

就广义的财务预测而言，一般有以下几个步骤：

1.确定预测对象和目标

在进行财务预测之前，首先要确定预测什么，然后再根据预测的目标、内容和要求确定预测范围和预测期。例如，只有确定了以销售收入为预测对象，才有可能组织好与销售收入预测有关的各项工作，才能确定收集哪些资料、分析哪些与销售收入变化有关的因素，否则就成了无的放矢。

确定预测对象和目标时，应做到清晰、具体，切忌含糊不清。

2.制订预测计划

预测计划包括预测工作的组织领导，人员组成，信息资料的获取方法、取得渠道，时间安排，经费预算等。预测计划应详细明确，分工合理，进程适当。预测计划不是一成不变的，应根据预测工作中遇到的实际问题进行不断的调整，使之更加切实可行。

3.收集、整理相关信息

根据已确定的预测目标和计划，财务管理人员要尽可能全面地收集与既定目标有关的资料和数据。这些资料和数据有的可能来自于企业内部，如会计资料、日常统计资料，有的可能来自于企业外部，如市场信息、金融行情、国家政策等。外部资料有的可从报纸杂志公开发表的统计报告中取得，有的则要通过抽样调查取得。这些资料有的是量化的数据，有的则可能是非量化的。前者如产品的市场需要量和价格，后者如消费者偏好。在有些情况下，非量化的数据可能比量化的数据更重要。对收集来的资料必须进行加工、整理、归纳和鉴别，以去伪存真、去芜存精。

4.选择预测方法

进行财务预测，必须通过一定的科学方法才能完成。对于定量预测，应建立正确的数学模型；对于定性预测，要按照一定的逻辑思维制定预测的提纲。预测方法的选择一定要考虑实际情况，不考虑实际情况的方法，即使再精致、再复杂，其得出的数据也可能是荒谬的。在实际工作中，有时可把几种方法结合起来，互为补充，互为验证。如定量方法和定性方法相结合、因素分析法和时间延伸法相结合，能使得到的数据与实际结果更加接近。

5.进行实际预测

运用所选定的预测方法和建立的数学模型或调查提纲进行预测，并根据定量分析和定性分析的结果做出初步的预测结论，预测结论可用表格、图示或文字等形式表示。

6.对初步的预测结论进行分析评价

经过一定期间，要对过去所做的初步预测结论进行检验，将实际结果与预测数据进行比较，确定预测的结果是否正确，并分析其之所以发生误差的原因。在实际工作中，财务预测毕竟是一种推测和估计，预测结果与实际结果难免有一定的误差，重要的是误差的大小。误差小，说明收集的资料和数据是相关的、正确的，所选择的方法是适当的；误差大，则说明收集的资料或所选择的预测方法有问题。所以，在预测之前要确定允许误差的范围，在预测之后要分析误差产生的原因，以便改进预测方法和模型，尽量缩小误差。

7.修正初步的预测结论，得出最终预测结果

对于过去用定量方法进行的预测分析，往往由于数据不足或某种因素而影响预测精度，这就需要用定性方法来考虑这些因素，并及时修正初步预测结论。对过去用定性方法预测的结果，也应尽可能用定量预测方法加以修正、补充，使其更加接近实际。预测工作的实践证明，把定量方法与定性方法有机地结合起来，是提高预测准确性的重要途径。经过上述修正，就可得出最终的预测结果。

（二）狭义的财务预测步骤

就狭义的财务预测而言，基本程序是销售预测，估计需要的资产，估计收入、费用和留存收益，最后估计所需的外部融资。

1.销售预测

财务预测的起点是销售预测。一般情况下，财务预测把销售数据视为已知数，作为财务预测的起点。销售预测本身不是财务管理的职能，但它是财务预测的基础，销售预测完成后才能开始财务预测。

销售预测对财务预测的质量有重大影响。如果销售的实际状况超出预测很多，企业没有准备足够的资金添置设备或储备存货，则无法满足顾客需要，这不仅会失去营利机会，并且会丧失原有的市场份额；相反，销售预测过高，筹措大量资金购买设备并储备存货，则会造成设备闲置和存货积压，使资金周转率下降，导致权益收益率降低，股价下跌。

采用计算机预测模型时，一般只要输入历史销售数据和财务数据，就可同时完成销售预测和财务预测。

2.估计需要的资产

通常情况下，资产是销售量的函数，根据历史数据可以分析出该函数关系。根据预计销售量和资产销售函数，可以预测所需资产的总量。某些流动负债也是销售量的函数，亦应预测负债的自发增长，这种增长可以减少企业外部融资的数额。

3.估计收入、费用和留存收益

假设收入和费用是销售量的函数，可以根据销售数据估计收入和费用，并确定净收益。净收益和股利支付率共同决定留存收益所能提供的资金数额。

4.估计所需融资

根据预计资产总量，减去已有的资金来源、负债的自发增长和内部提供的资金来源，便可得出外部融资需求。

三、销售百分比法

财务预测的销售百分比法是首先假设收入、费用、资产、负债与销售收入存在稳定的百分比关系，根据预计销售额和相应的百分比预计资产、负债和所有者权益，然后利用会计等式确定融资需求。

销售百分比法是指以未来销售收入变动的百分比为主要参数，考虑随销售变动的资产负债项目及其他因素对资金需求的影响，从而预测未来需要追加的资金量的一种定量计算

方法。应用销售百分比法预测资金需求量时，是以下列假设为前提的：

（1）企业的部分资产和负债与销售额同比例变化。

（2）企业各项资产、负债和所有者权益结构已经最优。

销售百分比法下，企业需要追加的资金量的基本计算公式为：

$\Delta F=K(A-L)-R$

式中：ΔF——企业在预测年度需要从企业外部追加筹措资金的数额；K——预测年度销售收入对于基期年度增长的百分比；A——随销售收入变动成正比例变动的资产项目基期金额。资产项目与销售收入的关系一般分为三种情况：第一种是随销售收入变动成正比例变动，如货币资金、应收账款、存货等流动资产项目，这些是公式中A的计量对象。第二种情况是与销售收入变动没有必然因果关系，如长期投资、无形资产等，这些项目不是A的计量对象。第三种情况是与销售收入关系有多种可能，如固定资产。假定基期固定资产的利用已经饱和，那么增加销售必然增加固定资产投资，一般可以认为资产项目与销售收入的增长成正比，应把基期固定资产净额计入A之内；假定基期固定资产的剩余生产能力足以满足销售增长的需要，则不必追加资金添置固定资产。在销售百分比法中，固定资产仅作上述两种情况处理。L表示随销售收入变动成正比例变动的负债项目基期金额。负债项目与销售收入的关系一般分为两种情况：第一种情况是随销售收入变动成正比例变动，如应付账款、应交税费等流动负债项目，这些是公式中L的计量对象。第二种情况是与销售收入变动没有必然因果关系，如各种长期负债等，这些项目不是L的计量对象。L在公式中取“-”号，是因为它能够给企业带来可用资金。

R表示预测年度增加的可以使用的留存收益，在销售净利率、股利发放率等确定的情况下计算得到。R是企业内部形成的可用资金，可以作为向外筹资的扣减数。

【例4-1】假设某公司上年的实际销售额为30万元，销售净利率为10%，股利支付率为40%。预计本年销售额为36万元，销售净利率及股利支付率保持不变。假设该公司固定资产的利用能力已经饱和，该公司上年年末的简要资产负债表见表4-1，预计该公司本年度的外部融资需求。

表4-1　　**某公司简要资产负债表**

2017年12月31日　　单位：万元

资产	金额	负债和所有者权益	金额
流动资产：		流动负债：	
货币资金	10	应付账款	25
应收账款	20	应交税费	5
存货	30	流动负债合计	30
流动资产合计	60	非流动负债：	
非流动资产：		长期借款	10

续表

资产	金额	负债和所有者权益	金额
固定资产	55	非流动负债合计	10
无形资产	5	所有者权益：	
非流动资产合计	60	实收资本	60
		未分配利润	20
		所有者权益合计	80
资产总计	120	负债和所有者权益总计	120

K=（36−30）÷30=20%

A=10+20+30+55=115（万元）

L=25+5=30（万元）

R=36×10%×（1−40%）=2.16（万元）

ΔF=20%×（115−30）−2.16=14.84（万元）

计算结果表明，该公司外部融资需求为14.84万元。

运用销售百分比法预测企业的外部融资需求，特点是简单、方便，且易于理解。但是，特别要注意的是，销售百分比法成立的前提是企业与销售额敏感相关的资产、负债项目的数量与销售额呈稳定的比例关系。由于规模经济效应和资产的不可分割性，这一前提事实上可能并不存在。

由于规模经济效应的存在，在一定条件下，随着企业规模的扩大，销售收入增加，单位资产产出的销售额和利润额也会随之增加，即单位资产的利用效率会增加。同时，在很多情况下，资产，特别是固定资产，必须按照一个完整的项目增加，而不能任意分割为零散的单位。

在实际应用中，必须注意以上两种情况。

四、财务预测的其他方法

财务预测的销售百分比法是一种简单实用的方法。它的好处是使用成本低，便于了解主要变量之间的关系，可以作为复杂方法的补充或检验。它也有一定的局限性，主要是假设资产、负债、收入、成本与销售额成正比，经常不符合实际情况，使其应用范围受到限制。由于存在规模经济效应和批量购销问题，资产、负债、收入、成本与销售额不一定成正比。

为了提高财务预测的质量，有时需要使用更精确的方法。

（一）使用回归分析技术

财务预测的回归分析是利用一系列历史资料求得各资产负债表项目和销售额的函数关系，据此预测计划销售额与资产、负债的数量，然后预测融资需求。

通常假设销售额与资产、负债等存在一定的函数关系，根据具体情况的不同，可以是线性的，也可以是非线性的；再根据历史资料和回归分析技术，确定具体的函数表达式，以预计销售额为基础，测算相关资产、负债的金额。完成资产、负债项目的预计后，其他的计算步骤与销售百分比法相同。

（二）通过编制现金预算预测财务需求

现金预算是对未来现金流量进行详尽的描述，它不仅是计划的工具，也是预测的工具，本章第三节将具体介绍其方法。

（三）使用计算机进行财务预测

对于大型企业来说，无论是销售百分比法还是回归分析技术都显得过于简化，实际上，影响融资需求的变量很多，如产品的组合、信用政策、价格政策等。把这些变量纳入预测模型后，计算量大增，手工处理已很难胜任，因此，使用计算机是不可避免的。

最简单的计算机财务预测是使用电子表格，如Excel。在使用电子表格时，计算过程和手工预测只有很少差别。其主要好处是预测期间是几年或者分月预测时，计算机要比手工快得多。如果改变一个输入参数，软件能自动重新计算所有预测数据。

比较复杂的预测是使用交互式财务模型，它比电子表格功能更强。其主要好处是能通过人机对话进行反向操作。例如，它不但可以根据既定销售额预测融资需求，还可以根据既定资金限制预测可达到的销售额。

最复杂的预测是使用综合数据库财务计划系统，该系统建有公司的历史资料库和模型库，可选择适用于分期预测的各项财务数据。它通常是一个联机实时系统，可随时更新数据；它可以使用概率技术，分析预测的可靠性较高；它还是一个综合的规划系统，不仅可以用于资金的预测和规划，而且可以用于需求、价格、成本及各项资源的预测和规划。该系统通常也是规划和预测相结合的系统，能快速生成预计的财务报表，从而支持财务决策。

第二节　利润规划

企业存在的使命是创造财富，为实现这一目标，企业必须在每期的生产经营活动中，使所得大于所费，即取得利润，因此，企业的最终目标就是通过每期的利润目标实现的。企业在一定期间内市场、技术、财务、经营管理等工作的好或坏，最终都要通过利润指标体现出来。在确定了企业的战略目标之后，首要的就是对利润进行规划，确定利润目标。

企业的利润是生产经营所得扣除生产经营所费的结果，生产经营所得与企业的产销量相关，生产经营所费与企业的成本相关。

一、本量利的相互关系

所谓本量利之间的相互关系，是指成本、销售量与利润之间的关系。

本量利相互关系的研究是以成本和业务量之间的关系研究为基础的，即以成本性态的研究为基础。

成本性态是指成本总额对业务量（如产量或销售量）的依存关系。根据成本性态对成本进行分类，通常可分为三种：固定成本、变动成本和混合成本。

固定成本是指成本总额在一定时期和一定业务量范围内，不受业务量影响而保持固定不变的成本，如折旧费、租金、管理人员薪金等。

变动成本是指在一定业务量范围内，成本总额与业务量成正比例增减变动的成本，如直接材料、直接人工等。

混合成本是指随业务量变动而增减，但与业务量增减不成比例变动的成本。混合成本介于固定成本与变动成本之间，可以根据一定的方法分解为固定成本与变动成本两部分。这样，全部成本都可以分为固定成本与变动成本两部分。

本量利之间的依存关系可用公式表示如下：

（一）损益方程式

利润=销售收入-总成本

=销售收入-（固定成本+变动成本）

=销售单价×销售量-（固定成本+单位变动成本×销售量）

=（销售单价-单位变动成本）×销售量-固定成本

（二）边际贡献方程式

边际贡献是本量利分析中的一个重要概念，是指销售收入扣除变动成本后的余额。

边际贡献=销售收入-变动成本总额

=销售单价×销售量-单位变动成本×销售量

=（销售单价-单位变动成本）×销售量

用单位产品来表示边际贡献，就产生了单位边际贡献的概念。

单位边际贡献=销售单价-单位变动成本

用单位边际贡献来表示边际贡献（总额），就有：

边际贡献（总额）=单位边际贡献×销售量

而单位边际贡献占销售单价的比率，就是边际贡献率。

边际贡献率=单位边际贡献÷销售单价

=（销售单价-单位变动成本）÷销售单价

=1-单位变动成本÷销售单价

=1-变动成本率

所以，利润方程式可以改写成以下形式：

利润=销售收入-（变动成本+固定成本）

=（销售收入-变动成本）-固定成本

=边际贡献-固定成本

=单位边际贡献×销售量-固定成本

=边际贡献率×销售单价×销售量-固定成本

=边际贡献率×销售额-固定成本

上式明确了本量利之间的依存关系，又叫作边际贡献方程式。

上式也说明了边际贡献的意义：边际贡献是销售收入扣除变动成本后对企业利润所做的贡献，它首先用于弥补企业的固定成本，如果还有剩余则形成利润，如果不足以弥补固定成本则发生亏损。

如果企业同时生产、销售多种产品，则应计算企业加权平均的边际贡献率。

加权平均边际贡献率=各产品边际贡献总额÷各产品销售收入总额×100%

=∑（各产品边际贡献率×该产品销售收入）÷∑各产品销售收入

=∑（各产品销售收入占总销售收入的比重×该产品边际贡献率）

企业各种产品销售收入占企业总销售收入的比重，实际上就是企业的销售结构。

进行本量利分析时，不仅要考虑成本、销售量和利润之间的关系，还要考虑企业的销售结构。

（三）本量利图

我们可以将成本、销售量和利润的关系在直角坐标系中通过图形反映出来，叫作本量利图。因其能够清晰地显示企业盈亏平衡时应达到的产销量，所以又被称为盈亏临界图、损益平衡图或保本图。

1.基本的本量利图（如图4-1所示）

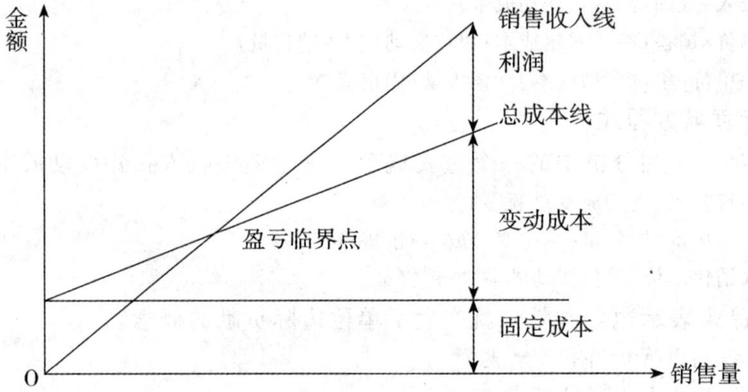

图4-1　基本的本量利图

2.边际贡献方程式本量利图（如图4-2所示）

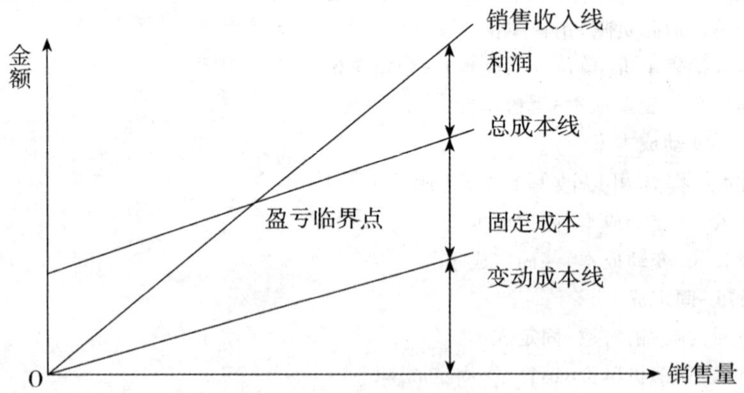

图4-2　边际贡献方程式本量利图

二、盈亏临界分析

（一）盈亏临界点的确定

盈亏临界点又叫损益平衡点或保本点，是指企业收入和成本相等，即边际贡献等于固定成本时企业所处的既不盈利也不亏损的状态。

盈亏临界点销售量=固定成本÷（销售单价-单位变动成本）

=固定成本÷单位边际贡献

盈亏临界点销售额=销售单价×盈亏临界点销售量

=销售单价×固定成本÷单位边际贡献

=固定成本÷边际贡献率

（二）安全边际和安全边际率

安全边际是企业销售量超过盈亏临界点销售量的差额，它表明在正常销售情况下，企业的销售量下降多少，企业仍不会发生亏损。

安全边际=正常销售量-盈亏临界点销售量

安全边际与企业正常销售量的比率是安全边际率。

安全边际率=安全边际÷正常销售量×100%

由于：

正常销售量=盈亏临界点销售量+安全边际量

所以：

利润=安全边际量×单位边际贡献

三、因素变动分析

因素变动分析是在基期利润水平的基础上，根据计划期间影响利润变动的各项因素，预测企业计划期间的利润额。因素变动分析是以本量利分析的基本原理为基础的，根据本量利的关系可知，影响利润的主要因素有销售量、销售价格、变动成本、固定成本总额和所得税税率等。

采用因素变动分析预测利润的计算公式为：

计划期利润=基期利润±计划期因各种因素的变动而增加或减少的利润

在采用因素变动分析进行利润预测时，首先，必须对影响利润的各种因素进行测算，这些因素有企业外部因素，如市场供需的变化对产品销售量和销售价格的影响；也有企业内部因素，如产品的单位变动成本和固定成本的变化等。其次，将变化了的各种因素代入本量利方程式，测算出对利润的影响结果。通常销售量和销售价格与利润是正相关的，销售量的增加与销售价格的提高，都会使利润增加；单位变动成本和固定成本与利润是负相关的，单位变动成本和固定成本的增加，都会使利润减少。下面举例说明各种因素的变化对企业利润的影响。

【例4-2】某公司上年度某产品的销售量为50 000件，销售单价为25元，该产品的单位变动成本为17元，固定成本为80 000元，该年度的利润总额为320 000元。经过对市场供需状况的调查，本年度该产品的预计销售量为55 000件，销售单价为24元。据预测，该企业因改进产品设计，单位变动成本可降低到15元，但固定成本会增加到90 000元。要求采用因素变动分析法计算各种因素的变化对利润的影响。

根据所给的资料测算各种因素的变化对利润的影响如下：

（1）销售量增加对利润的影响：

（55 000-50 000）×25=125 000（元）

（2）销售单价降低对利润的影响：

（24-25）×55 000=-55 000（元）

（3）单位变动成本降低对利润的影响：

50 000×17-55 000×15=25 000（元）

（4）固定成本增加对利润的影响：

80 000-90 000=-10 000（元）

（5）以上各种因素对利润的综合影响：

125 000-55 000+25 000-10 000=85 000（元）

（6）本年度企业利润：

本年度预计利润总额=320 000+85 000=405 000（元）

以上是先预测本年度各种因素的变化，然后再根据各种因素的变化来预测企业本年度的利润。有时候是先确定了目标利润，然后再预测为了实现目标利润需要采取的各项措施，如降低单位变动成本或固定成本、增加销售量、提高销售价格等。下面举例说明为了实现目标利润需要采取的单项措施和综合措施。

【例4-3】根据【例4-2】的资料，如果确定计划年度该产品的目标利润比上一年度的利润总额增加20%，即达到384 000元，则需要采取哪些措施？

为了实现目标利润，可以采取如下几种单项措施，即在其他各种因素不变的情况下，只变动一个因素就可以使利润增加20%，达到384 000元：

（1）提高销售价格：

根据本量利基本方程式，在其他因素不变的情况下，实现目标利润的产品销售价格为：

销售价格=（固定成本+目标利润）÷销售量+单位变动成本

=（80 000+384 000）÷50 000+17=26.28（元）

因此，在其他因素不变的情况下，只要该产品的销售单价提高到26.28元，就可以实现利润增长20%、达到384 000元的目标。

（2）增加销售量：

同样，在其他因素不变的情况下，实现目标利润的销售量为：

销售量=（固定成本+目标利润）÷（销售单价-单位变动成本）

=（80 000+384 000）÷（25-17）=58 000（件）

因此，在其他因素不变的情况下，只要该产品的销售量增加到58 000件，就可以实现利润增长20%、达到384 000元的目标。

（3）降低单位变动成本：

同样，在其他因素不变的情况下，实现目标利润的单位变动成本为：

单位变动成本=单价-（固定成本+目标利润）÷销售量

=25-（80 000+384 000）÷50 000=15.72（元）

因此，在其他因素不变的情况下，只要该产品的单位变动成本降低到15.72元，就可以实现利润增长20%、达到384 000元的目标。

（4）降低固定成本：

同样，在其他因素不变的情况下，实现目标利润的固定成本为：

固定成本=（单价-单位变动成本）×销售量-目标利润

=（25-17）×50 000-384 000=16 000（元）

因此，在其他因素不变的情况下，只要固定成本降低到16 000元，就可以实现利润增长20%、达到384 000元的目标。

以上措施都是在假定其他因素不变的情况下所采取的单项措施，但是，在实际经济生活中，往往不止一个因素发生变化，这时就要采取综合措施。根据例4-3的资料，假定采用薄利多销的策略，如果该产品的销售价格降低10%，在成本不变的情况下，计算销售量增加多少才能实现目标利润。

根据本量利方程式，为了实现目标利润，当该产品的销售价格降低10%，即为22.5元时，成本不变情况下的销售量为：

销售量=（固定成本+目标利润）÷（销售单价-单位变动成本）

=（80 000+384 000）÷（22.5-17）=84 364（件）

因此，如果该产品的销售价格降低10%，在成本不变的情况下，销售量增加到84 364件，才能实现目标利润。

假设该产品的销售价格降低10%，销售量只能增加到80 000件，但由于产销量的增加，固定成本需要追加8 000元，为了实现目标利润，还需采取什么措施？

根据所给的资料，先计算出单位变动成本：

单位变动成本=单价-（固定成本+目标利润）÷销售量

=22.5-［（80 000+8 000）+384 000］÷80 000

=16.6（元）

因此，如果该产品的销售价格降低10%，在增加8 000元固定成本、只能销售80 000件的情况下，还要将单位变动成本降低到16.6元才能实现目标利润。

四、敏感性分析

敏感性分析主要用来测度与预测或决策有关的某个因素发生变动时，其对预测或决策结果的影响程度。若某个因素在很小的幅度内变动就会影响预测或决策结果，则该因素为敏感因素（或该因素的敏感性强）；若某个因素在很大的幅度内变动才会影响预测或决策结果，则该因素为不敏感因素（或该因素的敏感性弱）。

利润敏感性分析是指运用数学模型对影响利润的各个因素进行分析，测定各有关因素变动对企业目标利润的影响程度。在进行利润敏感性分析的基础上，可以确定企业财务管理，乃至整个经营管理的重点，确保企业目标利润的实现。

（一）确定各因素对目标利润的敏感程度

根据本量利基本公式：

目标利润=销售单价×销售量-（固定成本+单位变动成本×销售量）

可以分析确定销售单价、销售量、单位变动成本和固定成本对企业目标利润的敏感程度。

【例4-4】某公司计划期生产并销售甲产品1 000件，若销售单价为50元，单位变动成本为30元，固定成本为10 000元，其利润为多少？若销售单价、销售量、单位变动成本和固定成本各变动1%，对利润的影响如何？

（1）计划期利润=50×1 000-（10 000+30×1 000）=10 000（元）

（2）销售单价、销售量、单位变动成本和固定成本各变动1%对目标利润的影响见表4-2。

表 4-2　　　　**某公司利润影响因素分析**

影响利润的各因素	变动程度（%）	影响范围（元）		变动后利润（元）	影响程度	
		计划期销售收入	计划期销售成本		绝对数（元）	相对数（%）
销售单价	+1	500	0	10 500	+500	+5
销售量	+1	500	300	10 200	+200	+2
单位变动成本	−1	0	−300	10 300	+300	+3
固定成本	−1	0	−100	10 100	+100	+1

通过上述分析可知，在影响利润的四个因素中，销售单价的敏感性最强，固定成本的敏感性最弱。

（二）分析各因素逐个变动对目标利润实现的影响

进行利润敏感性分析，还应对影响利润实现的各个因素进行预测分析，再结合本企业的具体情况，选择可行的方案，确保目标利润实现。

根据本量利基本公式：

目标利润=销售单价×销售量-（固定成本+单位变动成本×销售量）

有：

（1）销售单价=（目标利润+固定成本）÷销售量+单位变动成本

（2）销售量=（目标利润+固定成本）÷（销售单价-单位变动成本）

（3）固定成本=销售单价×销售量-单位变动成本×销售量-目标利润

（4）单位变动成本=销售单价-（固定成本+目标利润）÷销售量

（三）综合分析各因素同时变动对利润的影响

在现实经济生活中，各因素是相互制约，互为影响的，为此，就需要综合预测各有关因素同时变动对利润的影响。进行预测时，主要是根据本量利基本公式，分别计算变化前的利润和变化后的利润，然后加以对比，就可测算出两者的利润差额。

【例 4-5】某公司经过技术革新后，计划期生产并销售甲产品的产量由原来的 1 000 件增加到 1 500 件，销售单价由原来的 50 元降低到 46 元，单位变动成本从原来的 30 元降低到 25 元，固定成本由原来的 10 000 元增加到 14 000 元。要求综合预测各有关因素同时变动对利润的影响。

技术革新前的利润=50×1 000-（10 000+30×1 000）=10 000（元）

技术革新后的利润=46×1 500-（14 000+25×1 500）=17 500（元）

两者的利润差额=17 500-10 000=7 500（元）

该公司通过技术革新，各因素同时变动后的利润比革新前的利润增加 7 500 元（或为革新前利润的 1.75 倍）。

（四）产品品种结构变动对利润的影响

在生产并销售多种产品的企业中，为了保证目标利润的实现，还可以通过使产品品种结构变动，即通过多生产边际贡献率高的产品、少生产边际贡献率低的产品的办法，来提高企业的盈利水平。

【例4-6】某公司在计划期拟产销甲、乙、丙三种产品（产销平衡），其固定成本总额为30 000元，三种产品的边际贡献率及各种产品销售额占总销售额的比重见表4-3。

表4-3　**某公司三种产品边际贡献率及销售比重（%）**

	甲产品	乙产品	丙产品
边际贡献率	35	45	40
销售比重	60	10	30

现为提高企业的盈利水平、保证企业目标利润的实现，将各种产品的品种结构（即销售比重）加以变动，改为甲产品30%，乙产品30%，丙产品40%。要求预测三种产品的综合保本销售额并说明对利润的影响。

（1）根据上述资料，首先确定各方案的加权边际贡献率。

品种结构变动前：

加权平均边际贡献率=35%×60%+45%×10%+40%×30%=37.5%

品种结构变动后：

加权平均边际贡献率=35%×30%+45%×30%+40%×40%=40%

可见，改变品种结构后三种产品的加权平均边际贡献率比未改变结构前高2.5%。

（2）预测三种产品的综合保本销售额：

品种结构变动前：

综合保本销售额=固定成本÷加权平均边际贡献率=30 000÷37.5%=80 000（元）

品种结构变动后：

综合保本销售额=固定成本÷加权平均边际贡献率=30 000÷40%=75 000（元）

上述计算表明，该公司通过调整产品品种结构，使其综合保本销售额（即盈亏临界点销售额）由原来的80 000元降低到75 000元，降低额为5 000元，降低率为6.25%，从而提高了公司的安全边际，可使公司生产经营的盈利水平明显提高。

由此可见，通过进行利润敏感性分析，可以具体掌握各因素对利润变动的敏感程度，有助于管理人员在经营管理中增强预见性，并采取相应的有效措施，选择最优方案，保证目标利润的实现。

第三节　财务预算

为了使财务活动能够按更加具体的规划进行，必须编制财务预算。

一、财务预算概述

任何企业，不论规模大小，它所掌握的人力、物力和财力总是有一定限度的。为了利用有限的资源创造更多的利润，为了提高企业的素质和它的适应能力与应变能力，必须事先做好预算工作。

预算是对企业未来一定时期预计经营活动的数量说明，是用来控制未来经济活动的一项财务计划。预算既是企业目标和决策的具体化，也是执行过程的开始，它提供了控制经济活动的标准。另外，预算执行过程还可以促进企业内部各个部门之间的协调，因为预算实际上是企业供、产、销、财务等部门计划的有机整体，它可以使企业的每位负责人都能了解各自部门与企业整体的关系。总之，预算是一种重要的理财工具。

财务预算是企业全面预算体系的一个重要组成部分。企业全面预算体系主要是用来规划计划期内企业的全部经济活动及成果的，它实质上是一整套预计的财务报表及附表。

企业的全面预算包括业务预算、财务预算和专门决策预算。

业务预算是指企业日常发生的各项具有实质性经营内容的基本活动的预算，包括销售预算、生产预算、直接材料预算、直接人工预算、制造费用预算、单位生产成本预算、产品销售费用及管理费用预算。

财务预算是企业在计划期内反映有关现金收支、经营成果和财务状况的预算，包括现金预算、预计利润表、预计资产负债表和预计现金流量表。

专门决策预算是指企业经常发生的、一次性业务的预算，这种预算就是资本支出预算。

（一）财务预算的内容构成

财务预算在企业全面预算体系中居核心地位，它以其他预算为基础，与其他预算紧密联系在一起。财务预算主要由以下内容构成：

1.现金预算

它是用来反映企业在计划期间预计的现金收入、支出及平衡情况的预算。它由现金收入、现金支出、现金多余或不足、资金的筹措和运用四部分构成。

2.预计利润表

它是用货币金额来反映企业在计划期间全部经营活动及最终财务成果的预算，可看作利润总量预测的具体化，亦称为利润预算，是控制企业经营活动和财务收支的主要依据。

3.预计资产负债表

它是用来反映企业在计划期末那一天预计的财务状况的预算。

4.预计现金流量表

它是用来反映企业在计划期内现金变动情况的预算。

（二）财务预算的作用

财务预算是财务计划工作的成果，它既是财务决策的具体化，又是控制企业经营活动的依据。编制财务预算，对搞好企业财务工作、实现财务目标具有以下重要作用：

1.财务预算可以明确今后的奋斗目标

通过反复的预算平衡，可以使包括财务部门在内的企业各部门明确奋斗目标和应承担的责任，以便合理地安排各项活动，做好本职工作，共同完成企业的整体目标。

2.财务预算可以作为日常控制的依据

预算一经制定，就要付诸实施。在预算执行过程中，财务部门要把实际执行情况和预算进行对比，发现差异，找出原因，并采取必要的措施，会同企业各相关部门，协调各部门、各单位和各环节的业务活动，减少以至清除它们之间可能出现的各种矛盾和冲突，使企业的产、供、销和人、财、物等始终处于最佳平衡状态，保证预算完成。

3.财务预算可以作为考核的标准，正确评价企业的财务成果

不考虑客观条件的变化，单纯地用过去的业绩来评价现在的活动，显然是不妥当的，因为超过上年或历史最好水平，只能说明有进步，而不能说明这种进步是否已经达到了应

有的程度。与此相比，预算是考核评价业绩的更好标准。当然，考核时也不能只看预算是否被完全执行了，因为某些偏差可能是有利的。

（三）编制财务预算的原则

为了实现财务预算的目标，发挥财务预算对企业生产经营的指导和控制作用，在编制财务预算时，要坚持如下基本原则：

（1）要服从企业的整体战略规划，以明确的经营目标为前提。

（2）要全面完整，覆盖企业生产经营的全过程和全部环节。

（3）要充分考虑企业在生产经营中面临的各种不确定性，估计目标的可实现性，并留有余地。

二、财务预算的编制方法

（一）固定预算

固定预算就是根据未来既定业务量水平，不考虑预算期内生产经营活动可能发生的变化而编制的一种静态预算。

固定预算的特点是在预算编制完成以后，在预算期内，除特殊情况外，一般对预算不加以修正或更改，具有相对固定性。所以，固定预算一般适用于业务比较稳定的企业或部门，不适用于业务量经常变动的企业或部门。

【例4-7】某企业预计2018年生产并销售甲产品2 000件，销售单价为12元，单位完全成本为8元。其中，直接材料5元，直接人工1元，制造费用2元。按固定预算编制单位产品成本预算及利润预算，分别见表4-4和表4-5。

表4-4 **某企业单位产品成本预算**

产量：2 000件 2018年 金额单位：元

成本项目	总成本	单位成本（元/件）
直接材料	10 000	5
直接人工	2 000	1
制造费用	4 000	2
合　计	16 000	8

表4-5 **某企业利润预算（2018年）** 单位：元

项　目	预算金额
销售收入	24 000
销售成本：	
直接材料	10 000
直接人工	2 000
制造费用	4 000
销售利润	8 000

（二）弹性预算

弹性预算又叫变动预算，是指根据预计的企业各种可能的业务量，编制不同水平的预算。弹性预算的编制步骤为：

（1）选择和确定各种经营活动的计量单位。

（2）根据预测确定可能达到的各种经营活动的业务量。

（3）根据成本性态和业务量之间的依存关系，将企业生产成本划分为变动成本和固定成本，并分别确定在各种预计业务量下变动成本总额、固定成本总额以及销售收入总额。

弹性预算的特点是在编制时要将所有成本划分为变动成本和固定成本，因此可以对变动成本按单位成本进行预算和控制，对固定成本按总额进行预算和控制。此外，弹性预算能够适应不同业务量的变化，扩大了预算的适用范围，可以更好地发挥预算的控制作用。

【例4-8】某企业生产并销售甲产品，预计单位变动成本8元。其中，直接材料成本5元，直接人工成本1元，单位变动制造费用2元。预计固定制造费用1 400元，预计销售单价12元。根据上述资料，按弹性预算编制不同业务量（分别为1 800件、2 000件、2 200件）下的收入、成本和利润预算，见表4-6。

表4-6　**某企业收入、成本和利润预算**　单位：元

项　　目	业务量		
	1 800件	2 000件	2 200件
销售收入	21 600	24 000	26 400
销售成本			
变动成本			
直接材料	9 000	10 000	11 000
直接人工	1 800	2 000	2 200
变动制造费用	3 600	4 000	4 400
固定成本	1 400	1 400	1 400
销售利润	5 800	6 600	7 400

（三）零基预算

零基预算就是不受过去的预算收支实际情况的约束，一切从零开始重新编制计划和预算的方法。

传统的预算编制方法，是在上期预算执行结果的基础上，结合预算期（计划期）的变动情况，对上期预算进行适当的调整而确定未来预算。这种编制预算的方法容易受以往既定结果的影响，造成存在就是合理的惯性思维，产生预算调增容易、调减困难的心理定势。

零基预算是一切从零开始，不受基期的束缚，从实际出发，按照各项业务活动的重要程度配置资源，能够更好地立足现在、面向未来，充分发挥预算的作用。

1.零基预算的特点

与传统的预算编制方法相比，零基预算的特点如下：

（1）预算的基础不同。传统的预算编制方法的基础是前期预算执行的结果，本期预算是在前期预算调整基础上编制的。零基预算的基础是零，本期预算是根据对业务活动重要性的分析和资金可供量的约束确定的。

（2）预算编制的分析对象不同。传统的预算编制方法的分析对象主要是新增项目，对新增项目进行成本效益分析，而既有业务不作为主要分析对象。零基预算要求对一切纳入预算的经营活动进行成本效益分析。

（3）预算的着眼点不同。传统的预算编制方法的重点是预算金额的高低，着重从货币资金角度控制预算金额的增减。零基预算在资金约束条件下，也重视预算金额的高低，但更重视业务活动的重要性。

2.零基预算的编制程序

（1）企业内部的各部门根据企业的总体目标和自身的责任目标，提出本部门在预算期内所要进行的每一项业务活动的性质、目的、作用及其对本部门责任目标完成、对企业总目标实现的重要程度，并从零开始，提出各业务所需费用或开支。

（2）由企业高管人员和有关部门人员组成预算审核委员会，按成本效益原则，对各部门提出的预算方案进行审核。审核的重点是各项开支的必要性，并根据资金总额的限制，确定每项支出的优先顺序。

（3）按照以上所确定的优先顺序，结合可能获得的资金来源分配资金，确定预算。

综上所述，零基预算不受基期预算影响，可以摒弃现行的不合理支出，优化资金配置；能够充分调动企业内各部门和各级管理人员的积极性，精打细算，合理使用资金，提高经济效益。但是，由于每期预算都要从零开始，对各项业务活动进行分析、研究，因此需要花费较长的时间，付出较大的代价。所以，对于企业是否应该应用零基预算、多长时间编制零基预算，也应该进行成本效益分析，以避免所费大于所得、得不偿失。

（四）滚动预算

滚动预算又称为连续预算或永续预算。

滚动预算的主要特点是预算期是连续不断的，始终保持一定的期限（一般为12个月）。每经过一个月，都要根据变化的内外部情况修订和调整预算，并补充下一个月的预算，使预算期始终保持在12个月。

这种预算要求在每一个预算期内，头几个月的预算要详细完整，后几个月的预算可以相对简单粗略。随着时间的推移，企业的内外部情况不断明朗，通过对预算的持续修订、调整，使预算不断地由粗略到详细、由简单到完整，依次循环往复，不断滚动。

滚动预算编制的理论依据有两点：

（1）企业的生产经营活动是持续的，企业的预算也要反映这个特点，不应将持续不断的经营活动人为地分割成间断的预算期间。

（2）在企业的经营过程中，企业所处的外部环境和企业自身是不断发展变化的，企业对这种变化的趋势、程度及其对企业生产经营的影响的认识，随着时间的推移，是由粗略到详细、由简单到具体的过程，企业的预算也应反映这种认识的变化。

综上所述，滚动预算能够保持预算的连续性，有利于企业各级经营管理人员对企业的经营活动进行连续系统的统筹考虑，并能根据变化的情况对预算进行修正，使预算与实际情况相符，有利于发挥预算的指导和控制作用。但是，采用滚动预算法，预算的编制工作相对繁重，企业要根据具体情况，确定适宜的滚动期。滚动预算如图4-3所示。

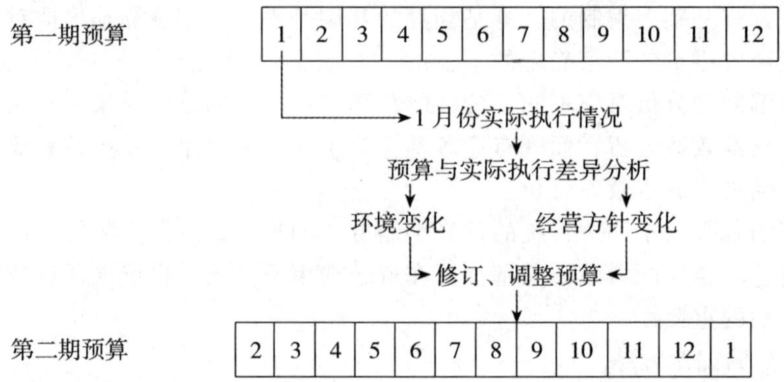

图4-3 滚动预算图示

（五）概率预算

企业预算是基于过去和现在，对企业未来的一种计划和安排，是一种主观见之于客观的估计。在市场经济条件下，变化特别是未预期到的变化，是企业在生产经营中面临的永恒问题，也是企业经营风险所在。

在这种情况下，虽然企业的预算是以精确的数字表示的，但这种形式上的精确能否代表未来的发展变化，实在是一个问题。因此，概率预算就成为人们解决这个问题的工具。

所谓概率预算，是指企业在编制预算时，对各种相关因素的状态，不是确定为一个形式上精确的“点值”，而是确定为一个“区间值”，并对变量值在此区间内的“各点”出现的可能性，在对历史数据进行分析、对未来情况进行预测的基础上，赋予一个概率，然后计算各变量的期望值，在此基础上编制预算。

三、现金预算

现金预算是用来反映企业在整个预算期内现金流转情况，即现金收入和现金支出情况，以及由现金流量所导致的现金存量变化情况的预算。

现金预算是企业全面预算的主要组成部分，也是企业全面预算的重要结果。它是企业在预算期内现金流转的综合体现，全面地反映了企业在计划期内现金流入与现金流出的平衡关系。

编制现金预算的目的在于使企业合理地处理现金收支，安排资金来源，妥善地调度资金，保证企业财务正常运转，从而保证企业生产经营正常进行，并提高资金的使用效益。

编制现金预算时所说的现金是指企业的库存现金和银行存款等货币资金。现金预算的详细内容见本部分第八点“现金预算”。

由于现金预算是企业全面预算中其他各项现金收支预算的汇总，是根据汇总后的收支差额所采取的平衡措施的具体安排，所以现金预算的编制要以其他各项预算为基础。具体来说，它是从销售预算开始，综合了生产预算、直接材料预算、直接人工预算、制造费用预算、产品成本预算及销售与管理费用预算编制而成的。

（一）销售预算

销售预算是企业全面预算体系的起点，其他预算均以销售预算为基础。

一般来说，编制销售预算不是财务部门的工作，它是由企业的营销部门编制的。销售预算要分品种、销售区域、销售员，按时间进度编制，并以实物量和货币量同时反映。

其中，预计销售量要根据对目标市场的预测以及所签订的销售合同，结合企业的生产能力确定；销售单价要根据特定产品的市场供求状况，结合企业既定的营销策略，通过价格决策确定；企业在预算期内的预计销售额根据预计销售单价和预计销售量确定。

销售预算中还应包括现金收入计算表，以便为编制现金预算提供数据。现金收入计算表要揭示本期的销售额（包括本期现销额和本期赊销额）、本期的实收额（包括本期现销额和本期收回前期赊销额）。

【例4-9】某公司的销售预算见表4-7，预计现金收入见表4-8。

表4-7　　**某公司销售预算**　　金额单位：元

项　目	第一季度	第二季度	第三季度	第四季度	合　计
预计销售量	50 000	75 000	100 000	90 000	315 000
预计销售单价（元/件）	20	20	20	20	20
销售收入	1 000 000	1 500 000	2 000 000	1 800 000	6 300 000

表4-8　　**某公司预计现金收入**　　单位：元

项　目	本期发生额	现金收入			
		第一季度	第二季度	第三季度	第四季度
期初数	310 000	310 000			
第一季度	1 000 000	600 000	400 000		
第二季度	1 500 000		900 000	600 000	
第三季度	2 000 000			1 200 000	800 000
第四季度	1 800 000				1 080 000
期末数	-720 000				
合　计	5 890 000	910 000	1 300 000	1 800 000	1 880 000

现金当季收回60%，次季收回40%，上期期末余额为310 000元。

（二）生产预算

生产预算是以销售预算为基础，考虑生产与销售的不平衡，在确定期末库存后，确定预算期内各种产品的生产量的预算。

预算期生产量=预算期预计销售量+预计期末库存量-预计期初库存量

预计期初库存量=上期期末库存量

预计期末库存量应根据企业的销售趋势、生产能力、仓库容量等因素确定。

【例4-10】某公司的生产预算见表4-9。

表4-9　　**某公司生产预算**　　单位：件

项　目	第一季度	第二季度	第三季度	第四季度	合　计
预计销售量	50 000	75 000	100 000	90 000	315 000
加：期末存货	7 500	10 000	9 000	10 000	10 000
合　计	57 500	85 000	109 000	100 000	325 000
减：期初存货	5 000	7 500	10 000	9 000	5 000
预计生产量	52 500	77 500	99 000	91 000	320 000

每季度末存货按下一季度销售量的10%确定，上年期末产品存货为5 000件，单位成本为8元。预计下年度第一季度销售量为100 000件。

（三）直接材料预算

直接材料预算是以生产预算为基础，考虑原材料的存货水平编制的预算期内材料采购预算。

预算期内材料采购量=预算期生产量×单位产品材料用量+期末材料库存量-期初材料库存量

预算期内材料采购额=$\sum$各种材料采购量×各种材料单位采购成本

预算期生产量来自生产预算。单位产品材料用量来自标准成本资料或消耗定额资料。期末材料库存量根据企业所需原材料的生产供求状况、企业产品的销售趋势、企业的资金情况等确定。期初材料库存量根据上期预计期末材料库存量确定。材料单位采购成本根据市场供求状况、采购地与企业的距离以及运输条件等确定。

为了给现金预算的编制提供数据，编制直接材料预算时，还要预计预算期内材料采购的现金支出。

本期材料采购现金支出=本期材料采购额-本期采购后期支付额+前期采购本期支付额

=本期材料采购支付额+前期采购本期支付额

企业材料采购的赊购比例应根据历史情况和企业所需原材料的生产供求状况确定。

【例4-11】某公司的直接材料预算及预计现金支出预算见表4-10和表4-11。

表4-10　　**某公司直接材料预算计量**　　单位：千克

项　目	第一季度	第二季度	第三季度	第四季度	合　计
预计生产量（件）	52 500	77 500	99 000	91 000	320 000
单位产品材料用量（千克/件）	2	2	2	2	2
生产需用量	105 000	155 000	198 000	182 000	640 000
加：预计期末存量	21 000	31 000	39 600	36 400	36 400
合　计	126 000	186 000	237 600	218 400	676 400
减：预计期初存量	15 000	21 000	31 000	39 600	15 000
预计采购量	111 000	165 000	206 600	178 800	661 400
单价（元/千克）	2.5	2.5	2.5	2.5	2.5
预计采购金额（元）	277 500	412 500	516 500	447 000	1 653 500

上年年末库存材料为15 000千克。期末库存量各季度分别为21 000千克、31 000千克、39 600千克、36 400千克。

表4-11　　**某公司预计现金支出预算**　　单位：元

项　目	本期发生额	现金支出			
		第一季度	第二季度	第三季度	第四季度
期初数	110 000	110 000			
第一季度	277 500	138 750	138 750		
第二季度	412 500		206 250	206 250	
第三季度	516 500			258 250	258 250
第四季度	447 000				223 500
期末数	−223 500				
合　计	1 540 000	248 750	345 000	464 500	481 750

注：材料采购的50%本季度付清，另50%下个季度付清。

（四）直接人工预算

直接人工预算是以生产预算为基础编制的，反映企业在预算期内人工总成本支出的预算。

直接人工预算的内容主要有预算期内预计产量、单位产品工时、人工总工时、每小时人工成本和人工总成本。

预算期内预计产量来自生产预算。单位产品工时和每小时人工成本来自标准成本资料和消耗定额资料。

人工总成本=预算期生产量×（单位产品工时×每小时人工成本）

由于企业的工资需以现金支付，所以对于直接人工成本不需要预计现金支出，可直接参加现金预算的汇总。

【例4-12】某公司的直接人工成本预算见表4-12。

表4-12　　**某公司直接人工成本预算**

项　目	第一季度	第二季度	第三季度	第四季度	合　计
预计生产量（件）	52 500	77 500	99 000	91 000	320 000
单位产品工时（小时）	0.2	0.2	0.2	0.2	0.2
人工总工时（小时）	10 500	15 500	19 800	18 200	64 000
每小时人工成本（小时）	10	10	10	10	10
人工总成本（元）	105 000	155 000	198 000	182 000	640 000

（五）制造费用预算

制造费用分为变动制造费用和固定制造费用两部分，编制制造费用预算对变动制造费用和固定制造费用预算应分别进行。

变动制造费用以生产预算为基础编制。如果有完善的标准成本和定额成本资料，则以单位产品的标准成本或定额成本与预计生产量相乘，即得到相应的变动制造费用预算数；如果没有完善的标准成本和定额成本资料，则需要逐项预计计划产量所需要的各项制造费用。

固定制造费用通常与本期的预计产量无关，需要逐项进行预计，按每期预计需要的支付额进行估算，然后加总求出全年的预算数。

【例 4-13】某公司的制造费用预算见表 4-13。

表 4-13　**某公司制造费用预算**　金额单位：元

项　目	每小时费用分配率	第一季度	第二季度	第三季度	第四季度	合　计
预计人工总工时（小时）		10 500	15 500	19 800	18 200	64 000
变动制造费用						
间接材料	1	10 500	15 500	19 800	18 200	64 000
间接人工	0.6	6 300	9 300	11 880	10 920	38 400
修理费	0.4	4 200	6 200	7 920	7 280	25 600
水电费	0.5	5 250	7 750	9 900	9 100	32 000
小计	2.5	26 250	38 750	49 500	45 500	160 000
固定制造费用						
修理费		30 000	30 000	30 000	30 000	120 000
水电费		10 000	10 000	10 000	10 000	40 000
管理人员工资		20 000	20 000	20 000	20 000	80 000
折旧		50 000	50 000	50 000	50 000	200 000
保险费		10 000	10 000	10 000	10 000	40 000
小计		120 000	120 000	120 000	120 000	480 000
合　计		146 250	158 750	169 500	165 500	640 000
减：折旧		50 000	50 000	50 000	50 000	200 000
现金支出费用		96 250	108 750	119 500	115 500	440 000

（六）产品成本预算

产品成本预算是销售预算、生产预算、直接材料预算、直接人工预算、制造费用预算的汇总。产品成本预算要反映预算期内企业产品的总成本和单位成本，并要反映产品成本的构成。

【例4-14】某公司的产品成本预算见表4-14。

表4-14 **某公司产品成本预算** 金额单位：元

成本项目	全年生产量320 000（件）			
	单　耗	单　价	单位成本	总成本
直接材料	2	2.5	5	1 600 000
直接人工	0.2	10	2	640 000
变动制造费用	0.2	2.5	0.5	160 000
合　计			7.5	2 400 000
产成品存货	数量（件）	单位成本	总成本	
年初存货	5 000	8	40 000	
年末存货	10 000	7.5	75 000	
本年销售	315 000		2 365 000	

注：存货采用先进先出法。

（七）销售与管理费用预算

销售费用预算是指企业为了实现销售所需支付费用的预算。

编制销售费用预算时，要以销售预算为基础，分析销售收入、销售利润和销售费用的关系，遵循成本效益原则，利用本量利分析方法，力求实现销售费用的最有效使用。

管理费用是企业进行一般管理业务所必需的费用。它一般属于固定成本，与企业的业务量不直接相关，而与企业的规模相关。一般来说，企业的规模越大，需要管理的事务越多，管理费用也就越高。

在编制管理费用预算时，一般以基期的实际支出为基础，按预算期的可预见变化来调整管理费用的预算金额。

需要注意的是，随着企业规模的扩大，管理的效率也在下降，即所谓的“两低一高”现象。在编制管理费用预算时，一定要考查每项管理费用支出的必要性，以提高管理费用使用效率。遗憾的是，在企业财务管理实务中，这恰恰不是财务部门所能控制的。这是一个与公司治理相关的问题，而不仅是一个财务问题。

【例4-15】某公司的销售与管理费用预算见表4-15。

表4-15 **某公司销售与管理费用预算** 金额单位：元

项　目	变动费用率（%）	第一季度	第二季度	第三季度	第四季度	全年合计
预计销售收入		1 000 000	1 500 000	2 000 000	1 800 000	6 300 000
变动销售及管理费用						
销售佣金	1	10 000	15 000	20 000	18 000	63 000
运输费	1.6	16 000	24 000	32 000	28 800	100 800

续表

项　目	变动费用率（%）	第一季度	第二季度	第三季度	第四季度	全年合计
广告费	5	50 000	75 000	100 000	90 000	315 000
小计	7.6	76 000	114 000	152 000	136 800	47 880
固定销售及管理费用						
薪金		50 000	50 000	50 000	50 000	200 000
办公用品		45 000	45 000	45 000	45 000	180 000
杂项		35 000	35 000	35 000	35 000	140 000
小计		130 000	130 000	130 000	130 000	520 000
合　计		206 000	244 000	282 000	266 800	998 800

（八）现金预算

现金预算是企业其他预算的汇总。现金预算本身有现金收入、现金支出、现金多余或不足、资金的筹措和运用四部分组成。

现金收入包括期初现金余额与预算期现金收入，销货取得的收入是预算期现金收入的主体。期初现金余额是在编制预算时预计的，销货取得的收入来自销售预算，期初现金余额与本期现金收入之和就是可供使用的现金。

现金支出包括预算期支出的全部现金。其中，与企业的生产经营直接相关的现金支出数据来自前述各种业务（营业）预算。此外，由于缴纳所得税、购置固定资产以及股利分配等所导致的现金支出，来自各专门（特种）预算。

现金多余或不足部分，列示了预算期内企业预计现金收入合计与现金支出合计的差额。重要的是不仅要了解预算期内企业现金的余缺，还要对多余的现金进行合理的运用；对现金缺口，要以合理的成本，承担适当的风险，及时、足额地从各种渠道筹集资金，以保证企业生产经营的正常进行。

【例4-16】某公司的现金预算见表4-16。

表4-16　**某公司现金预算**　单位：元

项　目	第一季度	第二季度	第三季度	第四季度	全年合计
期初现金余额	80 000	134 000	101 250	117 250	80 000
加：销货现金收入	910 000	1 300 000	1 800 000	1 880 000	5 890 000
可供使用现金	990 000	1 434 000	1 901 250	1 997 250	5 970 000
减：现金支出					
直接材料	248 750	345 000	464 500	481 750	1 540 000
直接人工	105 000	155 000	198 000	182 000	640 000
制造费用	96 250	108 750	119 500	115 500	440 000

续表

项　目	第一季度	第二季度	第三季度	第四季度	全年合计
销售及管理费用	206 000	244 000	282 000	266 800	998 800
预交所得税	200 000	200 000	200 000	200 000	800 000
购买国库券				100 000	100 000
发放股利			300 000		300 000
购买设备		500 000	500 000		1 000 000
支出合计	856 000	1 552 750	2 064 000	1 346 050	5 818 800
现金收支差额	134 000	−118 750	−162 750	651 200	151 200
向银行借款		220 000	280 000		500 000
归还银行借款				500 000	500 000
借款利息（年利率8%）				24 400	24 400
期末现金余额	134 000	101 250	117 250	126 800	126 800

注：每季度保持现金余额100 000元，若多余或者不足，可以20 000元为单位进行借入或者偿还，年利率8%，每季度初借，每季度末还，本息同时支付。此外，该公司打算投资1 000 000元，第二季度和第三季度分别支付50%，每季度预先支付所得税200 000元，预计在第三季度发放股利300 000元，第四季度购买国库券100 000元。

四、预计财务报表的编制

根据企业全面预算的内容，企业编制完现金预算后，就应该编制预计财务报表。

预计财务报表是按照财务会计所规定的形式和内容，在企业所编制的各种业务预算和专门预算的基础上，反映企业在预算期末所应达到的财务状况、所应取得的经营成果的财务报表。

与企业按照会计制度和财经法规的要求，定期编制、对外公布的实际财务报表不同，预计财务报表不是对企业实际财务状况和经营成果的反映，而是对企业在预算期内可能达到的结果的一种全面、综合的估计。其编制的基础，不是企业实际的会计核算资料，而是企业的预算，并且预计财务报表本身就是企业全面预算体系的组成部分；编制预计财务报表的目的不是向企业外部报表使用人提供财务信息，而是为企业的经营管理，特别是企业的财务管理服务；编制预计财务报表是企业自身的主动行为，而非像编制对外财务报表那样，是有关法规的强制要求。

预计财务报表包括预计利润表、预计资产负债表和预计现金流量表。

（一）预计利润表

预计利润表的内容、格式与实际利润表相同，只不过面向预算期，数据是反映预算期间预计的经营成果。

它是在汇总销售、成本、销售及管理费用、营业外收支等预算的基础上加以编制的。

【例 4-17】根据以上各预算，某公司的预计简要利润表见表 4-17。

表 4-17　　**某公司预计简要利润表**

2018 年度　　单位：元

项　目	第一季度	第二季度	第三季度	第四季度	合　计
销售收入	1 000 000	1 500 000	2 000 000	1 800 000	6 300 000
减：变动生产成本	377 500	562 500	750 000	675 000	2 365 000
变动销售及其管理费用	76 000	114 000	152 000	136 800	478 800
边际贡献	546 500	823 500	1 098 000	988 200	3 456 200
减：固定制造费用	120 000	120 000	120 000	120 000	480 000
固定销售及管理费用	130 000	130 000	130 000	130 000	520 000
利息支出				24 400	24 400
税前利润	296 500	573 500	848 000	713 800	2 431 800
减：所得税费用（25%）	74 125	143 375	212 000	178 450	607 950
税后利润	222 375	430 125	636 000	535 350	1 823 850

（二）预计资产负债表

预计资产负债表与实际资产负债表的内容、格式均一致，但其数据是反映预算期末企业预计的财务状况的。

预计资产负债表是在本期期初资产负债表的基础上，根据销售、生产、资本等预算的有关数据加以调整而编制的。

【例 4-18】某公司的预计简要资产负债表见表 4-18。

表 4-18　　**某公司预计简要资产负债表**

2018 年 12 月 31 日　　单位：元

资　产	期初数	期末数	负债和所有者权益	期初数	期末数
流动资产			流动负债：		
货币现金（表 4-16）	80 000	126 800	应付账款（表 4-11）	110 000	223 500
应收账款（表 4-8）	310 000	720 000	应付所得税		-192 050③
原材料（表 4-10）	37 500	91 000			
库存商品（表 4-14）	40 000	75 000	流动负债合计	110 000	31 450
交易性金融资产（表 4-16）		100 000	非流动负债：		
流动资产合计	467 500	1 112 800	长期借款	400 000	400 000
固定资产：					
固定资产原值	2 700 000	3 700 000①	股东权益：		
减：累计折旧	322 500	522 500②	普通股	2 000 000	2 000 000
固定资产净值	2 377 500	3 177 500	留存收益	335 000	1 858 850④
资产总计	2 845 000	4 290 300	负债和所有者权益总计	2 845 000	4 290 300

① 期末固定资产原值=2 700 000+1 000 000=3 700 000（元）

② 期末累计折旧=322 500+200 000=522 500（元）

③ 期末应交所得税=607 950-800 000=-192 050（元）

④ 期末留存收益=335 000+1 823 850-300 000=1 858 850（元）

（三）预计现金流量表

预计现金流量表的格式及编制方法与实际的现金流量表基本相同，只是其编制的数据不是来自账户，而是来自预计利润表和预计资产负债表以及有关预算。

【例4-19】某公司的预计简要现金流量表见表4-19。

表4-19 **某公司预计简要现金流量表**

2018年 单位：元

项　目	金　额
一、经营活动产生的现金流量：	
销售商品、提供劳务收到的现金	5 890 000
收到的税费返还	
收到其他与经营活动有关的现金	
现金流入小计	5 890 000
购买商品、接受劳务支付的现金	1 980 000
支付给职工以及为职工支付的现金	640 000
支付的各项税费	800 000
支付其他与经营活动有关的现金	998 800
现金流出小计	4 418 800
经营活动产生的现金流量净额	1 471 200
二、投资活动产生的现金流量：	
收回投资所收到的现金	
取得投资收益所收到的现金	
处置固定资产、无形资产和其他长期资产所收回的现金净额	
收到其他与投资活动有关的现金	
现金流入小计	
购建固定资产、无形资产和其他长期资产所支付的现金	1 000 000
投资所支付的现金	
支付其他与投资活动有关的现金	
现金流出小计	100 000
投资活动产生的现金流量净额	-1 100 000

续表

项　目	金　额
三、筹资活动产生的现金流量：	
吸收投资所收到的现金	
发行债券所收到的现金	500 000
收到其他与筹资活动有关的现金	
现金流入小计	500 000
偿还债务所支付的现金	500 000
分配股利、利润或偿付利息所支付的现金	324 400
支付其他与筹资活动有关的现金	
现金流出小计	824 400
筹资活动产生的现金流量净额	–324 400
四、汇率变动对现金的影响	
五、现金及现金等价物净增加额	46 800

本章小结

财务预测与规划是财务管理的重要环节。

财务预测的重要性在于它使企业对未来的变化有一个基本的预计，从而减少了未预见到的情况出现后企业处于被动境地的可能性。

财务预测有广义与狭义之分。广义的财务预测包括企业生产经营活动的各个方面，狭义的财务预测主要是确定企业为了实现既定的经营目标，在特定的时期内所需要的外部筹资额。狭义的财务预测的基本方法是销售百分比法，除此以外还有其他多种方法。

企业生产经营的直接目的是取得利润，因而要对利润进行规划。利润规划是建立在对本量利关系分析的基础上的。

企业的财务预测和利润规划，要形成具体的、可执行的计划，这就是财务预算。

关于财务预算，本章以现金预算为主，介绍了企业的全面预算体系。

复习思考题

1.财务预测的步骤有哪些？

2.什么是财务预测的销售百分比法？

3.本量利分析的基本原理是什么？

4.简述财务预算的编制方法。

第五章

筹资管理

学习目标

了解企业筹资的意义和要求、筹资渠道与方式，明确权益资本筹资、负债资本筹资的主要内容，掌握不同筹资渠道与方式的特点及优劣，掌握短期筹资与营运资本策略。

学习重点与难点

筹资的分类、筹资的动机、筹资的渠道与方式、权益资本的筹措、负债资本的筹措、营运资本策略。

第一节 企业筹资概述

一、企业筹资的分类与意义

企业筹资是指企业根据其生产经营、对外投资及调整资本结构的需要，通过一定的渠道，采取适当的方式，获取所需资金的一种行为。

（一）企业筹资的分类

企业筹集的资金可按多种标准进行分类，现介绍两种最主要的分类方式：

1.按资金使用期限的长短分类

按照资金使用期限的长短，可把企业筹措的资金分为短期资金与长期资金两种。

短期资金是指使用期限在1年以内或超过1年的一个营业周期以内的资金。短期资金主要投资于货币资产、应收账款、存货等，一般在短期内可收回。短期资金常采用商业信用、银行流动资金借款、短期融资券、应收账款转让等方式来筹措。

长期资金是指使用期限在1年以上或超过1年的一个营业周期以上的资金。长期资金主要投资于新产品的开发和推广、生产规模的扩大、厂房和设备的更新，一般需要几年甚至十几年才能收回。长期资金通常采用吸收投资、发行股票、发行债券、长期借款、融资租赁、留存收益等方式来筹措。

2.按资金的来源渠道分类

按照资金的来源渠道不同，可将企业筹措的资金分为所有者权益和负债两大类。

所有者权益是指投资人对企业净资产的所有权，包括投资者投入企业的资本及持续经营中形成的经营积累，如资本公积、盈余公积和未分配利润等。资本是企业在工商行政管理部门登记的注册资金，是各投资者以实现营利和社会效益为目的，用以进行生产经营、承担民事责任而投入的资金。

企业通过发行股票、吸收直接投资、内部积累等方式筹措的资金都属于企业的所有者权益。所有者权益一般不用还本，因而被称为企业的自有资金或主权资金。

负债是指企业所承担的能以货币计量、需以资产或劳务偿还的债务，如通过发行债券、银行借款、融资租赁等方式筹措的资金。企业的负债到期要归还本金和利息，因而被称为企业的借入资金或负债资金。

（二）企业筹资的意义

任何一个企业为了保证生产经营的正常进行，都必须持有一定数量的资金。由于季节性和临时性等原因，或由于扩大生产经营规模的需要，更需要筹措资金。因此，资金筹措既是企业生产经营活动的前提，又是企业再生产顺利进行的保证。同时，筹资也为投资提供基础和前提，没有资金的筹措，就无法进行资金的投放。从一定意义上讲，筹资的数量与结构直接影响企业效益的好坏，进而影响企业的收益分配。因此，筹资在财务管理中处于极其重要的地位。

企业资金可以从多种渠道、用多种方式来筹措。不同来源的资金，其使用时间的长短、附加条款的限制、财务风险的大小、资金成本的高低都不一样。企业在筹措资金时，要充分考虑各种筹资方式给企业带来的资本成本的高低和财务风险的大小，以便选择最佳筹资方式，实现财务管理的总体目标。

二、企业筹资的动机

（一）扩张筹资动机

扩张筹资动机是企业因扩大生产经营规模或追加对外投资的需要而产生的筹资动机，具有良好发展前景、处于成长时期的企业通常会产生这种筹资动机。例如，企业生产的产品供不应求、需要增加市场供应、开发生产适销对路的新产品、追加有利的对外投资、开拓有发展前途的对外投资领域等，往往都需要筹措资金。扩张筹资动机所产生的直接结果是企业资产总额和筹资总额增加。

（二）偿债筹资动机

偿债筹资动机是企业为了偿还债务而形成的借款动机，即借新债还旧债。偿债筹资有两种情形：一是调整性偿债筹资，即企业虽有足够的能力支付到期旧债，但为了调整原有的资本结构，仍然举债，从而使资本结构更加合理；二是恶化性偿债筹资，即企业现有的支付能力已不足以偿付到期旧债，而被迫举新债还旧债，这表明企业的财务状况已有恶化的趋势。

（三）混合筹资动机

企业因同时需要长期资金和现金而形成的筹资动机，即为混合筹资动机。通过混合筹资，企业既能扩大资产规模，又能偿还部分旧债，即在这种筹资中混合了扩张筹资和偿债筹资两种动机。

三、企业筹资的要求

企业筹资的基本要求是分析评价影响筹资的各种因素，讲求资金筹措的综合经济效益。具体要求如下：

（一）合理确定资金需要量，努力提高筹资效果

企业无论通过什么渠道、采用什么方式筹措资金，都应预先确定资金的需要量。筹措资金固然要广开财路，但必须有一个合理的界限，使资金的筹措量与需要量达到平衡，防止筹资不足而影响生产经营或筹资过剩而降低筹资效益。

（二）周密研究投资方向，大力提高投资效果

投资是决定是否要筹资、筹资多少的重要因素之一。投资收益与资本成本相权衡，决定是否筹资，而投资数量则决定筹资的数量。因此，必须确定有利的资金投向，然后才能决定是否筹资和筹资多少，要避免不顾投资效果盲目筹资。

（三）认真选择筹资来源，力求降低资金成本

企业筹措资金可以采用的渠道和方式多种多样，不同筹资渠道和方式的资本成本和财务风险各不一样，要综合考查各种筹资渠道和筹资方式，研究各种资金来源的构成，求得最优的筹资组合，以便降低综合的资本成本。

（四）适时获得资金来源，保证资金投放需要

筹措资金要按照资金的投放使用时间合理安排，使筹资与用资在时间上相衔接，避免取得资金过早而造成投放前的闲置或取得资金滞后而延误投放的有利时机。

（五）合理安排资本结构，保持适当的偿债能力

企业的资本结构一般是由自有资本和借入资本构成的。负债的多少要与自有资本和偿债能力的要求相适应，既要防止负债过多，导致财务风险过大、偿债能力过低，又要有效地利用负债经营，提高自有资本的收益水平。

（六）遵守国家有关法规，维护各方合法权益

企业的筹资活动影响社会资金的流向和流量，涉及有关方面的经济权益，为此，必须接受国家宏观指导与调控，遵守国家有关法律、法规，根据公开、公平、公正的原则，履行约定的责任，维护有关各方的合法权益。

四、企业筹资的渠道与方式

企业筹措资金需要通过一定的渠道，采用一定的方式，并使两者合理地配合起来。

（一）企业筹资渠道

筹资渠道是指筹措资金来源的方向与通道，体现资金的源泉和流量。认识筹资渠道的种类及每种渠道的特点，有利于企业充分开拓和正确利用筹资渠道。总体而言，企业筹措资金的渠道有如下几种：

1.国家财政资金

国家对企业的投资主要在国有企业，现有国有企业的资金来源大部分是过去由国家以拨款方式投资形成的。国家财政资金具有广阔的源泉和稳固的基础，今后仍然是国有企业筹措资金的重要渠道。

2.银行信贷资金

银行对企业的各种贷款是各类企业重要的资金来源。银行一般分为商业性银行和政策性银行，前者为各类企业提供商业性贷款，后者主要为特定企业提供政策性贷款。银行信贷资金有居民储蓄、单位存款等经常性的资金源泉，贷款方式多种多样，可以适应各类企业的多种资金需要。

3.非银行金融机构资金

非银行金融机构主要有信托投资公司、租赁公司、保险公司、证券公司、企业集团的财务公司等。它们有的承销证券，有的融资、融物，有的为了一定目的而集聚资金，可以为一些企业直接提供部分资金或为企业筹资提供服务。这种筹资渠道的财力比银行小，但具有广阔的发展前景。

4.其他企业资金

企业在生产经营过程中，往往形成部分暂时闲置的资金，同时为了一定的目的也需要相互投资，这都为筹资企业提供了资金来源。

5.民间资金

企业职工和城乡居民的节余货币可以对企业进行投资，形成民间资金渠道，为企业所用。

6.企业自留资金

企业内部形成的资金，主要是计提折旧、提取公积金和未分配利润形成的资金，这是企业的“自动化”筹资渠道。

7.外商资金

外商资金是外国投资者以及我国香港、澳门和台湾地区投资者投入的资金，是外商投资企业的重要资金来源。

（二）企业筹资方式

筹资方式是指企业筹措资金所采取的具体形式，体现资金的属性。认识筹资方式的种类及每种筹资方式的属性，有利于企业选择适宜的筹资方式并进行筹资组合。

企业筹措资金的方式一般有下列几种：（1）吸收直接投资；（2）发行股票；（3）银行借款；（4）商业信用；（5）发行债券；（6）发行融资券；（7）租赁筹资。这些筹资方式将在下面的章节中详细介绍。

（三）筹资方式与筹资渠道的配合

企业的筹资方式与筹资渠道有着密切的关系。一定的筹资方式可能只适用于某一特定的筹资渠道，但是同一渠道的资金往往可以采取不同的方式取得，而同一筹资方式又往往适用于不同的筹资渠道。因此，企业在筹措资金时，必须实现两者的合理配合。筹资方式与筹资渠道的配合见表5-1。

表5-1　**筹资方式与筹资渠道的配合**

方式 配合 渠道	吸收直接投资	发行股票	银行借款	商业信用	发行债券	发行融资券	租赁筹资
国家财政资金	√	√					
银行信贷资金	√	√	√		√	√	
非银行金融机构资金	√	√			√	√	√
其他企业资金	√	√		√	√	√	
民间资金	√	√			√	√	
企业自留资金	√	√					
外商资金	√	√					√

第二节 权益资本筹措

一、企业资本金

（一）资本金的作用

资本金是企业投资者创办企业时投入企业的本钱，是企业得以存在的基础。资本金的作用可归纳如下：

1.资本金是企业设立和从事经营活动的前提

企业资本金是企业从事生产经营活动的物质基础。有了这个物质基础，企业才可能从事正常的经营活动和承担相应的法律责任，保障债权人及社会公众的权益。资本金也是国家维护社会经济秩序的手段，没有资本金，企业就不可能设立。

2.资本金是企业对外借债的基础

资本金的多少在一定程度上反映了企业实力的大小，它决定了企业对外借款的能力。资本金越多，企业偿还负债的能力就越强。

3.资本金有利于保障投资者的权益

资本金可以明确企业的产权关系，使投资者的权益受到法律的保护。有了资本金，才能在资本保全的基础上正确核算企业的盈亏，它为促进企业实现自负盈亏、自主经营、自我发展、自我约束创造了物质条件。

（二）资本金管理原则

1.资本确定原则

资本确定原则要求公司章程中必须明确规定公司的资本总额。

2.资本充实原则

资本充实原则要求投资者应按既定的资本规模缴入资本，并保证所投资本是殷实、不折不扣的。具体要求是公司不得折价发行股票，公司必须按规定的比例提取公积金，以保持原有资本的安全与充实等。

3.资本不变原则

资本不变原则是指公司除非按规定的法律程序办理增减资本手续，否则不得任意增减资本总额，增减资本决议由股东大会做出。另外，在公司存续期内，投资者除依法转让其投资权益外，不得以任何方式收回原始投入资本。

4.资本保值与增值原则

资本保值与增值原则要求企业不但要保全原始投资资本，即在经营活动中以保持资本完整为前提来确认收益；而且要求资本不断增值，因为只有这样才能满足投资者的收益期望，也只有这样才能从过程的管理中来保证资本充实原则的实现。

二、非股票形式的资本金筹资

非股票形式的资本金筹资是非股份公司制企业资本金筹资的主要形式，也称为企业吸收直接投资。

（一）非股票形式资本金筹资的特征

非股票形式的资本金筹资是企业直接与各类投资者之间签订投资合同融入资本金的筹资形式。其基本特征有两个：

1.不以股票为媒介

不以股票为媒介是该筹资方式不同于股票筹资的最显著特征。它广泛适用于各类非股份公司制企业，是非股份公司制企业资本金筹资的主要形式。

2.出资方式多样化

虽然股份公司发行股票筹资，股东出资方式也存在多样化的现象，但这种现象并不普遍，特别是向社会公众发行股票时，公司筹集的资本金多是现金，但非股份公司制企业筹资时，股东出资方式多样化是十分常见的现象。其具体有以下方式：

（1）现金出资。它是企业吸收直接投资的主要形式。现金具有使用上的灵活性，既可用于购置资产，也可用于支付费用。因此，企业在筹资时吸收一定量的现金投资，对其生产经营的正常进行十分有利。也正因为如此，各国法律、法规对现金在出资额中的比例都有一定的规定。

（2）非现金出资，包括吸收实物资产投资（即投资者以房屋、建筑物、设备等固定资产和材料、商品等流动资产作价出资）和吸收无形资产投资（即投资者以专利权、商标权、非专利技术、土地使用权等无形资产投资）。与现金出资方式相比较，非现金出资可以直接形成经营所需的资产，有利于缩短企业经营筹备期，提高效率。

（二）非股票形式资本金筹资的利弊

非股票形式资本金筹资方式的利弊可简略地归纳如下：

1.非股票形式资本金筹资的优点

（1）程序简单。它可以以相对简单的法律程序、快捷的筹资速度直接融入资本金，迅速地提高企业对外借债的能力。

（2）经营准备周期短。非股票形式资本金筹资的种类多种多样，既包括现金和非现金实物资产，又包括各种无形的技术和经验，因此，企业资本金的筹集过程也就是经营准备的过程，故可以缩短生产经营的准备周期。

2.非股票形式资本金筹资的缺点

（1）资本成本高。非股票形式的资本金转让能力差，这既表现在产权市场中产权交易远不如股票市场中股票交易活跃，变更产权登记手续复杂；还表现在任何比例的资本金转让均需征得企业股东会的批准，障碍多。这些都直接导致非股票形式的资本金的资本成本要高于股票形式的资本金的资本成本。

（2）筹资较困难。非股票形式资本金筹资难度较大，主要是由于它的变现能力差，因此不利于吸引投资者。此外，资本金没有证券化，产权关系不如股票明确，容易产生产权纠纷，这也是其筹资困难的原因之一。

三、股票筹资

（一）普通股股票筹资

1.普通股股票的分类

普通股股票代表对公司剩余资产的所有权，普通股股东共同拥有公司，承担同公司所有权相联系的最终风险，但他们的责任只限于自己的投资额。

按我国的有关规定，普通股股票分为A类和B类。我国的A类普通股股票是中资股份有限公司和中外合资股份有限公司发行的人民币股票的简称，而B类普通股股票是中外合资股份有限公司发行的人民币股票的简称。非中外合资股份有限公司在吸纳外资时，也可经批准后发行B类股票。这里所谓的B类股票，是以人民币标明其票面价值，以外币认购和进行交易的。持有B类股票的投资者与持有A类股票的投资者享有完全相同的权利和义务，可见，我国的A类股票和B类股票的差异仅体现在投资者的来源和交易币种不同上。

在我国，普通股股票还可分为流通股和非流通股，上述A股和B股均为流通股。非流通股为国有股和法人股，有些公司还存在暂不能上市流通的内部职工股。流通股除了按投资者的来源和交易币种不同，分为A股和B股之外，还可按上市地点的不同，分为境内上市股和境外上市股。常见的境外上市股有H（Hong Kong）股、N（New York）股、S（Singapore）股等。

总之，我国普通股股票分类是我国股份公司和股票市场不健全的表现，相信随着经济体制改革的深入和市场体系的完善，这种同股同权但不同价的股票分类问题最终将得到解决。

2.普通股股票持有者的基本权利

如无特殊规定，普通股股票持有者应享有以下一些基本权利：

（1）盈利分配权。普通股股票持有者有权获得股利，但普通股股利的发放与公司债券利息和优先股股利的支付不同，除了前者的支付顺序次于后两者之外，它的发放与否完全取决于公司董事会是否决定将公司的一部分利润作为股利分配。就债务而言，如果公司不能按照契约条款的规定还本付息，债权人有权采取法律行动进行追索，迫使公司清偿债务，即使迫使公司破产也理所当然。普通股股票持有者则不可能采取法律行为要求公司分配股利，只有在公司经理和董事会营私舞弊的情况下，普通股股东才可以向法院提出控诉，强迫公司支付股利。

（2）剩余资产要求权。公司进行清算时，普通股股票持有者有权在债权人、优先股股票持有人分得公司资产之后，分享公司的剩余资产。如清算之后公司资产不能补偿自己的投资，普通股股东也只好作罢。普通股股东与公司存在着风险共担、利益共享的关系，如公司获利丰厚，他们是主要的受益者；如公司经营亏损，他们就是主要的受害者。

（3）投票表决权。普通股股票持有者既然是公司的所有者，他们就有资格参与公司董事会的选举。大公司的众多股东只能通过由他们选举产生的董事会来间接控制公司，公司的直接控制权掌握在董事会和由董事会选出的经理人员手中。由于大公司股东众多，且分散于各地并缺乏联系，因此只能通过定期或不定期的股东大会来表决他们对公司管理的意见。股东对公司的间接管理在于行使其表决权。

（4）优先购股权。按照相关法规，公司在发行新股票时，必须给现有股东优先认购的权利。这种对增发新股的优先认购权，也是股东的权利之一。优先购股权的目的有两个：一是维护股东在公司的既得利益，为股东提高免于股票价值稀释的保障；二是维持股东对公司所有权的比例，保护现有股东对公司的控制权。

（5）查账权。按照我国的有关规定，公司应按每个会计年度，在股东大会召开15日前，将经会计师事务所验证过的公司当年的资产负债表、利润表、现金流量表、营业报告、利润分配方案等会计账表和其他有关文件资料，置备于公司注册所在地，供股东查阅。如有必要，股东还可进一步检查公司会计账册，拥有监督公司经营和账务管理的权利，以及提出建议或质询的权利。

3.普通股股票的发行

（1）股票发行条件。股票发行人必须是具有股票发行资格的股份有限公司。《中华人民共和国证券法》（以下简称《证券法》）和《上市公司证券发行管理办法》规定，股票发行分为新设立股份有限公司、原有企业改组设立股份有限公司、股份有限公司增资、定向募集公司发行股票四种形式。以下主要介绍新设立股份有限公司发行股票的条件。

新设立股份有限公司申请公开发行股票，应当符合下列条件：第一，其生产经营符合国家产业政策。第二，其发行的普通股限一种，同股同权。第三，发起人认购的股本数额不少于公司拟发行的股本总额的35%。第四，在公司拟发行的股本总额中，发起人认购的部分不少于人民币3 000万元，但是国家另有规定的除外。第五，向社会公众发行的部分不少于公司拟发行的股本总额的25%，其中公司职工认购的股本数额不得超过拟向社会公众发行的股本总额的10%；公司拟发行的总额超过人民币4亿元的，证监会按照规定可以酌情降低向社会公众发行部分的比例，但是最低不少于公司拟发行的股本总额的10%。第六，发起人在近3年内没有重大违法行为。第七，证监会规定的其他条件。

（2）申请公开发行股票需履行的程序。

第一，申请人聘请会计师事务所、资产评估机构、律师事务所等专业机构，对其资信、资产、财务状况进行审定、评估和就有关事项出具法律意见书后，按照隶属关系，分别向省、自治区、直辖市、计划单列市人民政府或者中央企业主管部门提出公开发行股票的申请。一旦发行股票，公司应向社会发布招股说明书，并与证券经营机构签署承销协议。

第二，在国家下达的发行规模内，地方政府对地方企业的发行申请进行审批，中央企业主管部门在与申请人所在地的地方政府协商后对中央企业的发行申请进行审批。

第三，被批准的发行申请，送证监会复审。经证监会复审同意的，申请人应当向证券交易所上市委员会提出申请，上市委员会同意接受上市，方可发行股票。

4.普通股股票的上市

股票上市是指股份有限公司公开发行的股票经批准在证券交易所挂牌交易。

（1）股票上市的有利影响：第一，有利于改善财务状况；第二，可以利用股票收购其他公司；第三，利用股票上市可以客观地评价企业；第四，利用股票可以激励员工；第五，可以提高公司的知名度，吸引更多的顾客。

（2）股票上市的不利影响：第一，会使公司失去隐私权，因为公司要将其关键的经营情况向社会公开；第二，会限制经理人员操作的自由度；第三，公开上市需要较高的费用。

5.利用普通股股票筹资的利弊及其筹资策略

从发行公司的角度考查，利用普通股股票筹资的利弊和筹资策略可概括如下：

（1）普通股股票的优点。

①普通股股票没有固定的到期日，是一项永久性的资金来源。普通股股票也没有固定的费用负担，有盈利才支付股利，无盈利则不必支付股利。即使在有盈利的情况下，也可

不支付或少支付股利。用普通股股票筹资，公司风险最小，或没有财务风险。

②用普通股股票筹资，由于减少了企业的财务风险，保障了债权人的利益，因此，会增加公司债券的价值，使债券筹资成本降低。

③普通股股票筹资比债券更容易。这是因为：首先，普通股股票的预期收益比优先股和债券高。其收益高是由两个原因引起的：一是在公司经营优良、盈利高时，它不但能为投资者带来丰厚的股利，而且会使市价大幅度上升，给股东带来丰厚的收益。二是普通股股票代表公司主权，在通货膨胀情况下，普通股股票的价值会随公司资产价格的上涨而上升，不承担币值贬值风险。其次，普通股股票代表对公司一定的控制权，因此特别受某些希望参与管理的投资者欢迎。

（2）普通股股票的缺点。

①普通股股票筹资虽无财务风险，但也享受不到财务杠杆带来的利益，不能像负债那样以加速的形式提高现有权益资金盈利率。

②普通股股利不可减免所得税，而且对其投资者而言投资风险较大，因此，资本成本较债券高了许多。

③增加普通股股票发行量，将导致现有股东对公司控制权的削弱。对中小企业而言，其控制权还有可能为他人夺走。

（3）普通股股票筹资策略。针对普通股股票筹资的优缺点，筹资采取的策略应是在充分权衡风险与收益的情况下，合理确定普通股权益占企业总资金来源的比重，使普通股权益率在可承受风险范围内最大化。具体地说，要注意如下几方面的问题：

①将企业资产盈利率与负债成本率相比较，如企业资产盈利率大于负债成本率，借债可取。企业资产盈利率越高于负债成本率，并且越稳定，扩大借债规模就越可取；反之，则不可取。因此，确定所有者权益筹资的规模，首先要从权衡负债规模开始，然后在负债与所有者权益之比达到最优的基础上，再确定所有者权益筹资规模。

②将企业净资产盈利率与优先股股息率相比较，如果企业净资产盈利率大于优先股股息率，那么发行优先股股票筹资可取。前者越大于后者，日稳定程度越高，优先股权益与普通股权益之比越大就越可取；反之，则不可取。因此，确定普通股股票发行规模，还必须考虑优先股股票的发行规模，在确定优先股权益与普通股权益的最佳比例之后，再确定普通股股票的筹资规模。

③要确定企业资本的最优结构，必须关注市场对企业资本结构的反应，该反应主要是通过筹资成本反映出来的。

④选择普通股股票发行的时间和方式，因为发行时间和方式不一样，发行价格就会有差异，发行同量股份所筹得的资金量也就不一样，或筹集等量资金所发行的股份数不一样，它们会直接影响普通股股票的每股账面价值、每股收益和每股市价，对原普通股股东的利益产生直接的影响。

（二）优先股股票筹资

优先股是企业权益资本之一，但它与普通股存在很大的差异，从股份公司的最终所有者——普通股股票持有者的角度看，优先股股票性质很像债券。

1.优先股的基本特征及种类

优先股具有普通股的一些基本特性，表现在优先股筹资构成股本，大多数情况下没有到期日，没有固定的股息支付义务，股息从税后收益中支取，能分配公司剩余财产，并承担有限责任。同时，优先股还兼有债券筹资的一些特性，表现为股息固定，不受公司经营状况和盈利水平的影响；没有表决权和管理权；在公司章程或发行协议中，可能规定有收回或赎回的条款，从而具有还本的特征；由于股息固定，对普通股股东权益变动而言，也存在财务杠杆作用。

优先股按具体的权利不同，还可以进一步分为以下几类：（1）累积优先股与非累积优先股；（2）参与优先股与非参与优先股；（3）可转换优先股与不可转换优先股；（4）可赎回优先股与不可赎回优先股。

2.优先股发行目的及发行时机

股份有限公司发行优先股主要出于筹集自有资本的需要，但是，由于优先股的固有特性，优先股的发行也会出于其他动机的考虑：（1）防止股权分散化。优先股不具有公司表决权，因此，公司出于普通股发行会稀释其股权的需要，在资本额一定的情况下，会发行一定数额的优先股，以保护原有普通股股东对公司经营权的控制。（2）维持举债能力。由于优先股筹资属于股权资本筹资的范畴，因此，它可以作为公司举债的基础，以提高其负债能力。（3）增加普通股股东权益。由于优先股的股息固定，且优先股股东对公司留存收益不具有要求权，因此，在公司收益一定的情况下，提高优先股的比重，会相应提高普通股股东的权益，提高每股净收益额，从而具有杠杆作用。（4）调整资本结构。由于优先股在特定情况下具有“可转换性”和“可赎回性”，因此，在公司安排自有资本与对外负债比例关系时，可借助优先股的这些特性来调整公司的资本结构。

大体来看，优先股的发行一般选择在以下几个时机：公司初创、急需筹集资本时；公司财务状况欠佳、不能追加债务时，或公司发生财务重整时；避免股权稀释时等。

第三节 长期负债筹资

一、长期借款

银行借款是指企业根据借款协议或合同向银行或其他金融机构借入的款项，按期限长短可分为短期借款和长期借款两类。长期借款是企业向银行等金融机构借入的、期限在1年以上的各种借款，它以企业的生产经营及获利能力为依托，用于企业长期资产投资和永久性流动资产需要。

（一）长期借款种类

长期借款按是否提供担保分为抵押借款和信用借款两种。

抵押借款的抵押品可以是不动产、机器设备等实物资产，也可以是股票、债券等有价证券，企业到期不能还本付息时，银行等金融机构有权处置抵押品，以保证其贷款安全。信用借款则是凭借企业的信用或其保证人的信用而发放的贷款，它通常由借款企业出具签字文书，借款双方严格书立借款合同、信守约定。《中华人民共和国商业银行法》及《贷款通则》均明确规定，只有那些经商业银行审查、评估，确认借款资信良好并确能偿还贷款的企业，方可取得信用借款。

由于信用借款的风险比抵押借款的风险要大，因此，利率一般较高，且往往附加一些苛刻的限制条件。

（二）长期借款协议的保护性条款

1.一般性保护条款

一般性保护条款包括四项限制条款：流动资本要求、红利与股票回购的现金限制、资本支出限制以及其他债务限制。

（1）流动资本要求是借款协议中最普遍和最复杂的保护条款，其目的在于维持企业目前的地位及偿还贷款的能力。它规定企业在承诺期内必须保持流动资本的最低限额，该限额通常以现有流动资本量和计划流动资本量为基础，允许季节性变动，且以不过分限制企业经营为限，如规定企业保持一定的流动比率和速动比率等。

（2）红利与股票回购的现金限制旨在限制现金用于业务以外的其他用途，以维持企业的清偿能力，最常用的方法是将支付的红利与股票回购的现金限制为净利润的一定比率。

（3）资本支出限制是银行用来保证维持企业目前财务状况的一种工具，通过直接限制资本支出，银行可不必特别注意用于偿还贷款的固定资产的变现问题，但它以不过分限制足够的设备维修和改进为前提。

（4）其他债务限制旨在防止其他贷款人取得对企业资产的优先求偿权。

2.例行性保护条款

例行性保护条款主要是一些常规条例，如借款企业必须定期向银行提交财务报表；不准在正常情况下出售较多资产，以保持企业正常的生产经营能力；不得为其他单位或个人提供担保；限制租赁固定资产规模，以防止过多的租金支付；禁止应收账款的转让；及时清偿到期债务（特别是短期债务）等。

3.特殊性保护条款

特殊性保护条款主要是针对某些特殊情况而提出的保护性措施，主要包括：（1）贷款专款专用；（2）不准企业过多进行对外投资；（3）限制高级管理人员的工资和奖金支出；（4）企业某些关键人物在贷款期内须留在企业等。

（三）长期借款利率及预期

影响长期借款利率高低的主要因素是借款期限与借款企业信用。借款期限越长，银行承担的风险也越大，从而要求的借款利率越高，反之则相反；在期限一定的条件下，借款利率的高低取决于借款企业的信用状况，信用好或抵押品流动性强的借款企业，其借款利率相对比信用较低、抵押品流动性弱或者没有抵押担保的借款企业的利率要低。

银企间最终达成的借款协议，往往需要双方进行利率预期，以选择对自身有利的利率制度，并达到博弈均衡。长期贷款利率制度有固定利率制与浮动利率制两种，其中浮动利率制通常有高、低限额，并在借款合同中明确其浮动幅度。为节约借款成本，企业必须进行有效的利率预期，并在此基础上灵活采用不同的利率制度。如果预期市场利率上升，则应采用固定利率制；如果预期利率下降，则应选择浮动利率制。

（四）长期借款偿还

贷款本金的偿还通常有两种方式：（1）到期一次性偿还；（2）定期或不定期偿还相等或不等金额，并在借款到期时还清全部本金。从还款方式可以看出，前者能使借款企业在借款期内使用全部所借资金，但到期还款压力大，需要企业在事先做好还款计划与还款准备，如建立偿债基金等；后者则使借款企业在借款期内边用边还，将还款与用款结合在一起，所用借款额不完整，且实际利率大于名义利率，但偿债压力较小。从根本上说，不论采用何种方式，还本付息均需以所借款项使用后新增的利润及现金流入为依托。如果借款使用后不能产生预期的利润及现金流，则无论采用何种方式都会使企业难以应付；相反，如果所借款项能增加现金流量并使企业收益大幅度增长，则无论采用何种方式对企业偿还借款都影响不大。

因此，为了避免债务危机，企业必须加强还款管理，具体包括：（1）合理选择还款方式。如对于借款期较短或者未来效益较好而借款时间相对较长的借款项目，可采用一次还本方式；而对于未来效益一般的借款项目，则可采用分期偿还方式。（2）做好还款规划，即按合同规定的还款计划，建立偿债基金，利用时间差借新债还旧债。（3）提出应急措施，即当债务期限已到而企业暂时又不具备足够的还款能力时，应向银行事先提交有关延期还款申请，续签合同，办理展期，或者通过其他融资渠道筹集资金，及时归还借款。

（五）长期借款的利弊分析

与其他筹资方式相比，长期借款筹资具有以下优点：（1）筹资迅速，它主要源于借款手续相对简单、银企间彼此相互了解以及划款及时等优势。（2）借款弹性较大。无论是用款进度还是还款安排，由于只和某一银行进行一对一的协商，因此有利于企业按照自身的要求和能力来变更借款数量与还款期限，对企业具有一定的灵活性。（3）税收抵减效应与低成本。（4）易于企业保守财务秘密。向银行办理借款，可以避免向公众提供公开的财务信息，因而易于减少财务信息的披露面，对保守财务秘密有好处。

但是，长期借款也有其不足，主要表现在：（1）筹资风险大。尽管借款具有某种程度的弹性，但还本付息的义务仍然存在，企业偿付的压力大，筹资风险较高。另外，企业有时会因过多借款而不能偿付。（2）使用限制多。银行为保证贷款的安全性，对借款的使用附加了很多约束性条款，这些条款在一定程度上限制了企业自主调配与运用资金的功能。

二、企业债券

企业债券是企业为筹措资金而发行的、到期还本付息的有价证券。广义的企业债券是非公司制和公司制企业所发行的债券的总称。由于有资格发行债券的企业多数是公司（包括股份有限公司与有限责任公司），因此，狭义的企业债券即指公司债券，简称公司债。

（一）企业债券的种类

1.按有无特定的财产担保

按有无特定的财产担保，企业债券可分为抵押债券和信用债券。

2.按是否记名

按是否记名，企业债券可分为记名债券和无记名债券。

3.按能否转换为本公司股票

按能否转换为本公司股票，企业债券可分为可转换债券和不可转换债券。

4.按能否提前赎回

按能否提前赎回，企业债券可分为可提前赎回债券和不可提前赎回债券。可提前赎回债券是企业按照发行时的条款规定，依一定条件和价格在企业认为合适的时间收回债券。这类债券的益处在于：当利率降低时，企业可用“以新换旧”的办法，收回已发行的利率较高的债券，代之以新的、利率相对较低的债券，以降低债务成本。这种做法在财务上称为债务再融资。不可提前赎回债券是指不能依条款从债权人手中提前收回的债券，它只能在证券市场上按市场价格买回，或等到债券到期后收回。

（二）债券筹资的一般管理

利用发行债券方式进行筹资是企业筹资的重要途径。随着我国市场经济的发展，特别是证券市场的不断完善，债券筹资备受企业重视，债券筹资管理也成为企业筹资管理的一项重要内容。

1.债券发行资格与发行条件

只有股份有限公司、国有独资公司和两个以上的国有企业或者其他两个以上的国有投资主体投资设立的有限责任公司，才有资格发行公司债券。同时，发行公司债券必须符合《公司法》《证券法》规定的有关条件。由于股东只以其出资额对企业盈亏承担有限责任，因此从法律上规定债券发行资格和发行条件，有利于保护债券持有者的权益。这包括两方面的保护：（1）债券本金收回的安全性；（2）债券投资的收益性。

2.发行决议的做出

债券发行事关企业发展，并对股东权益产生直接或间接影响。企业在决定发行债券时，必须按公司法人治理结构与财务分层管理思想，由董事会提出发行方案，由股东大会做出决议。国有独资公司发行公司债券，由国家授权投资的机构或者国家授权的部门做出决定。

3.债券发行种类选择

决定债券发行种类的因素主要有两个：（1）债券筹资的市场吸引力。如果发行公司认为公司在投资者心目中有相当高的吸引力，则可发行普通的、无附加条件的债券；反之，则宜选择有附加条件的、对投资者有吸引力的债券，如抵押债券等。（2）资本结构调整弹性。企业在选择债券种类时，应当考虑财务弹性的需要。

（三）债券评级

对投资者而言，购买债券需要承担一定的风险，因此需要事先进行调查。但个人的能力和时间都不能保证其对发债公司的信用判断，因此一些有权威的中介评级机构应运而生。目前，国际上最为著名的债券等级评估机构有穆迪投资者服务公司和标准普尔公司。从另一个角度看，发行人也需要债券评级，因为高等级的信用意味着低的筹资成本，因此公司愿意在其自身信用较好、盈利能力较强的时候借助评级公司的信用等级，来提升自身的融资能力和市场财务形象。

评级公司一般按财务状况和经营成果将被评级公司划分为不同的等级，划分的依据主要有：（1）公司的财务比率。这个指标主要是考虑公司的偿债能力或付现能力。（2）债券有无担保。（3）债券求偿权的次序。求偿权越优先，则级别越高。（4）有无偿债基金。（5）公司经营的稳定性。

不同评级公司有不同的等级序列，但基本含义是一致的。表5-2列示的是标准普尔公司和穆迪投资者服务公司的等级划分。

表5-2　**两大评级公司的等级比较**

机构名称	较高等级	高级	投机级	低级
标准普尔公司	AAA/AA	A/BBB	BB/B	CCC/CC/CD
穆迪投资者服务公司	Aaa/Aa	A/Baa	Ba/B	Caa/Ca/C/D

三、可转换债券

可转换债券是一种在发行当时签订的契约中明文规定附有可以转换为普通股股票选择权的公司债券。该选择权的行使条件是：当该公司普通股市价上升到契约中事先规定的“转换价格”以上时，公司债券持有人即可行使其转换权，并因此成为公司股东。

（一）转换价格、转换率及转换权保护

可转换债券的转换价格实际上是一定面额的可转换债券与公司股票之间的转换比例，它与转换率属互逆关系。例如，契约规定，面额1 000元的可转换债券的转换价格为50元，则意味着该债券可转换为20份普通股股票，即转换率为20：1。

一般情况下，在债券的寿命期内，转换价格或转换率是固定不变的，但出于促使债券持有人尽快转换的需要，公司有时会采用升级转换价格的方式，即按转换的不同时间段分为不同的转换价格，而且时间越向后推迟，其转换价格越高，从而每张债券转换成股票的股数也越少，通过这种方式来刺激债券持有人尽快转换。

可转换债券的持有人在一定前提下会将手中的债券转为股票，公司股票价格高低是持有人考虑是否转股的主要依据。为保护发行企业原有股东权益，或者为保护债券持有人的利益，在可转换债券条款中一般都写明赎回条款或回售条款。其中，赎回条款是指发行人在一定条件下（如流通股收盘价连续30个交易日高于当期转股价的150%等）有权以面值的一定比例（如110%）赎回部分或全部未转换债券，以保护原股东权益。而当公司流通股股价在一定的条件下（如股价连续30个交易日低于当期转股价格的70%等），债券持有人有权以可转换债券面值的一定比例（如105%）将可转换债券回售给发行人，以保护债券持有人的权益。

（二）发行可转换债券的优势分析

可转换债券的优势分析可从两个角度来理解：一是从债券持有人角度；二是从发行公司角度。

从债券持有人角度，它具有以下优点：(1）与普通债券一样，此类债券的持有人可获得固定性债息收益。(2）债券持有人是否行使转换选择权视公司股票价格而定，从而有利于对债券持有人自身利益的保护。(3）一旦行使转换权，持有人将成为公司股东，从而有权分享公司剩余利润。转换作为一种选择权，其价值就在于发行公司股票价格上升潜力，潜力越大，选择权价值也越高，从而对债券持有人也越有利。

从发行公司角度，除利用可转换债券达到预期筹资目的外，它还具有以下优点：(1）债券转换为股票后，减轻并消除了公司到期还本付息的压力和债务风险，减少了现金流出量。(2）利用债券发行可避开股票低价发行的不足，并取得转换溢价。(3）增加公司股票价格上升的信心。可转换债券发行本身就是一种市场信号，它预示公司发展潜力大，从而有利于增强股东投资信心，并最终带动股价上扬。(4）由于可转换债券选择权本身具有吸引力（即对未来投资收益期望较高），发行公司可按高于同类普通债券的价格卖出，可以多筹资。如普通债券可按其投资价值（如980元）出售，可转换债券则可在票面利率降低的同时，定价1 000元，其中的20元即为多筹部分。但是，可转换债券能否实现转换对公司是一种考验，一旦转换不成或部分转换，公司将要付出较高代价

赎回。另外，如果公司股价长期达不到转换条件，将使公司想借此而调整资本结构的计划落空。

四、融资租赁

（一）融资租赁的基本特征

租赁作为企业筹措资金的一条特殊渠道，在促进企业的生产经营方面发挥了重要作用。企业的租赁与其他融资渠道不同，它具有以下基本特征：

1.使用权与所有权分离

租赁作为一种信用形式，体现财产所有权与使用权的分离。租赁公司作为出租人，以收取租金为条件，把机器设备租给承租人（企业）使用，双方通过物的关系构成租赁信用。在整个租赁期内，出租人拥有租物的所有权，承租人拥有租物的使用权。租赁期满后，承租人根据租赁合同，可以有留购、续租、重订租约和退回等多种选择。在这点上，租赁信用与分期付款的商业信用有本质的区别，在后者中，所有权发生了转移，只是货款延期交付而已。

2.以融物代替融资，融物与融资相结合

租赁的这一特征，使得出租人也就是各租赁公司具有银行和贸易公司双重职能，使商品买卖、提供劳务和融通资金得以同时进行，环节减少而效率提高。

3.以分期偿还租金的形式偿还本息

租赁分期偿还本息，对承租企业具有很多好处：（1）承租企业可以保证资金的流动性，以较少的投资取得较大的经济效益。（2）使用价值超前获得，只付出部分价值，就能取得全部设备的使用价值，并可以用新创造的价值归还租金。（3）由于采取了分期回流的资金运动方式，承租企业的资金支付产生滞后，可以充分利用这个时间差，使资金发挥较大的时间价值。

4.价值大，且合同期内双方不可解除合同

（二）融资租赁租金的计算

融资租赁租金是承租企业支付给租赁公司让渡租赁设备的使用权或价值的代价。租金的数额大小、支付方式对承租企业的财务状况有直接的影响，也是租赁决策的重要依据。

1.租金的构成

（1）租赁资产的价款，包括设备的买价、运杂费及途中保险费等。

（2）利息，即租赁公司所垫资金的应计利息。

（3）租赁手续费，包括租赁公司承办租赁业务的营业费用及应得的利润。租赁手续费的高低由租赁公司与承租企业协商确定，一般以租赁资产价款的某一百分比收取。

2.租金的支付方式

（1）租金按支付时期的长短不同，可分为年付、半年付、季付、月付。

（2）租金按每期支付租金的时间不同，可分为先付租金和后付租金。先付租金是指在期初支付租金，后付租金是指在期末支付租金。

3.租金的计算方法

融资租赁租金的计算方法较多，常用的有平均分摊法和等额年金法。

（1）平均分摊法。平均分摊法是指先以商定的利率和手续费率计算出租赁期间的利息和手续费，然后连同租赁设备的购置成本的应该摊销总额按照租金支付次数平均计算出每次应付租金数额的方法。

在平均分摊法下，每期租金的计算公式为：

$$PMT=\frac{(C-S)+I+F}{N}$$

式中：PMT——平均每期租金额；C——租赁设备的购置成本；S——租赁期满由租入方留购，支付给出租方的转让价；I——利息；F——租赁期间的手续费；N——付租期数。

【例5-1】某企业从租赁公司租入一套设备，设备原价100万元，租赁期5年，预计租赁期满租赁企业支付的转让价为5万元。年利率为10%，手续费为设备原价的2%，租金每年年末支付一次。要求计算每期平均应付租金。

按公式可得：

$$PMT=\frac{(100-5)+[100\times(1+10\%)^5-100]+100\times2\%}{5}=31.61\text{（万元）}$$

（2）等额年金法。等额年金法是以年金现值概念为基础，将每一项租赁资产在未来各期间的租金数额，按一定的比例予以折现。这种方法简便、科学、适用范围广。目前我国大部分租赁公司都用这种方法来计算租金。

等额年金法下，可按下列公式计算年租金：

$$PMT=\frac{C-S\times(P/F,i,n)}{(P/A,i,n)}$$

式中：PMT——每期期末应付租金数额；C——租赁设备的购置成本；S——租赁期满由租入方留购，支付给出租方的转让价；i——租费率；n——付租期数。

【例5-2】某企业从租赁公司租入一套设备，设备原价100万元，租赁期5年，预计租赁期满租赁企业支付的转让价为5万元。租费率为12%，租金每年年末支付一次。要求计算每期平均应付租金。

$$\begin{aligned}PMT&=[100-5\times(P/F,12\%,5)]\div(P/A,12\%,5)\\&=(100-5\times0.5674)\div3.6048\\&=26.95\text{（万元）}\end{aligned}$$

关于这个公式的正确使用，应该注意如下三点：

第一，这一公式假定每期租金都是期末支付的，即租金是普通年金。假如租金是每期期初支付的，即租金是即付年金，那么计算公式应该为：

$$PMT_n=\frac{C-S\times(P/F,i,n)}{(P/A,i,n-1)+1}$$

【例5-3】某企业从租赁公司租入一套设备，设备原价100万元，租赁期5年，预计租赁期满租赁企业支付的转让价为5万元。租费率为12%，租金每年年初支付一次。要求计算每期平均应付租金。

$$\begin{aligned}PMT&=[100-5\times(P/F,12\%,5)]\div[(P/A,12\%,4)+1]\\&=(100-5\times0.5674)\div(3.0373+1)\\&=24.07\text{（万元）}\end{aligned}$$

第二，公式中的i是租费率。它是综合了资金利率和租赁手续费后由租赁双方认可的，它比纯粹的借款利率要大些。若租赁手续费是租赁开始依次支付的，也就是当各期租金不含手续费时，租费率和租金利率相同。

第三，公式中分子、分母的i是相同的，都是租费率；否则会造成租赁期结束时账面余额与预期残值不一致。

（三）融资租赁的程序

租赁业务兼有融资、融物的内容，其业务处理程序比信贷手续复杂，必须按先后顺序严格进行。办理融资租赁业务大致经历六个阶段：

1.选择阶段

（1）增置设备方式的选择，是用自筹资金或银行贷款直接购买，还是租赁。

（2）制造厂家的选择。

（3）租赁公司的选择。

2.委托租赁阶段

企业选定租赁公司后，即向该公司提交办理租赁的申请书，并提供必要的文件。

3.谈判阶段

有关设备的谈判要分下列四步进行：（1）技术谈判；（2）商务谈判；（3）租赁谈判；（4）维修谈判。

4.签订合同阶段

签订租赁合同是租赁程序的中心环节。办理融资租赁业务一般要签订两个合同：一个是购货合同，另一个是租赁合同。根据上述谈判的结果，经承租企业确认后，由租赁公司与制造厂家签订购买技术设备的购货合同。有的租赁公司规定，承租人应在购货合同中联署签名，以表示对设备的确认。与此同时，租赁公司与承租人签订租赁合同。在签订租赁合同时，根据企业状况，有时租赁公司要求企业提供一定的租赁保证金，我国规定按合同价格的10%~15%交纳租赁保证金。

5.购进设备阶段

6.交付租金阶段

第四节 短期筹资与营运资本策略

一、短期负债筹资

企业对资金的需求通常并不是稳定的，而是有一定的周期性或者说具有波动性。当企业预测未来的资金需求将下降时，或由于经营活动的周期性或季节性而出现资金需求时，短期融资是解决这些资金需求的一个较佳途径。短期融资是支持企业流动资产的资金来源，它使企业产生1年或1年以内的债务，在资产负债表中显示为流动负债。

（一）企业短期信用融资

企业短期信用融资是指企业在正常生产经营过程中形成的应付账款、应计负债和汇票。随着企业经营规模的扩大和销售收入的增加，这三项资金数量因大量购买原材料和支付各种费用而增加。一般说来，企业对这些资金不必负担利息费用，应利用好这些短期债务。

1.应付账款

应付账款又称商业信用，它来源于一般商业贸易，是自发性的短期融资。例如，ABC公司由其供应商每天供应1 000元货物，双方商定30天内付款。在这种情况下，该公司为最大限度地使用资金，当然选择在第30天付款。这样，该公司在30天以后将保持30 000元（30×1 000）的应付账款。如果这时ABC公司由于销售额增长，要求供应商的供货量增加一倍，供应商同意增加供货一倍且付款期仍为30天，则该公司的应付账款将增加为60 000元。如果信用期延长为40天，则应付账款增加为80 000元；但是如果信用期限缩短为20天，则应付账款减少为40 000元。如果供应商提出在10天以内付款给予1%的折扣，这时公司就要考虑是在10天以内付款合算，还是在第30天付款合算。由此可以看出，应付账款的数额大小与信用条件有关。

2.应计负债

企业中还有另一种短期资金的来源，即应计负债。它包括应交税费、应付利息和应付职工薪酬等，这些应付款项的支付有一定的期限。例如，企业交纳税费时都有一定的宽限期，比如3月31日应交的一季度税费，可以宽限到4月15日，此时会计记录的是应付税费。这种宽限期的存在也为企业提供了一个短期资金来源。

企业在营业收益核算中，利息费按月计提，但利息不是按月支付。长期债券利息是每年或每半年支付一次，1年内的短期银行贷款基本是到期本息一次性付清。利息费的提取与实际支付的时间差也为企业提供了短期资金来源。

在资产负债表中，应计负债显示在右边，是企业的流动负债，是企业内部产生的短期资金。

3.汇票

汇票是企业签发的、表明将来一定时期向供应商支付货款的证书。从汇票开出到汇票到期，通常有30天到90天。在这段时间内，汇票为企业提供了短期资金来源。

（二）短期银行贷款

短期银行贷款作为一种短期资金来源，其重要性仅次于商业信用。银行贷款与商业信用不同，后者为企业提供的是内部自生性资金，而前者为企业提供的是外部资金，它是非自生性资金。

1.银行贷款的特点

（1）期限。尽管银行也提供长期贷款，但它更多的是提供短期贷款。短期贷款期限为1年以内，通常是90天或180天。贷款到期后，借款人必须偿还或者要求延期偿还，银行将视借款人的财务状况决定是否同意延期。

（2）补偿余额。银行通常要求常年客户必须保持一定水平的活期存款余额，这个余额一般为短期贷款额的10%~20%，毫无疑问，补偿余额的存在提高了企业的实际贷款利率。有补偿余额要求的短期贷款的实际成本与短期贷款名义利率之间的差别值得注意。

实际利率=名义利率÷（1-补偿性余额比率）×100%

【例5-4】某企业按年利率9%向银行借款100万元，补偿性余额比例为10%，要求计算企业实际借款利率。

企业实际借款利率=名义利率÷（1-补偿性余额比率）×100%=9%÷（1-10%）×100%=10%

（3）信用限额。信用限额是银行与借款人之间达成的一种协议，它规定银行愿意借给客户的最高贷款额。例如，某公司与一家银行确立了合作关系，银行根据该公司的财务状况，认为其最高贷款额为1亿元。公司的财务经理第一次从银行借了3 000万元，以后可以根据公司对资金的需要增加贷款，银行将自动给付资金，直到最高贷款额。银行考虑最高贷款额的因素是企业的财务状况和信用风险。银行的这种灵活性也是企业选择银行需要考虑的因素之一。

（4）周转信用协定。一些大型公司经常采用周转信用协定的方式与银行确定正式的信用额度。在周转信用协定中，确定借款人某一期间内的贷款总额，在此期间内，按使用银行贷款的实际资金额支付未使用贷款额一定百分比（通常在0.5%以下）的补偿费用。这个协定实际上是企业向银行支付贷款使用承诺费。周转信用协定与信用限额有很大的区别，前者是银行与企业确立的一种法律关系，银行享有贷款使用承诺费，保证企业对规定贷款额度以内资金的需求；而后者没有法律约束，当企业财务状况发生变化时，银行可以决定取消信用限额。

2.银行贷款利率

贷款利率的高低因借款企业的不同而有所差别。企业规模大、资金实力雄厚，被认为具有较低风险，它能够以优惠利率获得贷款。最优惠利率是银行的最低贷款利率，其他贷款利率则在此基础上增加。银行贷款利率有多种计算方式，它们对贷款的实际利率会产生不同的影响。

（三）商业票据

商业票据是实力雄厚的大型企业开出的无担保期票，这些期票的销售对象是商业公司、保险公司、商业银行等。商业票据的二级市场不发达，投资者通常要持有至到期日。发行商业票据的企业都有极好的信用，商业票据的期限一般为90～180天。商业票据满足了企业短期流动资金的需求，在企业负债中所占比例较小。

（四）短期抵押融资

前面介绍的短期融资都不需要资产抵押，但无抵押品的短期融资是有限的，其增加会使企业的财务风险加大，进而影响短期资金来源的稳定性。如果企业获得无抵押短期资金有困难，则短期抵押融资为企业开辟了另外的融资途径。

用于抵押的流动资产通常是应收账款和存货，短期抵押融资也因此分为应收账款抵押贷款和存货抵押贷款两种。

二、营运资本策略

（一）净营运资本的含义

净营运资本的定义是流动资产减流动负债。绝大多数企业的流动资产大于流动负债，因此都有一定数量的净营运资本。我们可以从企业的现金流动和筹资两个角度来理解净营运资本的含义。

净营运资本可测量企业资产的流动性。企业到期的债务要由流动资产变现来支付，从这个意义上说，流动资产是企业的现金来源，而流动负债是企业的现金支出。例如，某企业的简要资产负债表见表5-3。

表5-3 某企业简要资产负债表

2018年12月31日 单位：万元

资　　产		负债及所有者权益	
货币资金	200	短期借款	400
交易性金融资产	100	应付账款	600
应收账款	800	其他流动负债	200
存货	900	流动负债合计	1 200
流动资产合计	2 000	非流动负债	1 500
固定资产	3 000	股东权益	2 300
资产总计	5 000	负债及所有者权益总计	5 000

若该企业流动负债中600万元应付账款、200万元短期借款和100万元应付税款目前已到期，必须支付，此时企业首先动用流动资产中的货币资产200万元，将交易性金融资产变现得到的100万元供现金支出，其余部分将由收回的应收账款来支付。若收回的应收账款还不足以支付剩余的600万元债务，则要出售存货取得现金来支付。由于企业的应收账款与应付账款、短期借款等负债的到期期限及金额很难做到完全匹配，而且存货的变现需要较长时间，故企业必须持有大于流动负债的流动资产才能保证按期支付短期债务。为加强流动性，企业必须有一定数量的净营运资本。

从筹资角度看，净营运资本是由企业的长期资金筹得的。由图5-1可以看出，企业净营运资本800万元是用于流动资产的投资，它占用的是企业的长期资本。由于长期资本成本大于流动负债的资本成本，企业的净营运资本增大将加大企业的总资本成本，减少企业的利润。但净营运资本的加大可使企业用长期资金来支持流动资产，有利于短期负债的及时偿付，减少企业无力支付债务的可能性，从而降低了企业的风险，增加了流动性。这与流动比率（流动资产/流动负债）能反映企业的偿债能力和流动性有相同的意义。

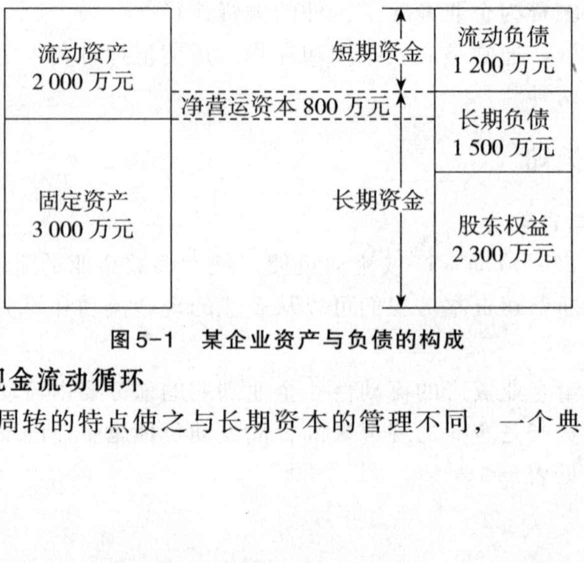

图5-1　某企业资产与负债的构成

（二）营运资本现金流动循环

营运资本流动和周转的特点使之与长期资本的管理不同，一个典型生产企业的营运资本循环如图5-2所示。

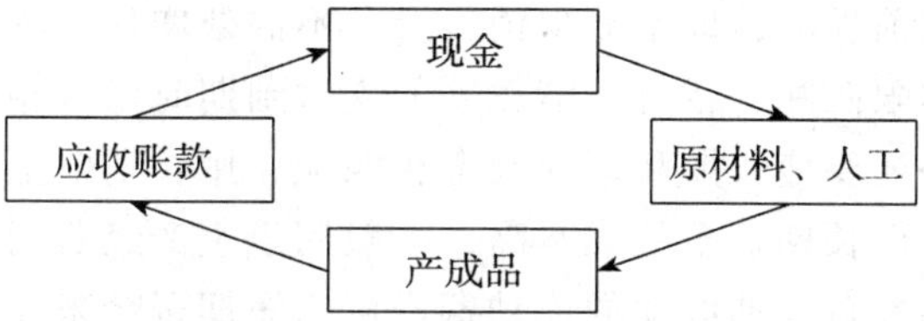

图5-2 企业营运资本循环

首先，企业按照生产需要订购原材料和零部件，一般以赊账形式购买，因此形成应付账款。其次，企业聘用劳动力通过生产过程把原材料加工成产品。劳动力的工资一般不是按天支付的，所以产生了应付工资。再次，产成品通常是信用销售，不能在销售实现的同时收到货款，故产生了应收账款。最后，销售货款收回，应收账款兑现为现金，一个营运资本循环完成。

在一个周期中，通常在销售货款收回来之前就要支付购买原材料的货款及应付的工资，这必须筹集短期资金来支付。图5-3表示的营运资本现金转换周期模型说明了企业需要短期筹资的原因及决定现金转换周期的因素。

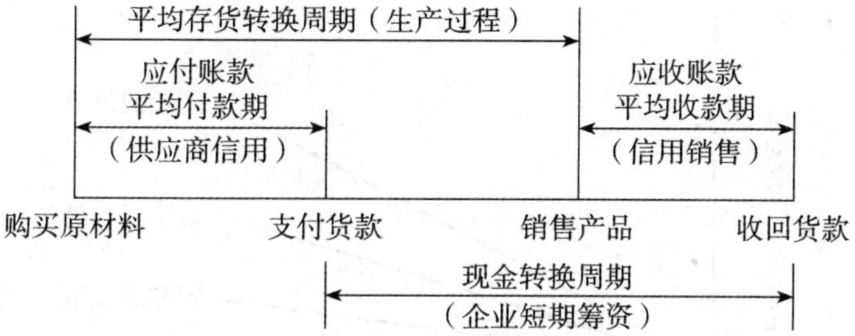

图5-3 营运资本现金转换周期模型

一般企业在1年内会实现多个营运资本循环，我们采用平均存货、平均应付账款和平均应收账款的概念可计算出以下指标：

$$平均存货转换周期=\frac{平均存货}{销货成本\div 360}$$

$$应收账款平均收款期=\frac{平均应收账款}{赊销收入\div 360}$$

$$应付账款平均付款期=\frac{平均应付账款}{购货支出\div 360}$$

现金转换周期=平均存货转换周期+应收账款平均收款期-应付账款平均付款期

若某企业从原材料转换为产成品到产品出售的存货转换周期为75天，从销售实现到收回货款的应收账款平均收款期为45天，从原材料购买到支付现金货款的应付账款平均付款期为30天，则：

该企业的现金转换周期=75+45-30=90（天）

由此可知，企业必须筹集90天的资金以备生产和销售之需。企业应在不影响生产和销售的前提下尽可能缩短现金转换周期，以减少短期资金的需求，提高资金周转率。这样做能减少资金成本，提高资金运营效率，增加企业利润。

缩短现金转换周期有以下途径：（1）减少存货，加快产品的生产和销售速度，使存货周转期缩短。（2）制定有效的信用政策和收账政策，加速赊销货款的回收。（3）延长应付账款的付款期，即拖延付给供应商货款的期限。

采用上述做法是有前提的，即不减少销售量和不额外增加成本。这就要求管理人员做好现金收入和支出的期限匹配，在每一笔款项的支付到期时已有相应的现金流入，减少从外部筹资的数量。此外还要使长期和短期资金相匹配，用长期资金来支持流动资产可增强企业的债务偿还能力，但长期资金的成本高，一般用于生产经营周期中不随时间改变的流动资产稳定部分，而随经营周期波动的流动资产可用短期资金来支持。企业长、短期负债与资产的匹配，可减少企业到期不能偿还债务的风险，同时又能充分利用短期负债利率低的优点，降低企业的资本成本。

（三）营运资本投资策略

企业在生产和销售计划确定的情况下，即销售量、成本、采购期、付款期等条件为已知时，可以做出现金预算计划，尽量将作为资金来源的流动资产和作为资金支出的流动负债在期限上衔接起来，以便保持最低的流动资产水平。这是营运资本在理论上的最佳数量。但企业的经营活动往往带有不确定性，为预防不测情况发生，流动资产必须留有安全用量。用上述方法确定营运资本投资额，被称为适中的政策（如图5-4所示）。此时流动资产与流动负债期限匹配较好，收益较高而风险相对较小。

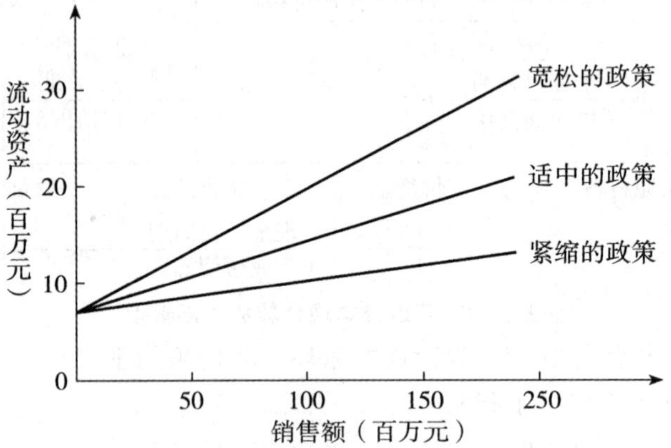

图5-4　不同的营运资本投资策略

图5-4中斜率最大的直线代表营运资本投资宽松的政策。与适中的政策相比，在同样的销售额下企业有较多的现金、有价证券和存货。宽松的政策使应收账款增多，同时促进了销售的增长。此时企业的流动资产增大，在流动资产上的投资也增加。这一政策的好处是使企业具有充足的资金来源，以便较自如地支付到期债务，同时为应付不确定状况保留了较大的安全存量。这样，企业不能如期偿债的风险大大减少，但流动资产相对销售额的比例增大，其运营效率降低，直接影响企业的利润，使资产收益率降低。

图5-4中斜率最小的直线表示的是营运资本投资紧缩的政策。此时企业的现金、有价证券、存货和应收账款降到最低限度，流动资产的减少会造成货款和工资的延期支付，企业因存货不足而延误生产和降低销售。紧缩的政策虽减少了应收账款，但对信用销售客户的吸引力降低致使销售额下降，因而企业的风险增加。一般情况下，在流动资产上的投资额小，可降低资金的占用成本，流动资产的周转率较高，企业因此而增加收益。若因为流动资产减少而影响了销售，则销售额降低的压力会抵销资产运用效率高的收益。

（四）营运资本筹资策略

通常企业的固定资产投资用长期资本筹集，并且使长期债务的期限与所购置的资产寿命相匹配，用固定资产在寿命期内产生的效益为长期负债还本付息。若将用于购置固定资产的长期负债换成短期负债，则必须每年借一定数量的新债来归还旧债，每年都要根据市场利率调整短期借款的利率。这使企业履行的支付责任变得不确定，增大了企业偿还债务的风险，甚至有可能因偿债能力差、无法再得到短期借款而影响企业的经营。

在流动资产中，一部分资产随销售和生产呈季节性或周期性变化，这类波动的流动资产可用短期借款来筹资。另一部分流动资产在营运资本周转过程中不断改变形态，在存货、应收账款和现金之间转换，但总量不随时间改变。这类稳定的流动资产的资金占用是长期固定的，它们只随着销售额的扩大而增加，所以一般用长期借款或股本来筹资。这种资产和资金来源在期限和数额上匹配的筹资政策称为适中型或相匹配的营运资本筹资政策，如图5-5（a）所示。

另有一种激进型筹资政策，如图5-5（b）所示。稳定的流动资产中也有一部分用短期借款筹资，有的企业甚至全部流动资产都由短期负债支持，这时净营运资本为零，企业将在债务偿付和借入新债上承担很大的风险。但短期借款的利率比长期借款低，一些企业为降低资本成本、提高利润，甘愿在短期内冒此风险。

第三种是保守型筹资政策，它是指用长期资本支持稳定的流动资产和部分或全部波动的流动资产，如图5-5（c）所示。在这种情况下，企业使用少量的短期借款以满足高峰期营运资本的季节性需求，其余波动部分仍由长期资本支持。在这种筹资政策下，企业的净营运资本较大，偿债能力强，故风险较小。但是在流动资产波动的低谷期，长期资金将会过剩。这时企业可通过购买短期有价证券来“贮存”这部分资金，以应付下一次高峰期的资金需要。由于短期证券投资的利息收入低于长期资金的利息支出，故保守型政策筹资成本高，致使企业的利润降低。

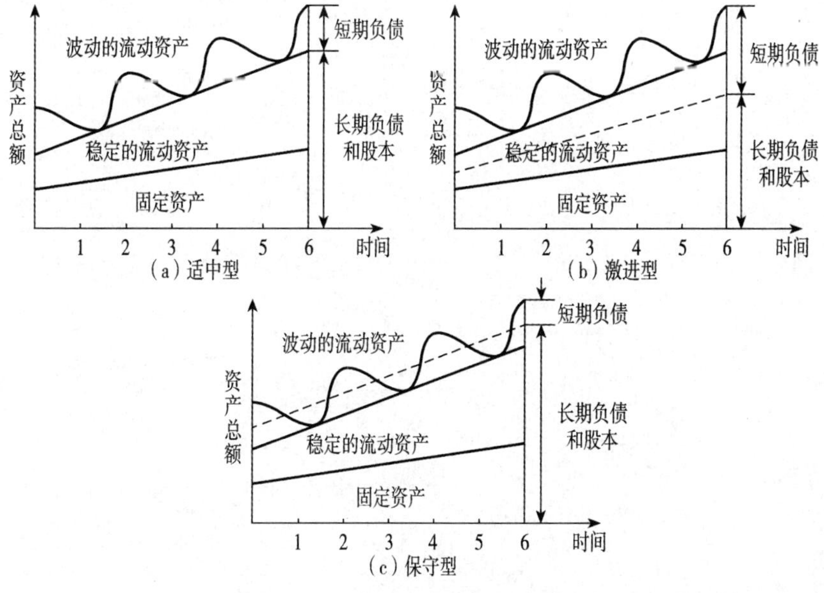

图5-5 不同的营运资本筹资策略

本章小结

企业筹资是指企业根据其生产经营、对外投资及调整资本结构的需要，通过一定的渠道，采取适当的方式，获取所需资金的一种行为。

企业筹资具有不同的动机和管理要求，具有不同的筹资渠道和筹资方式。

权益资本的筹集，包括资本金、非股票形式的资本金筹资、股票筹资等内容。

长期负债筹资，包括长期借款、发行债券、融资租赁等内容。

短期负债筹资，包括短期信用融资、短期银行借款、商业票据、短期抵押融资以及营运资本筹资策略等内容。

复习思考题

1. 简述企业筹资的动机和要求。
2. 企业筹资时有哪些渠道和方式？
3. 企业权益资本的筹集包括哪几个方面？
4. 企业负债资本的筹集包括哪几个方面？
5. 企业营运资本策略包含哪些内容？

第六章

资本成本与资本结构

学习目标

掌握资本成本、杠杆及其资本结构优化的计算，理解资本成本、杠杆效应和资本结构的含义，能够进行各种资本成本的计算和资本结构决策方法的运用。

学习重点与难点

资本成本、资本成本的计算、营业杠杆利益与风险、财务杠杆利益与风险、复合杠杆利益与风险、资本结构的优化。

第一节 资本成本

资本成本是企业筹资管理的主要依据，也是投资管理的重要标准。本节着重从企业长期筹资的角度，阐述资本成本的意义和确定方法。

一、资本成本的含义

在市场经济条件下，企业筹措和使用资本是要付出代价的。资本成本是指企业为筹措和使用资本而付出的代价，也称为资金成本。这里的资本是指所筹集的长期资金，包括自有资本和借入长期资金。资本成本包括用资费用和筹资费用两部分内容。

（一）用资费用

用资费用是指企业在生产经营、投资过程中因使用资本而付出的费用，如向股东支付的股利、向债权人支付的利息等。这是资本成本的主要内容。长期资金的用资费用，因使用资金数量的多少和时间的长短而有所不同。

（二）筹资费用

筹资费用是指企业在筹措资金过程中为获得资金而付出的代价，如向银行支付的借款手续费，因发行股票、债券而支付的发行费等。筹资费用与用资费用不同，它通常是在筹措资金时一次支付的，在用资过程中不再发生，因此，可将它视为筹资数量的一项扣除。

资本成本可以用绝对数表示，也可以用相对数表示，后者为用资费用与筹得的资本之间的比率。其计算公式为：

$$K=\frac{D}{P-f} \quad 或 \quad K=\frac{D}{P(1-F)}$$

式中：K——资本成本，以百分率表示；D——年用资费用；P——筹资数额；f——筹资费用；F——筹资费用率，即筹资费用与筹资数额的比率。

资本成本有多种形式，在比较各种筹资方式时，使用个别资本成本，如长期借款成本、债券成本、股票成本等；在对企业全部资本结构进行决策时，使用综合资本成本；在进行追加筹资决策时，还可以使用边际资本成本。

二、资本成本的作用

（一）资本成本是比较筹资方式、选择筹资方式的尺度

不同的筹资方式的成本是不一样的，资本成本的高低可作为比较各种筹资方式优缺点和选择筹资方式的一个依据。当然，资本成本并不是选择筹资方式的唯一依据。

（二）资本成本是评价投资项目、比较投资方案和追加投资决策的主要经济标准

一般而言，一个投资项目，只有其投资收益率高于其资本成本率，在经济上才是合理的；否则，该投资项目将无利可图，甚至发生亏损。

在预测分析中，有时还将资本成本作为贴现率，用来计算各投资方案的现金流量现值、净现值和现值指数，以比较不同方案的优劣。

（三）资本成本还可作为衡量企业整体经营业绩的基准

在这方面，可将企业实际的资本成本率与相应的利润率相比较。如果利润率高于资本成本率，可以认为经营有利；反之，如果利润率低于资本成本率，则认为企业经营不利，业绩不佳，需要改善经营管理，提高利润率，降低资本成本率。

三、个别资本成本

个别资本成本主要分为债务成本和权益成本，二者在确定方法和计算结果上都有较大的差别。

（一）债务成本

债务成本主要有长期借款成本和债券成本。

1.长期借款成本

企业长期借款成本可按下列公式计算：

$$K=\frac{I(1-T)}{L(1-F)}$$

式中：K——长期借款成本；I——长期借款年利息；T——企业所得税税率；L——长期借款筹资额，即借款本金；F——长期借款筹资费用率。

上述公式还可写成如下形式：

$$K=\frac{R(1-T)}{1-F}$$

式中：R——借款年利率。

在长期借款附加补偿性余额情况下，长期借款筹资额应扣除补偿性余额，从而长期借款成本将会提高。

【例6-1】某公司取得长期借款150万元，年利率为10.8%，期限3年，每年付息一次，到期一次还本。筹措这笔借款的费用率为2%，公司所得税税率为25%。这笔长期借款的成本计算如下：

$$\frac{150\times10.8\%\times(1-25\%)}{150\times(1-2\%)}=8.27\%$$

长期借款的筹资费用主要是借款手续费，一般数额很小，有时亦可忽略不计。

2.债券成本

债券成本中的利息亦在所得税前列支，但发行债券的筹资费用一般较高，应予考虑。债券的筹资费用即债券发行费用，包括申请发行债券的手续费、债券注册费、印刷费、上市费以及推销费用等。其中有些费用按一定的标准（定额或定率）支付，有的并无固定的标准。

债券的发行价格有等价、溢价、折价三种。债券利息按面额（即本金）和票面利率确定，但债券的筹资额应按具体发行价格计算，以便正确计算债券成本。债券成本的计算公式为：

$$K=\frac{I(1-T)}{B(1-F)}$$

式中：K——债券成本；I——债券年利息；T——企业所得税税率；B——债券筹资额，按发行价格确定；F——债券筹资费用率。

【例6-2】某公司发行总面额为400万元的债券800张，总价格450万元，票面利率12%，发行费用占发行价格的5%，公司所得税税率为25%。则该债券成本可计算如下：

$$\frac{400\times12\%\times(1-25\%)}{450\times(1-5\%)}=8.42\%$$

上例中的债券系以溢价发行。如果按等价发行，则债券成本为：

$$\frac{12\%\times(1-25\%)}{1-5\%}=9.47\%$$

如果按折价发行，总价为360万元，则债券成本为：

$$\frac{400\times12\%\times(1-25\%)}{360\times(1-5\%)}=10.53\%$$

在实际中，由于债券利率水平通常高于长期借款，同时债券发行费用较多，因此，债券成本一般高于长期借款成本。

（二）权益成本

权益成本主要有吸收直接投资的成本、优先股成本、普通股成本、留存收益成本等。各种权益成本的权利责任不同，计算方法也不同。

1.优先股成本

公司发行优先股筹资需支付发行费用，优先股股利通常是固定的。优先股成本的计算公式为：

$$K=\frac{D}{P(1-F)}$$

式中：K——优先股成本；D——优先股年股利；P——优先股筹资额；F——优先股筹资费用率。

【例6-3】某公司发行优先股总面额为100万元，总价为125万元，筹资费用率为6%，规定年股利率为14%。优先股成本计算如下：

$$\frac{100\times14\%}{125\times(1-6\%)}=11.91\%$$

由于优先股股利在税后支付，而债券利息在税前支付，当公司破产清算时，优先股持有人的求偿权在债券持有人之后，故其风险大于债券。因此，优先股成本明显高于债券成本。

2. 普通股成本

普通股成本的确定方法，与优先股成本基本相同。但是，普通股的股利一般不是固定的，通常是逐年增长的。普通股成本的计算公式经推导如下：

$$K=\frac{D_1}{P(1-F)}+G$$

式中：K——普通股成本；D_1——普通股第1年股利；P——普通股筹资额；F——普通股筹资费用率；G——股利年增长率。

【例6-4】某公司发行普通股总价格500万元，筹资费用率为4%，第1年股利率为12%，以后每年增长5%。普通股成本为：

$$\frac{500\times12\%}{500\times(1-4\%)}+5\%=17.5\%$$

3. 留存收益成本

公司的留存收益是公司税后净利润形成的，它属于普通股股东。从表面上看，公司使用留存收益似乎不花费什么成本，但实际上，股东愿意将其留用公司而不作为股利取出投资于别处，就是要求与普通股等价的报酬。因此，留存收益也有成本，不过是一种机会成本。留存收益成本的确定方法与普通股成本基本相同，只是不考虑筹资费用。其计算公式为：

$$K=\frac{D_1}{P}+G$$

式中：K——留存收益成本；其他符号含义同前。

在公司全部资本中，普通股以及留存收益的风险最大，要求的报酬相应最高，因此，其资本成本也最高。

四、综合资本成本

综合资本成本是指企业全部长期资本的总成本，通常是以各种资本占全部资本的比重为权数，对个别资本成本进行加权平均确定的，故亦称为加权平均资本成本。综合资本成本是由个别资本成本和加权平均数两个因素决定的。其计算公式为：

$$K_w=\sum_{j=1}^{n}K_jW_j,\ (\sum_{j=1}^{n}W_j=1)$$

式中：K_w——综合资本成本，即加权平均资本成本；K_j——第j种个别资本成本；W_j——第j种个别资本占全部资本的比重，即权数。

在已确定个别资本成本的情况下，取得企业各种资本占全部资本的比重后，即可计算企业的综合资本成本。

【例6-5】某公司共有长期资本（账面价值）1 000万元，其中，长期借款150万元、债券200万元、优先股100万元、普通股300万元、留存收益250万元，其个别资本成本分别为5.64%、6.25%、10.50%、15.70%、15.00%。该公司的综合资本成本可分两步计算如下：

第一步，计算各种资本占全部资本的比重：

长期借款：$W=\frac{150}{1\,000}=0.15$

债券：$W=\frac{200}{1\,000}=0.20$

优先股：$W=\frac{100}{1\,000}=0.10$

普通股：$W=\frac{300}{1\,000}=0.30$

留存收益：$W=\frac{250}{1\,000}=0.25$

第二步，计算加权平均资本成本：

$K_W=5.64\%\times0.15+6.25\%\times0.20+10.50\%\times0.10+15.70\%\times0.30+15.00\%\times0.25=11.61\%$

五、边际资本成本

边际资本成本是企业追加筹措资本的成本，企业在追加筹资和追加投资的决策中必须考虑边际资本成本的高低。

前述企业个别资本成本和综合资本成本是企业过去筹集的或目前使用的资本的成本，然而，随着时间的推移或筹资条件的变化，个别资本成本会随之变化，综合资本成本也会发生变动。因此，企业在未来追加筹资时，不能仅考虑目前所使用的资本的成本，还要考虑新筹资本的成本，即边际资本成本。

（一）边际资本成本的计算方法

企业追加筹资，有时可能只采取某一种筹资方式。在筹资数额较大，或在目标资本结构既定的情况下，往往通过多种筹资方式的组合来实现。这时，边际资本成本需要按加权平均法来计算，其权数必须为市场价值权数，不应采用账面价值权数。

【例6-6】某公司目标资本结构为：债务0.2，优先股0.05，普通股权益（包括普通股和留存收益）0.75。现拟追加筹资300万元，仍按此资本结构来筹资。个别资本成本预计分别为：债务7.50%，优先股11.80%，普通股权益14.80%。按加权平均法计算追加筹资300万元的边际资本成本见表6-1。

表6-1　**边际资本成本计算表**　金额单位：万元

资本种类	目标资本结构	追加筹资（市场价值）	个别资本成本（%）	加权平均边际资本成本（%）
债务	0.20	60	7.50	1.50
优先股	0.05	15	11.80	0.59
普通股权益	0.75	225	14.80	11.10
合　计	1.00	300	—	13.19

（二）边际资本成本规划

在未来追加筹资过程中，为了便于比较、选择不同规模范围的筹资组合，企业可以预先计算边际资本成本，并以表或图的形式反映。下面举例说明建立边际资本成本规划的过程。

【例6-7】某公司目前拥有资本100万元，其中长期负债20万元，优先股5万元，普通股（含留存收益）75万元。为了满足追加投资的需要，公司拟筹集新资，确定筹集新资的资本成本可按下列步骤进行：

（1）确定目标资本结构。假定公司财务管理人员经分析确定将目前的资本结构置于目标范围内，在今后增资时应予保持，即长期负债0.20，优先股0.05，普通股0.75。

（2）确定各种资本的成本。财务管理人员分析了资本市场的状况和企业筹资能力，认定随着企业筹资规模的增大，各种资本的成本也会发生变动，测算资料见表6-2。

表6-2 **某公司筹资资料**

资本种类	目标资本结构（1）	新筹资的数量范围（2）	资本成本（%）（3）
长期负债	0.20	10 000元以内 10 000~40 000元 40 000元以上	6 7 8
优先股	0.05	2 500元以内 2 500元以上	10 12
普通股	0.75	22 500元以内 22 500~75 000元 75 000元以上	14 15 16

（3）计算筹资总额分界点。根据目标资本结构和各种资本成本变化的分界点，计算筹资总额分界点。其计算公式为：

$$BP_j=\frac{TF_j}{W_j}$$

式中：BP_j——筹资总额分界点；TF_j——第j种资本的成本分界点；W_j——目标资本结构中第j种资本的比重。

筹资分界点计算表见表6-3。

表6-3 **筹资分界点计算表** 金额单位：元

资本种类	资本成本（%）	各种资本的筹资范围	筹资总额分界点	筹资总额的范围
长期负债	6	10 000元以内	$\frac{10\,000}{0.2}=50\,000$	50 000元以内
	7	10 000~40 000元	$\frac{40\,000}{0.2}=200\,000$	50 000~200 000元
	8	40 000元以上		200 000元以上
优先股	10	2 500元以内	$\frac{2\,500}{0.05}=50\,000$	50 000元以内
	12	2 500元以上		50 000元以上
普通股	14	22 500元以内	$\frac{22\,500}{0.75}=30\,000$	30 000元以内
	15	22 500~75 000元	$\frac{75\,000}{0.75}=100\,000$	30 000~100 000元
	16	75 000元以上		100 000元以上

表6-3显示了特定筹资种类成本变化的分界点。例如，长期负债在10 000元以内时，其成本为6%；而在目标资本结构中，债务的比重为20%，这表明在债务成本由6%上升到7%之前，企业可筹集50 000元资本。当筹资总额多于50 000元时，债务成本就要上升到7%。

（4）计算边际资本成本。根据上一步骤计算出的分界点，可得出下列五组新的筹资范围：①30 000元以内；②30 000~50 000元；③50 000~100 000元；④10 000~200 000元；⑤200 000元以上。

对上述五组筹资范围分别计算加权平均资本成本，即可得到各筹资范围的边际资本成本。计算过程或者说边际资本成本规划表见表6-4。

表6-4 **边际资本成本规划表**

序号	筹资总额范围	资本种类	资本结构	资本成本（%）	边际资本成本（%）
1	30 000元以内	长期负债	0.20	6	1.2
		优先股	0.05	10	0.5
		普通股	0.75	14	10.5
	第一组范围的边际资本成本=12.20%				
2	30 000~50 000元	长期负债	0.20	6	1.2
		优先股	0.05	10	0.5
		普通股	0.75	15	11.25
	第二组范围的边际资本成本=12.95%				
3	50 000~100 000元	长期负债	0.20	7	1.4
		优先股	0.05	12	0.6
		普通股	0.75	15	11.25
	第三组范围的边际资本成本=13.25%				
4	100 000~200 000元	长期负债	0.20	7	1.4
		优先股	0.05	12	0.6
		普通股	0.75	16	12.0
	第四组范围的边际资本成本=14.00%				
5	200 000元以上	长期负债	0.20	8	1.6
		优先股	0.05	12	0.6
		普通股	0.75	16	12.0
	第五组范围的边际资本成本=14.20%				

上述边际资本成本规划表亦可绘制成规划图，如图6-1所示。

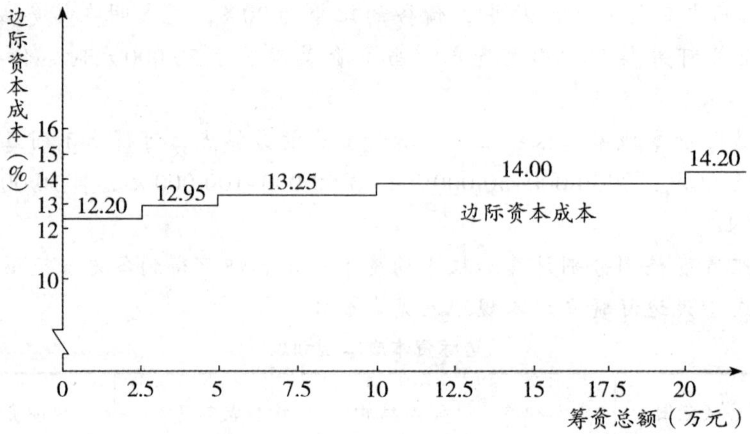

图6-1　边际资本成本规划图

第二节　杠杆利益与风险

一、营业杠杆利益与风险

（一）营业杠杆原理

1.营业杠杆的含义

营业杠杆也称为经营杠杆或营运杠杆，是指企业在经营活动中对营业成本中固定成本的利用。

2.营业杠杆利益分析

营业杠杆利益是指在扩大营业总额的条件下，单位营业额的固定成本下降而给企业增加的营业利润。

3.营业风险分析

营业风险也称为经营风险，是指与企业经营相关的风险，尤其是指利用营业杠杆而导致营业利润下降的风险。由于营业杠杆的作用，当销售额下降时，营业利润下降得更快，从而给企业带来营业风险。

（二）营业杠杆系数的测算

营业杠杆系数是指企业营业利润的变动率相当于营业额变动率的倍数。它反映营业杠杆的作用程度，也可以估计营业杠杆利益的大小，评价营业风险的高低。其测算公式为：

$$DOL=\frac{\Delta EBIT \div EBIT}{\Delta S \div S}$$

式中：DOL——营业杠杆系数；EBIT——营业利润，即息税前利润；ΔEBIT——营业利润的变动额；S——销售额；ΔS——营业额的变动额。

为便于计算，可将上式作如下变换：

$\because EBIT=x(p-b)-a$

$\Delta EBIT=\Delta x(p-b)$

$$\therefore DOL=\frac{x(p-b)}{x(p-b)-a}=\frac{Tcm}{EBIT}$$

或 $$DOL_s=\frac{S-C}{S-C-F}$$

式中：DOL——营业杠杆系数；x——销售数量；p——销售单价；b——单位销量的变动成本额；a——固定成本总额；Tcm——边际贡献总额；DOL_s——按销售金额确定的营业杠杆系数；C——变动成本总额，可按变动成本率乘以销售总额来确定。

【例6-8】某企业集团连续三年的销售量和利润资料见表6-5。

表6-5 **某企业集团资料** 金额单位：元

项　目	第一年	第二年	第三年
销售额	1 000 000	1 500 000	1 800 000
销售额增长率（%）		50	20
变动成本	600 000	900 000	1 080 000
边际贡献	400 000	600 000	720 000
固定成本	200 000	200 000	200 000
息税前利润	200 000	400 000	520 000
息税前利润增长率（%）		100	30

由表6-5可见，从第一年到第二年，当销售额增加了50%时，息税前利润增加100%。从第二年到第三年，当销售额增加20%时，息税前利润增加30%。由此可见，利用营业杠杆，企业在可能的情况下，适当地增加销售会取得更多的盈利，这就是营业杠杆利益。但是也必须认识到，当企业遇到销售下降时，息税前利润会以更大的幅度下降，营业杠杆效应也会带来经营风险。

根据定义得到第二年的营业杠杆系数DOL=100%÷50%=2；第三年的营业杠杆系数DOL=30%÷20%=1.5。利用定义计算营业杠杆必须掌握利润的变动率与销售额的变动率，这是事后反映，不利于利用营业杠杆系数进行预测。为此，需要利用基期数据，不仅能够算出第二年和第三年的营业杠杆系数，还可以计算第四年的营业杠杆系数。从表6-5可得，第二年的DOL=400 000÷200 000=2；第三年的DOL=600 000÷400 000=1.5；第四年的DOL=720 000÷520 000=1.38。

（三）影响营业杠杆利益与风险的其他因素

影响营业杠杆利益与风险的其他因素有四个，分别为：（1）产品供求的变动；（2）产品售价的变动；（3）单位产品变动成本的变动；（4）固定成本总额的变动。

二、财务杠杆利益与风险

（一）财务杠杆原理

1.财务杠杆的含义

财务杠杆也称为筹资杠杆，是指企业在筹资活动中对资本成本中固定的债权资本的利用。

2.财务杠杆利益分析

财务杠杆利益也称为融资杠杆利益，是指利用债务筹资这个杠杆而给股权资本带来的额外收益。在企业资本结构一定的条件下，企业从息税前利润中支付的债务利息是相对固定的，当息税前利润增多时，每1元息税前利润所负担的债务利息就会相应地降低，扣除所得税后可分配给企业所有者的利润就会增加，从而给企业所有者带来额外的收益。

3.财务风险分析

财务风险也称为融资风险或筹资风险，是指企业在经营活动中与筹资相关的风险，尤其是指在财务活动中利用财务杠杆可能导致股权资本所有者收益下降的风险，甚至可能导致企业破产的风险。由于财务杠杆的作用，当息税前利润下降时，每股利润下降得更快，从而给企业带来财务风险。

（二）财务杠杆系数的测算

财务杠杆系数是指企业每股利润的变动率相当于息税前利润变动率的倍数。它可用来反映财务杠杆的作用程度，估计财务杠杆利益的大小，评价财务风险程度的高低。其计算公式为：

$$DFL=\frac{\Delta EPS \div EPS}{\Delta EBIT \div EBIT}$$

式中：DFL——财务杠杆系数；ΔEBIT——息税前利润变动额；EBIT——息税前利润额；ΔEPS——普通股每股税后利润变动额；EPS——普通股每股利润额。

为便于计算，可将上式变换如下：

$$\because EPS=(EBIT-I)(1-T)/N$$

$$\Delta EPS=\Delta EBIT(1-T)/N$$

$$\therefore DFL=\frac{EBIT}{EBIT-I}$$

式中：I——债务年利息额；T——公司所得税税率；N——流通在外普通股股数。

【例6-9】某企业集团连续三年的销售量和利润资料见表6-6。

表6-6 **某企业集团资料** 金额单位：元

项　目	第一年	第二年	第三年
息税前利润	200 000	400 000	520 000
息税前利润增长率（%）		100	30
债务利息	100 000	100 000	100 000
税前利润	100 000	300 000	420 000
所得税（25%）	25 000	75 000	105 000
税后利润	75 000	225 000	315 000
每股利润（100 000股）	0.75	2.25	3.15
每股利润增长率（%）		200	40

由表6-6可见，从第一年到第二年，息税前利润增加了100%，每股利润增加了200%。从第二年到第三年，息税前利润增加了30%，每股利润增加了40%。由此可见，利用财务杠杆，企业在可能的情况下，适当地负债经营会取得更多的盈利，这就是财务杠杆利益。但是也必须认识到，当企业遇到盈利下降时，每股利润会以更大的幅度下降，财务杠杆效应也会带来财务风险。

根据定义得到第二年的财务杠杆系数DFL=200%÷100%=2；第三年的财务杠杆系数DFL=40%÷30%=1.33。同样，利用定义计算财务杠杆系数必须掌握每股利润的变动率与息税前利润的变动率，这是事后反映，不利于利用财务杠杆系数进行预测。为此，需要利用基期数据，不仅能够算出第二年和第三年的财务杠杆系数，还可以计算第四年的财务杠杆系数。从表6-6可得，第二年的DFL=200 000÷（200 000-100 000）=2；第三年的DFL=400 000÷（400 000-100 000）=1.33；第四年的DFL=520 000÷（520 000-100 000）=1.24。

（三）影响财务杠杆利益与风险的其他因素

影响财务杠杆利益与风险的其他因素有四个，分别为：（1）资本规模的变动；（2）资本结构的变动；（3）债务利率的变动；（4）息税前利润的变动。

三、复合杠杆利益与风险

（一）复合杠杆原理

复合杠杆也称为总杠杆，是指营业杠杆和财务杠杆的综合。复合杠杆综合了营业杠杆和财务杠杆的共同影响，一个企业同时利用营业杠杆和财务杠杆，其作用会更大。

（二）复合杠杆系数的测算

复合杠杆系数或总杠杆系数是指普通股每股利润变动率相当于营业总额（营业总量）变动率的倍数，它是营业杠杆系数与财务杠杆系数的乘积。其公式为：

$$\text{DCL（或DTL）}=\text{DOL}\times\text{DFL}=\frac{\Delta EPS \div EPS}{\Delta S \div S}$$

式中：DCL（或DTL）——复合杠杆系数。

根据例6-8和例6-9，复合杠杆系数可以由经营杠杆系数与财务杠杆系数相乘得到，也可以由基期数据获得。第二年的DCL=2×2=4，或者DCL=400 000÷（200 000-100 000）=4；第三年的DCL=1.5×1.33=2，或者DCL=600 000÷（400 000-100 000）=2；第四年的DCL=1.38×1.24=1.71，或者DCL=720 000÷（520 000-100 000）=1.71。

第三节　资本结构的优化

资本结构是企业筹资决策的核心问题。企业应综合考虑有关影响因素，运用适当的方法，确定最佳资本结构，并在以后追加筹资中继续保持。企业现有资本结构不合理的，应通过筹资活动主动调整，使其趋于合理，以达到最优化。

一、资本结构概述

（一）资本结构的含义

资本结构是指企业各种资本的构成及其比例关系。例如，某企业的资本总额为1 000万元，系由银行借款200万元、债券200万元、普通股350万元、留存收益250万元组成，其比例分别为银行借款0.2、债券0.2、普通股0.35，留存收益0.25。由此可见，一个企业的资本结构既可以用绝对数（金额）来反映，也可以用相对数（比例）来表示。

在实务中，资本结构有广义和狭义之分。广义的资本结构是指企业全部资本的构成，不仅包括长期资本，还包括短期资本，主要指短期债务资本。狭义的资本结构是指长期资本结构，在这种情况下，短期债务资本列入营运资本来管理。

（二）资本结构中债务资本的作用

在资本结构决策中，合理地利用债务筹资，安排债务资本的比率，对企业具有重要的影响。

1.适度使用债务资本可以降低企业资本成本

由于债务利率通常低于股票股利率，而且债务利息从税前支付，企业可减少所得税，从而，债务资本的成本明显低于权益资本的成本。因此，在一定的限度内合理提高债务资本的比率，就可降低企业的综合资本成本；反之，若降低债务资本的比率，综合资本成本就会上升。

2.利用债务筹资可以获取财务杠杆利益

由于债务利息通常都是固定不变的，当息税前利润增大时，每1元利润所负担的固定利息就会相应减少，从而可分配给企业所有者的税后利润也会相应增加。因此，利用债务筹资可以发挥财务杠杆的作用，给企业所有者带来财务杠杆利益。

利用债务筹资，虽然可以发挥财务杠杆的作用，但同时也给企业带来一定的财务风险，包括定期付息还本的风险和可能导致所有者收益下降的风险。

二、资本结构的决策方法

（一）最佳资本结构的含义

所谓最佳资本结构，是指企业在一定的条件下，使其加权平均资本成本最低，同时企业价值最大的资本结构。它应作为企业的目标资本结构。

根据现代资本结构理论，企业最佳资本结构是存在的。在资本结构的最佳点上，企业的加权平均资本成本达到最低，同时企业的价值达到最大。对于股份公司而言，企业价值也可以表述为股东财富最大化，即股票价格最高，而股票价格的高低在正常情况下主要取决于每股利润的多少。因此，在资本结构决策中，要确定最佳资本结构，可以运用比较资本成本法和每股利润分析法。

（二）比较资本成本法

比较资本成本法是计算不同资本结构（或筹资方案）的加权平均资本成本，并以此为标准相互比较，进行资本结构决策的方法。

企业的资本结构决策，可分为初次利用债务筹资和追加筹资两种情况。前者可称为初始资本结构决策，后者可称为追加资本结构决策。

1.初始资本结构决策

在实际中，企业对拟定的筹资总额，可以采用多种筹资方式来筹集，同时每种筹资方式的筹资数额亦可有不同安排，由此形成若干个资本结构（或筹资方案）供选择。

【例6-10】某企业初创时有如下三个筹资方案可供选择，有关资料见表6-7。

表6-7　**筹资方案有关资料**　金额单位：万元

筹资方式	筹资方案Ⅰ		筹资方案Ⅱ		筹资方案Ⅲ	
	筹资额	资本成本（%）	筹资额	资本成本（%）	筹资额	资本成本（%）
长期借款	40	6.0	50	6.5	80	7.0
债券	100	7.0	150	8.0	120	7.5
优先股	60	12.0	100	12.0	50	12.0
普通股	300	15.0	200	15.0	250	15.0
合　计	500	—	500	—	500	—

下面分别计算三个筹资方案的加权平均资本成本，并比较其高低，从而确定最佳筹资方案，亦即最佳资本结构。

方案Ⅰ：

①各种筹资方式占筹资总额的比重：

长期借款=40÷500=0.08

债券=100÷500=0.2

优先股=60÷500=0.12

普通股=300÷500=0.6

②加权平均资本成本：

0.08×6%+0.2×7%+0.12×12%+0.6×15%=12.32%

方案Ⅱ：

①各种筹资方式占筹资总额的比重：

长期借款=50÷500=0.1

债券=150÷500=0.3

优先股=100÷500=0.2

普通股=200÷500=0.4

②加权平均资本成本：

0.1×6.5%+0.3×8%+0.2×12%+0.4×15%=11.45%

方案Ⅲ：

①各种筹资方式占筹资总额的比重：

长期借款=80÷500=0.16

债券=120÷500=0.24

优先股=50÷500=0.1

普通股=250÷500=0.5

②加权平均资本成本：

0.16×7%+0.24×7.5%+0.1×12%+0.5×15%=11.62%

把以上三个筹资方案的加权平均资木成本互相比较，方案Ⅱ的加权平均资本成本最低，在其他因素大体相同的条件下，方案Ⅱ是最好的筹资方案，其形成的资本结构可确定为该企业的最佳资本结构。企业可按此方案筹集资本，以实现其资本结构最优化。

2.追加资本结构决策

企业在持续的生产经营中，由于扩大业务或对外投资的需要，有时会增加筹集新资，即所谓追加筹资。因追加筹资以及筹资环境的变化，企业原有的资本结构会发生变化，从而原定的最佳资本结构未必仍是最佳的。因此，企业应在资本结构的不断变化中寻求最佳结构，保持资本结构的最优化。

一般而言，按照最佳资本结构的要求，选择追加筹资方案有两种方法：一种方法是直接测算、比较各备选追加筹资方案的边际资本成本，从中选择最优筹资方案；另一种方法是将备选追加筹资方案与原有最优资本结构汇总，测算各追加筹资条件下汇总资本结构的综合资本成本，比较确定最优追加筹资方案。

【例6-11】某企业现有两个追加筹资方案可供选择，有关资料经测算调整后见表6-8。

表6-8　　**追加筹资方案有关资料**　　金额单位：万元

筹资方式	追加筹资方案Ⅰ		追加筹资方案Ⅱ	
	追加筹资额	资本成本（%）	追加筹资额	资本成本（%）
长期借款	50	7.0	60	7.5
优先股	20	13.0	20	13.0
普通股	30	16.0	20	16.0
合　计	100	—	100	—

追加筹资方案的边际资本成本也按加权平均法计算，根据表6-8所列资料，两个追加筹资方案的边际资本成本计算如下：

方案Ⅰ：

$$\frac{50}{100}\times7\%+\frac{20}{100}\times13\%+\frac{30}{100}\times16\%=10.9\%$$

方案Ⅱ：

$$\frac{60}{100}\times7.5\%+\frac{20}{100}\times13\%+\frac{20}{100}\times16\%=10.3\%$$

两个追加筹资方案相比，方案Ⅱ的边际资本成本低于方案Ⅰ，因此，追加筹资方案Ⅱ优于方案Ⅰ。若该企业原有的资本结构为长期借款50万元、债券150万元、优先股100万元、普通股（含留存收益）200万元、资本总额500万元。现将其与追加筹资Ⅰ、Ⅱ方案汇总见表6-9。

表6-9　　**追加筹资方案与原资本结构汇总**　　金额单位：万元

筹资方式	原资本结构		追加筹资方案Ⅰ		追加筹资方案Ⅱ		追加筹资后资本额	
	资本额	资本成本（%）	追加筹资额	资本成本（%）	追加筹资额	资本成本（%）	方案Ⅰ	方案Ⅱ
长期借款	50	6.5	50	7.0	60	7.5	100	110
债券	150	8.0	—	—	—	—	150	150
优先股	100	12.0	20	13.0	20	13.0	120	120
普通股	200	15.0	30	16.0	20	16.0	230	220
合　计	500	11.45	100	—	100	10.3	600	600

下面我们用选择最优追加筹资方案的第二种方法，对第一种方法的选择结果作一个验证。

（1）若采用方案Ⅰ，追加筹资后的综合资本成本为：

$$\frac{50}{600}\times6.5\%+\frac{50}{600}\times7\%+\frac{150}{600}\times8\%+\frac{100}{600}\times12\%+\frac{20}{600}\times13\%+\frac{200+30}{600}\times16\%=11.69\%$$

（2）若采用方案Ⅱ，追加筹资后的综合资本成本为：

$$\frac{50}{600}\times6.5\%+\frac{60}{600}\times7.5\%+\frac{150}{600}\times8\%+\frac{100}{600}\times12\%+\frac{20}{600}\times13\%+\frac{200+20}{600}\times16\%=11.59\%$$

在以上计算中，根据同股同利原则，原有普通股应按新普通股的资本成本计算加权平均数，这里假定股票的成本与报酬对等。

（3）比较两个方案追加筹资后的两组新的资本结构下的综合资本成本，结果是方案Ⅱ追加筹资后的综合资本成本低于方案Ⅰ追加筹资后的综合资本成本，因此，追加筹资方案Ⅱ优于方案Ⅰ。

由此可见，企业追加筹资后，虽然改变了资本结构，但经过科学测算，做出了正确的筹资决策，企业仍可保持其资本结构的最优化。

（三）每股利润分析法

每股利润分析法是利用每股利润无差别点来进行资本结构决策的方法。每股利润无差别点（EPS indifference point）是指两种筹资方式下普通股每股利润等同时的息税前利润点，也称为息税前利润平衡点，国内也有人称为筹资无差别点。根据每股利润无差别点，可以分析在什么情况下运用债务筹资来安排和调整资本结构。

【例6-12】某公司目前拥有资本850万元，其结构为：债务资本100万元，普通股权益资本750万元。现准备追加筹资150万元，有三个筹资方案供选择：增发新普通股、增加债务、发行优先股。有关资料见表6-10。

表6-10　**现行和筹资后的资本结构资料**　金额单位：万元

资本种类	现行资本结构		筹资后的资本结构					
			增发新普通股		增加债务		发行优先股	
	金额	比例	金额	比例	金额	比例	金额	比例
债务	100	0.12	100	0.10	250	0.25	100	0.10
优先股	0	—	0	—	0	—	150	0.15
普通股权益	750	0.88	900	0.90	750	0.75	750	0.75
资本总额	850	1.00	1 000	1.00	1 000	1.00	1 000	1.00
其他资料：								
年利息额	9		9		27		9	
年优先股股利额	0		0		0		15	
普通股股份数（万股）	10		13		10		10	

当息税前利润预计为160万元时，计算三种筹资方式下的普通股每股利润，见表6-11。

由表6-11可知，在不同筹资方式下，普通股每股利润是不等的。当息税前利润为160万元时，增加债务后普通股的每股利润最高，这实际上反映了不同资本结构对每股利润的影响。

表6-11是在息税前利润预计为（或设计为）160万元的情况下的计算结果，那么，究竟息税前利润为多少时，采用哪种筹资方式有利呢？这可以通过确定息税前利润平衡点来判断。其计算公式为：

$$\frac{(EBIT-I_1)(1-T)-D_{p1}}{N_1}=\frac{(EBIT-I_2)(1-T)-D_{p2}}{N_2}$$

表6-11　　预计筹资后资本结构下的每股利润表　　单位：万元

项　目	增发新普通股	增加债务	发行优先股
息税前利润	160	160	160
减：利息	9	27	9
税前利润	151	133	151
减：所得税（25%）	37.75	33.25	37.75
税后利润	113.25	99.75	113.25
减：优先股股利	—	—	15
普通股可分配利润	113.25	99.75	98.25
普通股股份数（万股）	13	10	10
每股利润（元）	8.712	9.975	9.825

式中：EBIT——息税前利润平衡点，即每股利润无差别点；I_1、I_2——两种筹资方式下的年利息；D_{p1}、D_{p2}——两种筹资方式下的年优先股股利；N_1、N_2——两种筹资方式下普通股股数。

现将表6-10的资料代入上式：

（1）增发普通股与增加债务两种筹资方式下的无差别点为：

$$\frac{(EBIT-9)(1-25\%)}{13}=\frac{(EBIT-27)(1-25\%)}{10}$$

EBIT=87万元

（2）增发普通股与发行优先股两种筹资方式下的无差别点为：

$$\frac{(EBIT-9)(1-25\%)}{13}=\frac{(EBIT-9)(1-25\%)-15}{10}$$

EBIT=95.67万元

当息税前利润为87万元时，增发普通股和增加债务后的每股利润相等；同样道理，当息税前利润为95.67万元时，增发普通股和发行优先股后的每股利润相等。

EBIT为87万元的意义在于，当息税前利润大于87万元时，增加债务筹资比增发普通股较为有利；当息税前利润小于87万元时，不应再增加债务。同样道理，EBIT为95.67万元的意义是，当息税前利润大于95.67万元时，发行优先股比增发普通股更为有利；当息税前利润小于95.67万元时，则不应发行优先股。

应当指出，资本结构决策是企业财务决策中一项比较复杂的工作。比较资本成本法和每股利润分析法直接以加权平均资本成本的高低或每股利润的大小为依据，虽然集中考虑了资本成本和财务杠杆利益，但还是不够全面。在资本结构决策的具体实务中，还应结合考虑财务风险等因素，并总结实际工作经验，认真分析测算，综合权衡判断，才能做出正确的决策。

本章小结

企业在筹资过程中，必然发生一定的成本和费用，资本成本的计算就显得十分重要。

企业的资本成本具体分为个别资本成本、综合资本成本和边际资本成本。不同的资本成本在企业筹资过程中发挥不同的作用。

由于企业权益资本和负债资本性质不同，客观上形成了企业的资本结构，而资本结构的调整及其所发挥的作用，对企业财务状况将产生重要的影响。

复习思考题

1. 资本成本有哪些作用？如何计算企业的资本成本？
2. 什么是营业杠杆、财务杠杆和复合杠杆？
3. 如何根据杠杆进行风险衡量？
4. 资本结构的含义是什么？资本结构的决策方法有哪些？

第七章

资产管理

学习目标

了解企业投资的要求和主要的投资种类；理解以现金流量而非利润作为分析评价对象的原因，掌握投资项目评价的静态方法和动态方法；了解企业进行证券投资的动机和种类，掌握对债券投资和股票投资进行管理的重点；了解营运资本的内容和特点，掌握现金资产、应收账款和存货管理的内容；了解无形资产投资管理。

学习重点与难点

投资项目现金流量，项目评估的非贴现法，项目评估的贴现法，证券投资的种类、特点、对象，债券投资，股票投资，营运资本管理。

第一节 项目投资管理

投资是指投资主体为了在将来更多地消费，节制现在的消费，将目前的收入转化为资产的经济行为。

所谓项目投资，是企业在特定的战略规划指导下，为了实现既定的经营目标，对企业内部生产经营所需要的各种资产的投资，其目的是保证企业生产经营过程的连续性和生产规模的扩大。

从项目投资与企业生产规模的关系来看，项目投资可以分为维持性投资和扩大生产能力投资；从投资的对象来看，项目投资可以分为固定资产投资、流动资产投资和无形资产投资；从投资与企业战略目标的关系来看，项目投资可以分为战略性投资和战术性投资；从投资与企业竞争力的关系来看，项目投资可以分为扩大收入投资和降低成本投资。

一般来说，项目投资对企业未来生产经营的影响大、持续时间长，并且投资的数额较多，投资形成后，变现能力差，因此，项目投资的风险较高。一旦投资失误，会给企业带来重大损失，影响企业的财务状况和现金流量，甚至造成企业破产。企业在进行项目投资前，必须综合考虑资金的时间价值、项目投资的风险报酬、资本成本和现金流量等问题，并通过科学的方法，以适当的指标，评价投资项目的预期收益。

一、投资项目现金流量

要建立评价投资项目效益的指标体系，首先要明确以什么作为反映项目效益的指标。在财务会计中是以利润作为评价收益的指标的，但对投资项目进行分析评价时，利润是否还是一个最佳的评价指标呢?

财务会计中的利润指标，是按权责发生制原则，通过对收入和为取得收入而发生的耗费进行配比所确定的。它是一个静态的指标，没有考虑利润取得的时间，没有考虑资金的时间价值，也没有考虑取得利润所承担的风险。此外，由于公认会计原则内在的局限性，利润的确定过程中需要一系列的主观判断和估计，这为人为操纵利润留下了可行空间。

更重要的是，企业必须以生存和发展为前提条件。生存，要求企业能够以收抵支，能够按期偿付到期债务；发展，要求企业有足够的资金进行投资活动。所有这些要求企业具有现实的支付能力，而决定企业支付能力的，不是企业的利润，而是企业的现金流量。所以，对投资项目进行评估，要以项目的现金流量而不是利润作为评价指标。

（一）现金流量的含义

所谓现金流量，是指项目投资方案所导致的在未来一定时期内现金（资金）流入和流出的数量。在一定时期内，现金流入量和现金流出量的对比，产生了现金净流量的概念。所谓现金净流量，就是在一定时期内现金流入量与现金流出量的差额。现金净流量的状态导致企业现金存量的改变，从而使企业的支付能力、财务状况发生变化（如图7-1所示）。

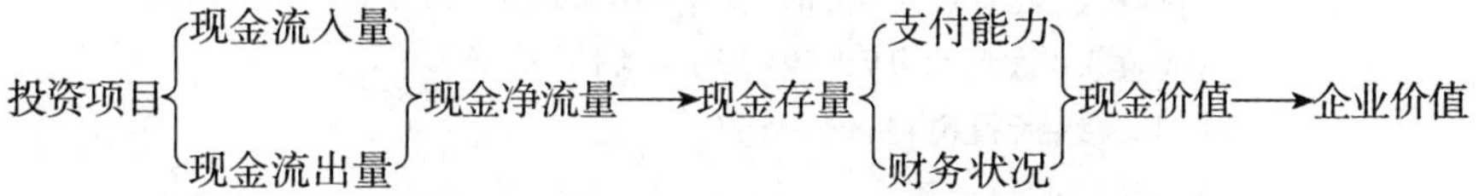

图7-1　现金净流量及其影响

关于项目现金流量，需要注意以下两点：首先，它是以确定的项目为主体的，只有投资项目引起的现金流量才是该项目的现金流量，既要区分项目现金流量和非项目现金流量，更要区分项目现金流量与企业现金流量。其次，与项目现金流量相关的不仅是现金流量的大小，还要注意现金流量发生的时间。

（二）（项目）现金流量的构成

就一个完整的投资项目而言，其现金流量由三部分构成，分别为（项目）初始现金流量、（项目）营业现金流量和（项目）终结现金流量。

1.初始现金流量

初始现金流量是项目建设期所发生的现金流量，其净现金流量一般为负值。

初始现金流出量是项目建设期的主要现金流出，一般包括固定资产的投资支出、流动资产的投资支出、无形资产的投资支出以及其他投资支出。

固定资产的投资支出主要包括所支付的固定资产的购置和建筑成本、固定资产的安装和调试费用等。

流动资产的投资支出是指项目建设完成投入使用后所需要配套的流动资产所占用的资金，一般包括原材料、在产品、产成品、应收账款和现金等。

无形资产的投资支出是指在土地使用权、商标权以及专有技术方面的投资支出。

其他投资支出是指与项目有关的职工培训费、谈判费以及注册费等方面的支出。

需要注意的是，项目初始现金流出量的不同部分的回收方式和回收时间是不同的。

初始现金流入量主要是指在项目建设期收到的现金，一般包括原有固定资产的变现收入以及建设期间的其他收入。

初始现金净流量是指项目建设期现金流入量与现金流出量的差额，一般为负值。

2.营业现金流量

营业现金流量是项目建成投产后发生的现金流量，是项目投资的目的所在，是项目现金流量的主体。

营业现金流入量是项目投产后每年所实现的销售收入或营业收入。营业现金流出量是在项目建成投产后，为取得销售收入或营业收入而付出的经营成本（也叫付现成本）与根据经营成果所缴纳的所得税支出。

这里的付现成本与会计中的成本不同，强调的是以现金形式支付的成本。由于会计中的成本包括固定资产的折旧与无形资产的摊销，而折旧与摊销并没有相应的现金支出，所以在计算付现成本时应扣除总成本中包括的折旧和摊销。

付现成本=总成本-折旧-摊销

营业净现金流量是在项目经营期间现金流入量与现金流出量的差额。

营业净现金流量=营业现金流入量-营业现金流出量
=营业收入-付现成本-所得税
=营业收入-（总成本-折旧-摊销）-所得税
=营业收入-总成本-所得税+折旧+摊销
=利润总额-所得税+折旧+摊销
=净利润+折旧+摊销

所以，营业净现金流量的计算有两种方法：一种是直接法，用项目经营期的现金流入量减去现金流出量；另一种是从项目经营期的净利润开始，调整加回非付现成本，主要是折旧与摊销。

3.终结现金流量

终结现金流量是指项目的经营期满，报废或处置时发生的现金流量。

终结现金流入量包括两部分：一是固定资产报废的变价收入或处置收入；二是垫支的流动资金的回收额。终结现金流出量主要是固定资产报废时支付的清理费用或处置固定资产时发生的相关费用。

二、投资项目的决策方法

确定一个项目投资是否可行，必须估算项目的现金流量，但项目现金流量并没有直接告诉我们项目是否可行。为了判断项目是否可行，并在若干可行的投资项目中选出最优的投资项目，还必须建立一套科学的项目评估方法体系。对项目进行评价的方法有很多，根据是否考虑资金的时间价值，大体上可以分为不考虑资金时间价值的非贴现法和考虑资金时间价值的贴现法两种。

（一）项目评估的非贴现法

非贴现法是指不考虑资金时间价值的项目评价方法，具体有三种方法：

1.单位成本比较法

单位成本比较法是通过计算项目投产后产品的单位成本，将产品的单位成本与事先确定的标准成本相比较，若前者小于后者，则项目是可行的；否则，项目是不可行的。对于多个可行的项目，其单位产品成本最低的项目为最优项目。

单位成本比较法的优点是简单，易于计算，并且强调了单位产品成本最低，容易理解。但是单位成本比较法也有显著的缺点：首先，它没有考虑项目的生产规模，而项目的生产规模与产品的单位成本在一定的范围内存在非线性的负相关关系，这样就使不同规模的项目之间不具有可比性；其次，没有考虑项目的经济年限，而不同经济年限的项目也不具有直接的可比性；再次，需要事先设定作为判断标准的产品单位成本，而这个标准的选择是主观的；最后，没有考虑资金的时间价值，而财务管理的基本知识告诉我们，相同数额的资金在不同时点的价值是不同的。

2.非贴现投资回收期法

非贴现投资回收期法也叫静态投资回收期法，就是不考虑资金的时间价值，仅把项目累计净收益抵偿全部投资所需要的时间长短作为判断项目是否可行、进行项目取舍的标准的一种评价方法。

项目投资回收期通常以年为单位，从项目建设开始年进行计算，其理论计算公式为：

$$\sum (CI-CO)_t=0$$

式中：CI——现金流入量；CO——现金流出量；$(CI-CO)_t$——第t年净现金流量。

项目评估实务中，计算项目非贴现回收期的方法是通过计算项目的累计净现金流量进行的：（1）计算每期的净现金流量；（2）根据每期的净现金流量计算累计净现金流量；（3）运用累计净现金流量数列，计算静态投资回收期。

$$\text{静态投资回收期}=\left(\text{累计净现金流量开始出现正值的年份}-1\right)+\frac{\text{上年累计净现金流量的绝对值}}{\text{当年净现金流量}}$$

运用静态投资回收期法对项目进行评价时，需要事先确定一个作为标准的期望回收期或行业基准回收期，将项目回收期与既定的回收期进行比较，小于或等于既定回收期的项目为可行项目；大于既定回收期的项目为不可行项目。若干个可行项目中，投资回收期最短的项目为最优项目。

静态投资回收期法最主要的特点是计算简单，易于理解。它的缺点也非常明显：首先，没有考虑收回投资以后项目的现金流量情况或收益情况；其次，运用该方法对项目进行评判，需要事先确定一个作为标准的既定投资回收期，而这个标准回收期的确定很难客观公正，具有很强的主观臆断性；最后，没有考虑资金的时间价值。

【例7-1】某公司有A、B两个投资项目，各年的净现金流量见表7-1，求各自的静态投资回收期。

表7-1 **A、B投资项目各年净现金流量** 单位：万元

项　目	年　份					
	0	1	2	3	4	5
A	-10	4	4	4	4	4
B	-12	2	2	4	8	12

项目A的静态投资回收期=10÷4=2.5（年）

项目B的静态投资回收期=（4-1）+4÷8=3.5（年）

就这两个项目而言，按静态投资回收期标准，项目A优于项目B。

3.平均投资报酬率法

平均投资报酬率法是通过计算项目在生产期内的平均报酬率来对项目进行评价和选择的方法。根据所采用的计算平均报酬率的指标不同，平均投资报酬率有以下几种具体形式：

投资利润率=年平均利润总额÷项目投资总额×100%

投资净利润率=年平均净利润额÷项目投资总额×100%

资本金净利润率=年平均净利润额÷资本金×100%

运用平均投资报酬率法对投资项目进行评价时，需同投资者事先确定的期望投资报酬率和行业基准投资报酬率进行比较，当项目的期望投资报酬率高于或等于既定的标准投资报酬率时，项目可行；否则，项目不可行。当存在多个可行项目时，平均投资报酬率最高的项目为最优项目。

平均投资报酬率法的特点是方便，所需的数据是根据会计资料获得的。同时，该方法考虑了整个项目经营期间的收益，克服了静态投资回收期法的缺点。但是，平均投资报酬率法同样也没有考虑资金的时间价值，这使其不能成为项目评价的主要方法。

（二）项目评价的贴现法

项目评价的贴现法是指考虑时间因素和资金的时间价值的项目评价方法，因此也被称为动态评价法。这类方法具体有净现值法、现值指数法、内部报酬率法和动态投资回收期法。

1.净现值法

所谓净现值（NPV），是将项目在寿命期内所有的净现金流量按一定的贴现率换算成现在时点的价值所得的和。

由于净现值的计算考虑了时间因素和资金的时间价值，将发生在不同时点的现金流量换算成相同时点的等额价值，具有可比性。同时，在确定贴现率时，根据利率的风险结构理论，还可以根据项目的风险情况，进行风险加成，因此净现值是反映项目盈利能力的绝对指标，这也与财务管理追求价值最大化的目标一致。项目净现值的计算公式为：

$$NPV=\sum (CI-CO)_t(1+I)^{-t}$$

式中：I——项目折现率。

运用净现值法对项目进行评价时，NPV≥0的项目为可行项目；否则，为不可行项目。当存在多个可行项目时，NPV最大的项目为最优项目。

【例7-2】接上例，当贴现率为10%时，试计算A、B两个项目各自的净现值。

NPV_A=4×（P/A，10%，5）-10=4×3.791-10=5.164

NPV_B=2×（P/A，10%，2）+4×（P/F，10%，3）+8×（P/F，10%，4）+12×（P/F，10%，5）-12

=2×1.736+4×0.751+8×0.683+12×0.621-12=7.392

就这两个项目相比，按净现值标准，项目B优于项目A。而按静态投资回收期法比较时，却是项目A优于项目B。

净现值法考虑了时间因素和资金的时间价值，并且在时间上覆盖了项目的整个期间，同时在确定贴现率时还考虑了项目的风险情况，因此该方法是项目评价最主要也最有效的方法。但是，由于净现值是一个绝对值指标，它虽反映了项目的总价值，却没有反映项目的投入与产出的相对关系，也就不能揭示项目的相对获利能力，从而不能反映项目自身的资金使用效率。当两个可行项目的投资规模不同时，净现值法难以做出比较和选择。

2.现值指数法

现值指数法克服了净现值法在投资规模不同的可行项目之间做出选择的局限性。

现值指数（PI）是项目在整个寿命期内现金流入量现值与现金流出量现值的比值。

$$PI = \sum CI_t(1+i)^{-t} \div \sum CO_t(1+i)^{-t} = 1 + NPV \div \sum CO_t(1+i)^{-t}$$

运用现值指数法对项目进行评价时，PI≥1的项目为可行项目；否则，为不可行项目。当存在多个可行项目时，PI最大的为最优项目。

现值指数法与净现值法一样，考虑了时间因素和资金的时间价值，但现值指数是一个相对指标，克服了净现值法的缺点。

【例7-3】接上例，计算两项目各自的现值指数。

$PI_A=1+5.164\div10=1.5164$

$PI_B=1+7.392\div12=1.616$

若项目B第5年的净现金流量变为9万元，请再计算它们各自的净现值和现值指数。

$NPV_A=4\times$（P/A，10%，5）$-10=4\times3.791-10=5.164$

$NPV_B=2\times$（P/A，10%，2）$+4\times$（P/F，10%，3）$+8\times$（P/F，10%，4）$+9\times$（P/F，10%，5）-12

$=2\times1.736+4\times0.751+8\times0.683+9\times0.621-12=5.529$

$PI_A=1+5.164\div10=1.5164$

$PI_B=1+5.529\div12=1.4608$

这时，按净现值法项目B优于项目A，但按现值指数法却是项目A优于项目B。

现值指数虽然可以比较不同项目之间的资金使用效率，但它与净现值一样，都没有反映项目本身的收益率或投资报酬率。同时，现值指数法与净现值法一样，都需要事先确定项目的贴现率。而我们知道，不确定性是经济运行中的客观存在，不确定性就是风险。贴现率的确定需要考虑项目的风险。实际上，我们是通过在贴现率中进行风险加成而将具有不确定性的投资项目转化为确定性的投资项目进行评价的。但风险报酬的确定是整个财务管理的难题，现代财务理论对投资的风险报酬问题提出了很多观点，这也一直是相关领域研究的热点，但这恰恰说明了确定贴现率的困难。为了解决这一问题，人们又提出了投资项目评价的内部报酬率法。

3.内部报酬率法

内部报酬率（IRR）又叫内部收益率或内含报酬率，是指当投资项目的净现值为零时项目的贴现率。它客观地存在于项目之中，是项目所固有的投资报酬率。它与净现值及现值指数不同，不受项目所采用的贴现率的影响，完全取决于项目自身现金流量的数量分布和时间分布，它反映了项目自身固有的特征。其数学表达式为：

$$NPV = \sum (CI - CO)_t(1 + IRR)^{-t} = 0$$

图7-2反映了内部报酬率与净现值之间的关系。

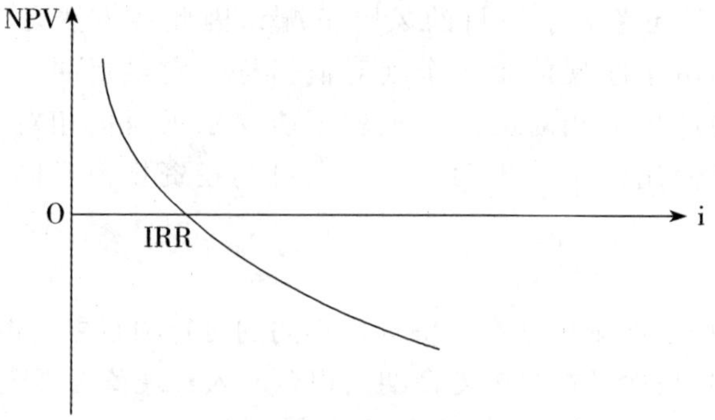

图7-2　内部报酬率与净现值关系图

通过内部报酬率的数学表达式可以知道，求解内部报酬率涉及求解高次方程，十分繁杂，甚至不能求解。在实务中，一般是通过采取试错插值法求得内部报酬率的近似值的。先确定一个贴现率，取得相应的净现值。若该净现值为正，则提高贴现率；若该净现值为负，则降低贴现率。一直到得到两个相邻的、符号相反的净现值为止。

设这两个贴现率分别为 i_1 和 i_2，对应的净现值分别为 NPV_1 和 NPV_2。再假设 $i_1<i_2$，即 $NPV_1>0$，$NPV_2<0$。

由于IRR是NPV=0时的贴现率，所以IRR一定位于 i_1 和 i_2 之间，这样就存在如下关系：

$(i_1-i_2) \div (i_1-IRR) = (NPV_1-NPV_2) \div NPV_1$

所以：

$IRR=i_1+NPV_1\div(NPV_1-NPV_2)\times(i_2-i_1)$

【例7-4】接上例，试求两个项目各自的内部报酬率。

对于项目A，有：

$NPV_A=4\times(P/A,?,5)-10=0$

$(P/A,?,5)=10\div4=2.5$

查表得知，当贴现率为25%时，(P/A，25%，5)=2.689；当贴现率为30%时，(P/A，30%，5)=2.436，所以有：

$IRR_A=25\%+(2.5-2.689)\div(2.436-2.689)\times(30\%-25\%)=28.735\%$

对于项目B，当贴现率为25%时，有：

$NPV_{B1}=2\times(P/A,25\%,2)+4\times(P/F,25\%,3)+8\times(P/F,25\%,4)+12\times(P/F,25\%,5)-12$
$=2\times1.440+4\times0.512+8\times0.410+12\times0.320-12=0.048$

当贴现率为28%时，有：

$NPV_{B2}=2\times(P/A,28\%,2)+4\times(P/F,28\%,3)+8\times(P/F,28\%,4)+12\times(P/F,28\%,5)-12$
$=2\times1.392+4\times0.477+8\times0.373+12\times0.291-12=-0.832$

所以，$IRR_B=25\%+0.048\div(0.832+0.048)\times(28\%-25\%)=25.164\%$

按内部报酬率标准，项目A优于项目B；而采用净现值时，是项目B优于项目A。

运用内部报酬率法对投资项目进行评价时，当项目的内部报酬率大于或等于项目的资金成本或期望的报酬率时，项目可行；否则，项目不可行。当存在多个可行的投资项目时，内部报酬率最高的项目最优。

内部报酬率法是动态投资评价方法，具有贴现法的全部优点，同时它还反映了项目自身的报酬率，是净现值法和现值指数法所不具备的。但是当项目存在特殊的现金流量状况，如项目存在净现金流量为正、负间隔或项目存在追加投资时，就会出现多个内部报酬率，使内部报酬率的选取成为问题。

4.动态投资回收期法

动态投资回收期法与静态投资回收期法的基本原理相同，只是在计算回收期时，所用的净现金流量是经贴现换算成现值的，在此不再赘述。

以上我们介绍了项目投资评估的基本方法，但在实务中具体进行评估时，如何选择各种评估方法，究竟是采用净现值法、现值指数法还是内部报酬率法，不仅与各种评估方法各自的特点相关，还要视具体的待评估项目而定。对投资项目进行评估有两种：一是对单个投资项目进行是否可行的评估；二是对多个投资项目进行优化的选择评估。对于第一种类型，三种方法的结论是相同的；对于第二种类型，需要结合待评估项目之间的关系和具体的限制条件进行评估方法的选择。

第二节 证券投资管理

一、证券投资的动机

（一）证券投资的含义

企业将暂时闲置的资金购买有价证券（如股票、债券）形成金融资产的活动叫证券投资。

证券投资按投资的目的和投资期限不同可以分为短期证券投资和长期证券投资两种。由于短期证券投资的时间短、金额少，所以通常将这种投资形成的资产（有价证券）等同为现金管理；而证券投资管理则是指长期证券投资管理。

（二）企业进行证券投资的目的

一般来说，除了专门从事证券投资的金融机构（特别是投资银行）外，工商企业是以从事物质财富生产、为社会提供满足要求的产品和服务为自己的经营范围的，但出于特殊的目的也会进行证券投资。工商企业进行证券投资的目的或动机一般有如下几个方面：

1.资金保值和增值的需要

企业因计提折旧、留存盈余等原因，往往会有一笔沉淀资金，它们不是在近期正常生产经营过程中所需的现金。这种资金是预备今后某个时期所需要的，如扩建厂房、更新设备、偿还债务等。如果企业把这笔资金存入银行，那么几乎不能带来收益（企业活期存款利率低），而且可能会因为货币贬值而发生购买力损失，因此，有必要把这笔资金用于投资，获得投资收益，使资金得以保值和增值。这种保值需求与短期有价证券投资相似，其不同在于后者要随时变现以满足近期现金流动的需求。

2.控制其他企业的需要

企业在特定的战略规划下为了控制与自身经营有关系的其他企业，实现其战略，也会进行证券投资。例如，为保证企业生产所需的原料、扩大产品的销路等，购入并长期持有相关企业一定份额的股票。

3.未来扩大经营规模的需要

为了未来扩大经营规模这个目的的投资一般有两种：一种是对房地产进行投资，如购买一块土地，占用的目的不是目前经营使用，而是为今后扩展业务做准备；另一种是为将来兼并其他企业而购入该企业的股票。

由于投资目的不同，企业可以对不同种类的证券进行投资。若是为保值、增值，可以投资于债券或信誉好、声望高、实力强因而股票收益和价格比较稳定的公司的股票。如出于后两种目的，则以股票投资为好，因为股票投资享有经营决策权和收益分享权。另外，这类投资的对象有一定限制——必须是与企业现在或今后有关系的其他企业。

二、证券投资的种类、特点和对象

（一）证券投资的种类

1.按证券发行主体不同，分为政府证券、金融证券和企业证券

政府证券是代表国家的有关政府部门为解决国家经济建设的资金需要发行的证券，如国库券、国家重点建设债券、保值公债、基本建设债券等；金融证券是银行或其他金融机构为筹措资金而发行的证券；企业证券又叫公司证券，是企业为筹措所需资金而发行的证券，如国家重点企业债券、地方企业债券、企业短期融资券、股份有限公司发行的股票等。

2.按证券的投资期限，分为短期证券和长期证券

短期证券是投资期限不超过1年的证券，这种投资的特点是收益少、风险小、变现能力强；长期证券是投资期限超过1年的证券，这种投资的特点是期限长、收益大、风险大。

3.按证券收益的稳定程度，分为固定收益证券和变动收益证券

固定收益证券是投资时就已明确规定按固定的收益率获取收益的证券，如债券、优先股股票；变动收益证券是指所投资证券的收益多少是随着企业经营状况的好坏而变动的证券，如普通股股票投资。

4.按证券所体现的权益关系，分为所有权证券和债权证券

所有权证券是指证券投资者拥有被投资单位所有权的证券，如股票；债权证券是指证券投资者是被投资单位的债权人，并不具有控制权的证券，如公司债券。

5.按证券收益的决定因素，分为原生证券和衍生证券

原生证券的收益大小主要取决于发行者的财务状况；衍生证券包括期货合约和期权合约两种基本类型，其收益取决于原生证券的价格。

（二）证券投资的特点

1.投资期限长短不一

证券投资依据投资目的不同，可以进行长期投资，获取长期投资收益或获得被投资企业的控制权，如投资于长期债券或股票；也可以进行短期投资，以获得临时收益，如投资于短期债券或进行股票的买卖。这一点和实物资产投资形成截然不同的特征。

2.投资的分散性与相容性

证券投资与实物投资的最大不同点还在于它可以进行多种证券的分散投资，无需考虑投资的整体性问题，如企业买股票可以根据情况选择不同公司的股票进行投资。证券投资的这种分散组合性决定了投资具有多种选择，各种选择是相容的。所谓相容性，是指对某种证券的选择不排斥对其他证券的选择。实物资产投资要考虑整体需要，项目选择具有互

斥性。所谓互斥性，是指对一个投资的选择排斥对另一个投资的选择。

3.流动性与可变现性

所谓流动性，是指证券通过资本市场交易转换为现金的能力。证券投资具有较强的流动性和可变现性，无论投资于债券还是股票，投资者都可以根据需要随时到证券市场上变现。实物资产的投资，无论是固定资产投资还是流动资产投资，都有一定时间的周转期，在周转期未结束之前是不能变现的。这一点充分说明了证券投资的灵活性。

4.获利性与风险性

证券投资的风险较大，一般包括：(1) 违约风险，即证券发行单位到期不能偿还利息和本金的风险；(2) 利率风险，即利率变动导致证券价格下跌，使投资人蒙受损失；(3) 购买力风险，即由于通货膨胀而使证券到期或出售获得的资金购买力下降的风险；(4) 流动性风险，即投资人不能随时出售其持有证券的风险。

证券投资的风险越大，投资者要求的报酬率越高。投资的报酬率包括：(1) 无风险报酬率，它是不考虑所冒风险大小获得的社会平均资金报酬率；(2) 风险报酬率，即按投资者所冒风险程度大小所给予的报酬率。

(三) 证券投资的对象

金融市场上的证券很多，其中可供企业投资的证券主要有国债、短期融资券、可转让存单、企业股票与债券、投资基金以及期权、期货等衍生证券，具体包括以下几类：

1.债券投资

债券投资是指投资者购买债券以取得资金收益的一种投资活动。

2.股票投资

股票投资是指投资者将资金投向股票，通过股票的买卖和收取股利以获得收益的投资行为。

3.基金投资

基金投资是指投资者通过购买投资基金股份或受益凭证来获取收益的投资方式。这种方式可使投资者享受专家服务，有利于分散风险，获得较高的、较稳定的投资收益。

4.期货投资

期货投资是指投资者通过买卖期货合约躲避价格风险或赚取利润的一种投资方式。所谓期货合约，是指在将来一定时期以指定价格买卖一定数量和质量的商品而由商品交易所制定的统一的标准合约，它是确定期货交易关系的一种契约，是期货市场的交易对象。

5.期权投资

期权投资是指为了实现盈利或者规避风险而进行期权买卖的一种投资方式。

6.证券组合投资

证券组合投资是指企业将资金同时投资于多种证券，是企业等法人单位进行证券投资时常用的投资方式。

三、证券投资的程序

(一) 选择投资对象

企业进行证券投资，就要选择合适的投资对象，即选择投资于何种证券，投资于哪家企业的证券。投资对象的选择是证券投资最关键的一步，它关系到投资的成败。投资对象选择正确，可以更好地实现投资的目标；投资对象选择失误，会使投资者蒙受损失。

（二）开户与委托

投资者在进行证券买卖之前，要到证券营业部或证券登记机构开立证券账户，证券账户用来记载投资者进行证券买卖和拥有证券的数额和品种的情况。投资者在开户并选择好投资于何种证券后，就可以选择合适的证券经纪人，委托其买卖证券了。

（三）交割与清算

投资者委托证券经纪人买卖各种证券之后，要及时办理证券交割。所谓证券交割，是指买入证券方交付价款领取证券，卖出证券方交出证券收取价款的收交活动。

（四）过户

证券过户就是投资者从交易市场买进证券后，到证券的发行公司办理变更持有人姓名的手续。证券过户一般仅限于记名股票，办理过户的目的是保障投资者的权益。只有及时办理过户手续，才能成为新股东，享有应有的权利。

四、债券投资

（一）债券及其相关概念

债券是指由企业或政府为筹集资金而发行的负债凭据。企业债券是由企业发行的，在约定期内支付投资者一定利息，并在到期时偿还本金的一种有价证券。为理解债券的含义，还需要把握以下几个与债券相关的概念（或者债券的要素）：

1.面值

债券面值指发行时设定的票面金额，它代表债券发行人借入并承诺在未来指定日期必须偿还债券持有人的金额。

2.到期日

债券到期日指债券标明的、由发行人偿还债券持有人面值金额的具体日期。

3.票面利率

票面利率也称票息率，指票面载明的年利息偿付率。

4.债券的付息方式

债券利息的计息方法一般采用复利法。利息支付一般以年为周期，但也有半年或一个季度支付一次的情况，甚至债券到期时一次还本付息。我国国内发行的一次还本付息债券多以单利方式计算利息。

（二）债券的种类

在资本市场发达的国家，债券的种类很多。按发行主体分，有政府债券和企业债券；按负债时间长短分，有短期债券和中长期债券；按有无利息分，有零息债券和非零息债券（固定收益债券）；按票面利率是否固定分，有固定利率债券和浮动利率债券等。

（三）债券投资的收益率

债券投资收益率与债券的票面利率不同，是投资者收益与投资额的比率。评价债券投资收益率时，一般涉及以下几个收益率：

1.本期收益率

本期收益率是指债券每年支付的利息与本期债券市价的比率，它是以债券的目前市价为基础来衡量投资者购买债券以后每年可获得的现金收入。

2.持有期收益率

持有期收益率是指投资者在一个特定的持有期内获得的收益率。

投资者投资于债券有两种获得收益的方式：一种是利息所得，即在持有债券期间收到的利息；另一种是资本利得，即债券的卖出价与买入价的差额。

持有期收益率=（卖出价-买入价+持有期所得利息）÷买入价×100%

3.到期收益率

到期收益率是指债券到期收回的面值与每期所得利息的现值之和等于该债券目前市价时的贴现率，是债券的内在收益率。

其求解方法与内部报酬率的求解方法一样。

（四）债券投资的决策

债券投资决策是指作为投资人的企业根据现有的可支配资金，在风险与收益均衡原则下，通过对债券市场状况的分析研究，对投资时机、投资期限、拟购入的债券等做出选择的过程。

债券组合是规避利率风险和再投资风险，甚至是规避违约风险和变现力风险的强有力的手段。常见的债券组合主要有以下几种模式：（1）浮动利率债券与固定利率债券的组合；（2）短期债券与长期债券的组合；（3）政府债券、金融债券、企业债券的组合；（4）信用债券与担保债券的组合。

另外，在单纯的企业债券投资中，还可以进行可转换债券与不可转换债券的组合、附认股权债券与不附认股权债券的组合。

五、股票投资

（一）股票及相关概念

1.股票的概念

股票是股份公司发给股东的所有权凭证，是股东借以取得股利的一种有价证券。股票持有者即为该公司的股东，对该公司净资产有要求权。

股票可以按不同的方法和标准分类：按股东所享有的权利，分为普通股和优先股；按票面是否标明持有者姓名，分为记名股票和无记名股票；按股票票面是否记明股票金额，分为有面值股票和无面值股票；按股份公司能否赎回自己的股票，分为可赎回股票和不可赎回股票。

普通股是代表投资者对公司最终所有权的有价证券。从股票评估角度看，股票是可以分享股利，在证券市场可以交易并能取得期望收益的有价证券。

2.股票的价值

购入股票可在预期的未来获得现金流入。股票的未来现金流入包括两部分：每期预期股利和出售时得到的价格收入。

股票的价值是指其预期未来现金流入的现值。有时为了和股票的市价相区别，把股票的预期未来现金流入的现值称为“内在价值”。它是由许多因素决定的股票的真实价值，也叫理论价值。

3.股票价格

股票本身是没有价值的，仅是一种凭证。它之所以有价格，可以买卖，是因为它能给持有人带来收益。一般说来，公司第一次发行股票时，要规定发行总额和每股金额，一旦股票发行后上市买卖，股票价格就与原来的面值相分离。这时的价格主要由预期股利和当时的市场利率决定，即股利的资本化价值决定了股票价格。此外，股票价格还受整个经济环境变化和投资者心理等复杂因素的影响。

股市上的价格分为开盘价、收盘价、最高价和最低价等，投资人在进行股票评价时主要使用收盘价。股票价格会随着经济形势和公司的经营状况而涨跌，总的长期趋势是上涨。

4.股利

股利是股息和红利的总称，是公司从其税后利润中分配给股东的投资报酬，是股东所有权在分配上的体现。

5.股票投资的目的

企业进行股票投资的目的主要有两种：一是获利，即作为一般的证券投资，获取股利收入及股票买卖差价；二是控股，即通过购买某一企业的大量股票达到控制该企业的目的。

（二）股票投资的基本分析法

股票投资的基本分析法主要是通过对影响证券市场供求关系的基本要素进行分析，评价有价证券的真正价值，判断证券的市场价格走势，为投资者进行证券投资提供参考依据。基本分析法主要适用于周期相对较长的个别股票价格的预测和相对成熟的股票市场。

1.宏观分析

宏观分析是通过对一国政治形势是否稳定、经济形势是否繁荣等的分析，判断宏观环境对证券市场和证券投资活动的影响。宏观分析包括政治因素分析和宏观经济因素分析。

2.行业分析

行业分析主要探讨产业和区域经济对股票价格的影响，主要包括行业的市场结构分析、行业经济周期分析、行业生命周期分析等。

3.公司分析

公司分析主要是对特定上市公司的行业选择、成长周期、内部组织管理、经营状况、财务状况及经营业绩等进行全面分析。

公司分析是基本分析法的重点，通过对发行证券的公司进行全面分析，能较准确地预测该公司证券的价格及变动趋势，为证券投资决策提供依据。

（三）股票投资的技术分析法

技术分析法是从市场行为本身出发，运用数理统计和心理学等理论及方法，根据证券市场已有的价格、成交量等历史资料来分析价格变动趋势的方法。其主要方法有指标法、K线法、形态法、波浪法等。

1.指标法

指标法是根据市场行为的各种情况建立数学模型，按照一定的数学计算公式，得到一个体现股票市场某个方面内在实质的数字，即指标值。指标的具体数值和相互关系直接反映了股市所处的状态，为具体操作提供方向性指导。

2.K线法

K线法的研究侧重于若干条K线的组合情况，通过推测股票市场多空双方力量的对比来判断股票市场多空双方谁占优势，以及优势是暂时的还是决定性的。K线图是进行各种技术分析的最重要图表。

3.形态法

形态法是指根据价格图表中过去一段时间价格轨迹的形态来预测股价的未来趋势的方法。

4.波浪法

波浪理论把股价的上下变动和不同时期的持续上涨、下降看成波浪的上下起伏，股票价格也遵循波浪起伏的规律。

（四）技术分析法和基本分析法的区别

（1）技术分析法着重分析股票市价的运动规律；基本分析法的主要目的在于分析股票的内在投资价值。

（2）技术分析法直接从股票市场入手，根据股票的供求、市场价格和交易量等市场因素进行分析；基本分析法则是从股票市场的外部决定因素入手，并从这些外部因素与股票市场相互关系的角度进行分析。

（3）技术分析法只关心市场上股票价格的波动和如何获得股票投资的短期收益，很少涉及股票市场以外的因素分析。基本分析法不仅研究整个证券市场的情况，而且研究单个证券的投资价值；不仅关心证券的收益，而且关心证券的升值。

（4）技术分析法通过对股票市场价格的波动形式、股票的成交量和投资心理等因素的分析，帮助投资者选择适当的投资机会和投资方法；基本分析法通过对宏观形势的分析，帮助投资者了解股票市场的发展状况和股票的投资价值。

六、基金投资

（一）基金的种类

投资基金是一种利益共享、风险共担的集合投资方式，是通过发行基金股份或受益凭证等有价证券，聚集众多的不确定投资者的出资，交由专业投资机构经营运作，以规避投资风险并谋取投资收益的证券投资工具。基金主要有以下分类方法：

1.根据组织形态不同，可分为契约型基金和公司型基金

契约型基金又称为单位信托基金，是把受益人（投资者）、管理人、托管人三者作为基金的当事人，由管理人与托管人通过签订信托契约的形式发行受益凭证而设立的一种基金。契约型基金由基金管理人负责基金的管理操作；由基金托管人作为基金资产的名义持有人，负责基金资产的保管和处置，对基金管理人的运作实行监督。

公司型基金是按照公司法以公司形态组成的，它以发行股份的方式募集资金，一般投资者购买该公司的股份即为认购基金，也就成为该公司的股东，凭其持有的基金份额依法享有投资收益。

契约型基金与公司型基金相比，具有以下不同之处：（1）资金的性质不同。契约型基金的资金是信托财产，公司型基金的资金为公司法人的资本。（2）投资者的地位不同。契约型基金的投资者购买受益凭证后成为基金契约的当事人之一，即受益人；公司型基金的投资者购买基金公司的股票后成为该公司的股东，以股息或红利形式取得收益。因此，契约型基金的投资者没有管理基金资产的权利，而公司型基金的股东通过股东大会和董事会

享有管理基金公司的权利。(3) 基金的运营依据不同。契约型基金依据基金契约运营基金，公司型基金依据基金公司章程运营基金。

2.根据变现方式不同，可分为封闭式基金和开放式基金

封闭式基金是指基金的发起人在设立基金时，限定了基金单位的发行总额，筹集到这个总额后，基金即宣告成立，并进行封闭，在一定时期内不再接受新的投资。基金单位的流通采取在交易所上市的办法，通过二级市场进行竞价交易。

开放式基金是指基金发起人在设立基金时，基金单位的总数是不固定的，可视经营策略和发展需要追加发行。投资者也可根据市场状况和各自的投资决策，或者要求发行机构按现期净资产值扣除手续费后赎回股份或受益凭证，或者再买入股份或受益凭证，增加基金单位份额的持有比例。

封闭式基金与开放式基金相比，具有以下不同之处：(1) 期限不同。封闭式基金通常有固定的封闭期，而开放式基金没有固定期限，投资者可随时向基金管理人赎回。(2) 基金单位的发行规模要求不同。封闭式基金在招募说明书中需列明其基金规模，而开放式基金没有发行规模限制。(3) 基金单位转让方式不同。封闭式基金的基金单位在封闭期间不能要求基金公司赎回；开放式基金的投资者则可以在首次发行结束一段时间（多为3个月）后，随时向基金管理人或中介机构提出购买或赎回申请。(4) 基金单位的交易价格计算标准不同。封闭式基金的买卖价格受市场供求关系的影响，并不必然反映公司的净资产值；开放式基金的交易价格则取决于基金每单位资产净值的大小，基本不受市场供求影响。(5) 投资策略不同。封闭式基金的基金单位数不变，资本不会减少，因此基金可进行长期投资；开放式基金因基金单位可随时赎回，为应付投资者随时赎回兑现，基金资产不能全部用来投资，更不能把全部资本用来进行长线投资，必须保持基金资产的流动性。

3.根据投资标的不同，可分为股票基金、债券基金、货币基金、期货基金、期权基金、认股权证基金、专门基金等

股票基金是所有基金品种中最为流行的一个类型，它是指投资于股票的投资基金。其投资对象通常包括普通股和优先股，其风险程度较个人投资股票市场要低得多，且具有较强的变现性和流动性，因此它是一种比较受欢迎的基金类型。

债券基金是指投资管理公司为稳健型投资者设计的，投资于政府债券、市政公债、企业债券等各类债券品种的投资基金。债券基金一般情况下定期派息，其风险和收益水平通常较股票基金低。

货币基金是指由货币存款构成投资组合，协助投资者参与外汇市场投资，赚取较高利息的投资基金。其投资工具包括银行短期存款、国库券、政府公债、公司债券、银行承兑票据及商业票据等。这类基金的投资风险小，投资成本低，安全性和流动性较高，在整个基金市场上属于低风险的安全基金。

期货基金是指投资于期货市场以获取较高投资回报的投资基金。由于期货市场具有高风险和高回报的特点，因此投资期货基金既可能获得较高的投资收益，同时也面临着较大的投资风险。

期权基金是指以期权作为主要投资对象的基金。期权交易是指期权购买者向期权出售者支付一定费用后，取得在规定时期内的任何时候、以事先确定好的协定价格，向期权出售者购买或出售一定数量的某种商品合约的权利的一种买卖。

认股权证基金是指以认股权证为主要投资对象的基金。认股权证是指由股份有限公司发行，能够按照特定的价格，在特定的时间内购买一定数量该公司股票的选择权凭证。由于认股权证的价格是由公司的股份决定的，一般来说，认股权证的投资风险较通常的股票要大得多，因此，认股权证基金也属于高风险基金。

专门基金由股票基金发展演化而来，属于分类行业股票基金或次级股票基金，主要包括黄金基金、资源基金、科技基金、地产基金等。这类基金的投资风险较大，收益水平较易受市场行情的影响。

（二）投资基金的估价与收益率

1.基金的价值

（1）基金单位净值。基金单位净值是指在某一时点每一基金单位（或基金股份）所具有的市场价值。

$$基金单位净值=\frac{基金净资产价值总额}{基金单位总份额}$$

基金净资产价值总额=基金资产总额-基金负债总额

（2）基金的报价。开放式基金的柜台交易价格完全以基金单位净值为基础，通常采用认购价（卖出价）和赎回价（买入价）两种报价形式。

基金认购价=基金单位净值+首次认购费

基金赎回价=基金单位净值-基金赎回费

2.基金收益率

基金收益率用来反映基金增值的情况，它通过基金净资产的价值变化来衡量。

$$基金收益率=\frac{年末持有份数\times基金单位净值年末数-年初持有份数\times基金单位净值年初数}{年初持有份数\times基金单位净值年初数}$$

（三）基金投资的优缺点

基金投资的优点是：（1）能够在不承担太大风险的情况下获得较高收益；（2）具有专家理财优势和资金规模优势。基金投资的缺点是：（1）无法获得很高的投资收益；（2）在大盘整体大幅度下跌的情况下，投资人可能承担较大风险。

第三节　营运资本管理

一、营运资本的内容和特点

（一）营运资本的内容

营运资本又叫营运资金，有广义与狭义两种。广义的营运资本就是企业的流动资产总额，指流动资产占用的资金，又叫毛营运资本。狭义的营运资本是指企业的流动资产减去流动负债后的净额，是企业在短期内可以运用的流动性资源的净额。通常我们所指的营运资本就是指净营运资本。

净营运资本=流动资产-流动负债

流动资产是指在1年内和超过1年的一个营业周期内变现或耗用的资产。就其具体形态而言，流动资产主要包括货币资产、应收账款和存货等。

流动负债是指企业需要在1年和超过1年的一个营业周期内偿还的负债。流动负债是企业的短期资金来源，所以又叫企业的短期融资。根据流动负债的形成机制不同，可分为自发性流动负债和主动性流动负债。

营运资本对企业的生产经营非常重要，因为企业所进行的以固定资产和无形资产为代表的长期投资只是形成企业的生产手段，形成企业潜在的、可能的生产能力，要将潜在的、可能的生产能力变成现实的生产能力，还需要通过人的劳动，使人的劳动与劳动的对象相结合，即需要流动资产的投资相配合。

（二）营运资本的特点

一般来说，营运资本具有如下特点：

1.营运资本的周转期短

营运资本在生产经营过程中，从货币资金开始，依次为储备资金、生产资金、成品资金，再回到货币资金形态，进行不断的循环周转。

2.存在形态多样性

由于企业生产的复杂性，企业流动资产的存在形态虽然与企业的经营特点相关，但种类繁多，而且要求各种形态的流动资产要同时并存于企业。

3.波动性

由于企业的生产经营要以市场为导向，而市场的不变特征就是不断变化。企业的生产规模不仅要受市场需求波动的影响，还要受原材料供应波动的影响，因此，企业的生产规模是波动的，从而导致企业的流动资产以及企业的营运资本的规模也是波动的。总的来说，生产经营季节性企业的营运资本波动性较大，非季节性企业波动性较小。

4.灵活性

由于流动资产的周转期短，所以其变现能力相对较强，而企业筹集短期资金的渠道相对较广，方式较多，因此营运资本具有较强的灵活性。

企业营运资本的循环如图7-3所示，企业全部资本（资金）的循环如图7-4所示。

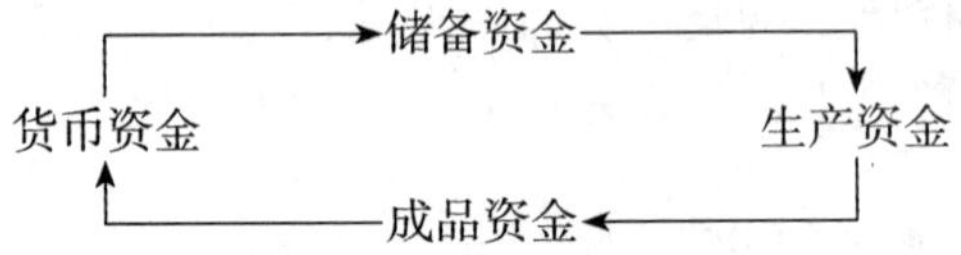

图7-3　企业营运资本的循环

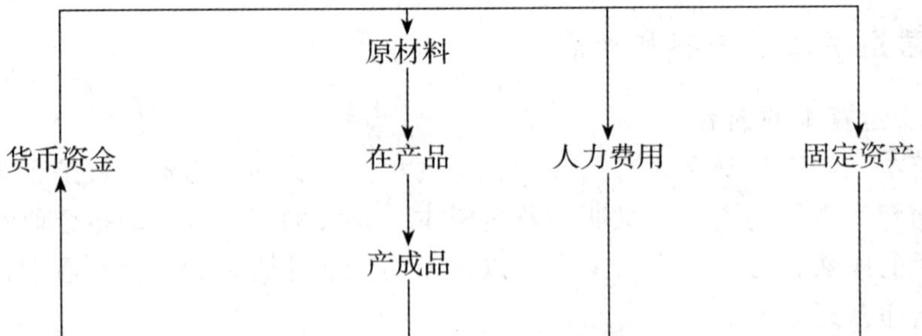

图7-4　企业全部资本（资金）的循环

就完整的营运资本管理而言，它既包括对流动资产的管理，也包括对流动负债的管理，同时还要考虑营运资本占用与营运资本来源的配合。

二、现金的管理

企业的现金有广义和狭义之分，狭义的现金是指企业的库存现金；广义的现金不仅包括库存现金，还包括银行存款和各种现金等价物，也就是企业一切可以即时使用的支付手段。在此，我们所指的现金是广义的现金。

（一）企业持有现金的动机

为了了解企业持有现金的动机，首先应明确现金的特点。现金作为一般等价物，具有普遍的可接受性。企业持有现金，可以随时用于清偿到期债务，也可以随时用于购买企业在生产经营中所需的各种生产要素，以保证企业生产经营顺利进行。一般来说，企业持有现金的动机有三种：

1.支付动机

支付动机也叫交易动机，是指为了满足企业在生产经营中的各种支付需要而持有的现金。由于企业在生产经营活动中不可能始终保持现金收入与现金支出相等，因此，保持一定的现金余额以应付各种日常开支是必要的。一般来说，企业的销售量越大，所要保持的现金余额也越大。

2.预防动机

预防动机是指企业保持一定的现金余额以应付意外的现金需求。企业生产经营活动中的正常现金需要可通过资金预测和计划来估算，但许多意外事件的发生将影响和改变企业的正常现金需要量。比如，自然灾害、生产事故、客户款项不能如期支付以及国家政策的某些突然变化等，都会打破企业原先预计的现金收支平衡，因此，企业需要保持一定的额外现金余额来应付可能发生的意外情况。一般来说，企业用于预防动机的现金余额的多少取决于以下几个因素：（1）现金收支预测的可靠程度；（2）企业的临时借款能力；（3）企业其他流动资产（如有价证券等）的变现能力；（4）企业对意外事件发生的可能性大小的判断和风险承受能力。

3.投机动机

企业持有现金的另一个可能的动机是投机，即通过在证券市场上的炒作或在原材料市场上的投机买卖来获取投机收益。比如，当企业预计原材料价格将较大幅度上升时，可利用手中多余的现金以目前较低的价格购入原材料。

（二）现金管理的目的

企业现金管理中最重要的问题之一，就是保证企业良好的支付能力。如果不能如期支付到期的债务，将较大地损害企业的商业信誉，使企业在今后的贷款和采购活动中遇到更多的困难，影响企业正常的生产经营活动，甚至导致企业陷入难以摆脱的财务危机。显然，保持一定的现金余额有助于防止上述现象发生。但是，由于现金不能为企业带来投资收益，过多持有现金将降低企业的资金使用效率，从而降低企业的市场价值，因此，现金管理的目的是在保证企业生产经营活动现金需求的基础上，尽量节约资金使用，降低资金成本，提高资金使用效率，在流动性与盈利性之间做出最佳选择。

（三）现金管理的内容

在风险不变的条件下，降低现金存量的关键在于进行有效和准确的现金需求预测以及尽量做到现金收支的匹配与均衡。因此，企业现金管理的主要内容表现在如下三个方面：

（1）编制现金计划，合理估计现金需求；（2）控制和调整日常现金收支，尽量做到收支匹配；（3）确定理想的现金余额。在现金管理实践中，现金收支余额完全相等的情形是很少发生的，因此，保持必要的现金余额也是很自然的事情。现金管理的一项重要内容是利用某些模型或方法估计出理想的现金余额，并在实际的现金余额偏离理想现金余额时，采取短期融资或投资策略调整实际现金余额，使之达到理想状态。

现金计划在第四章中已经介绍，控制和调整日常的现金收支、使现金收支平衡同步是财务管理实务的内容，在此我们只介绍确定理想现金余额（最佳现金持有量）的方法。

（四）最佳现金持有量

1.最佳现金持有量的含义

最佳现金持有量是指既能将企业的违约风险（即不能支付风险）控制在较低水平又能避免过多地占用现金，使持有现金的总成本最低的现金持有量。

2.现金的持有成本

现金的持有成本包括机会成本、短缺成本和管理成本。机会成本是指由于持有现金而放弃了其他投资机会而可能获得的最大收益。短缺成本是指由于企业的现金不足而又不能及时获得补充而给企业带来的损失。管理成本是指企业由于持有现金而发生的有关管理费用开支。

3.现金周转期模型

现金周转期是指企业从购买原材料支付现金到销售产品收回现金所需要的时间。现金周转期等于企业的营业周期减去应付账款周转期，而企业的营业周期由存货周转期与应收账款周转期组成。

现金周转期=营业周期-应付账款周转期=存货周转期+应收账款周转期-应付账款周转期

现金周转次数=360÷现金周转期

最佳现金持有量=一定时期所需现金总额÷现金周转次数

【例7-5】某公司经预测全年需要现金3 000万元，其平均应收账款收现时间为70天，存货周转期为80天，企业平均的购货付款天数为30天。试确定其最佳现金持有量。

该企业的营业周期=70+80=150（天）

该企业的现金周转期=150-30=120（天）

该企业的最佳现金持有量=3 000×120÷360=1 000（万元）

4.经验模型

经验模型是根据基期企业现金的实际持有量，分析其具体占用，扣除其不合理占用额，并结合计划期内预计的销售收入变化来确定计划期的最佳现金持有量的方法。

最佳现金持有量=（基期现金平均持有量-不合理占用额）×（1+预计销售变化率）

【例7-6】某企业上年现金平均占用额30 000元，经分析其中不合理占用额为2 500元，预计今年销售收入将比上年增加10%。试确定今年的最佳现金持有量。

最佳现金持有量=（30 000-2 500）×（1+10%）=30 250（元）

5.存货模型

现金资产不具有收益性，企业为了提高资产的收益性，只保留最低数额的现金，而将其余的现金投资于有价证券，从而能获得收益。当企业需要现金时，变现有价证券以补充现金，这样，企业持有现金的机会成本是所放弃的有价证券投资收益。而企业将有价证券变现为现金时，又要付出手续费等转换成本，所以，企业持有现金的总成本是机会成本与转换成本之和。

设企业全年所需现金总额为T，每次转换成本为F，有价证券的收益率为K，企业持有的现金余额为Q，则企业持有现金的总成本（TC）为：

$TC=Q\div2\times K+T\div Q\times F$

持有现金的总成本（TC）最低时的现金余额就是最佳现金持有量。

对上式求导，当$Q=(2TF/K)^{1/2}$时，持有现金的总成本最低。

【例7-7】某企业现金收支状况比较稳定，预计全年（360天）需要现金200 000元，现金与有价证券的转换成本为每次400元，有价证券的年利率为10%。求最佳现金持有量。

最佳现金持有量（Q）$=(2\times200\,000\times400\div10\%)^{1/2}=40\,000$（元）

6.成本分析模型

成本分析模型是指通过比较各种现金余额下持有现金的总成本，以总成本最低的现金余额作为最佳现金持有量。

现金总成本=机会成本+管理成本+短缺成本

【例7-8】某企业有A、B、C、D四个现金持有方案，有关成本资料见表7-2。求最佳现金持有量。

表7-2 **各方案成本资料** 金额单位：元

项目	A	B	C	D
现金持有量	10 000	20 000	30 000	40 000
机会成本率（%）	12	12	12	12
管理成本	2 000	2 000	2 000	2 000
短缺成本	5 600	2 500	1 000	0

各方案的总成本分别为：

$TC_A=10\,000\times12\%\times0.5+2\,000+5\,600=8\,200$（元）

$TC_B=20\,000\times12\%\times0.5+2\,000+2\,500=5\,700$（元）

$TC_C=30\,000\times12\%\times0.5+2\,000+1\,000=4\,800$（元）

$TC_D=40\,000\times12\%\times0.5+2\,000=4\,400$（元）

所以，D方案是最佳方案，即最佳现金持有量为40 000元。

实际上，现金余额的多少要受多种因素的影响，数学模型和简单的经验公式都不能完全涵盖所有这些因素，因此，财务管理人员必须根据自己的经验对利用上述方法确定的理想现金余额进行调整，才能最后确定理想现金余额。

三、应收账款的管理

（一）应收账款的作用与成本

应收账款是企业因赊销而产生的短期债权，是企业向客户提供的一种商业信用。由于赊销实质上是企业为客户提供了融资便利，所以，与现销相比，赊销有利于扩大企业的销售量，提高企业的市场占有率，密切与购买商的合作关系，同时还可以降低企业的存货规模，降低企业的存货成本。

但是，赊销在促进销售、降低企业存货水平的同时，也会发生相应的成本，这就是应收账款的成本，包括以下内容：

1.机会成本

应收账款是客户对企业资金的占用，企业因此丧失了利用这些资金投资于其他有利可图的生产经营活动而获取收益的机会。这种资金利用机会的损失，形成了应收账款的机会成本。

2.管理成本

企业赊销前，需要调查客户的资信情况；应收账款形成后，要有专人对其进行管理，还可能需要采取催收行动。所有这些活动，都需要企业付出相应的人力、物力和财力，这些支出构成了应收账款的管理成本。

3.坏账成本

由于客户的资信情况不同、支付能力存在差异，有些应收账款会因客户缺乏还款意愿或没有还款能力而无法收回，成为坏账，导致损失。

（二）信用分析

由于应收账款既可以扩大企业的销售量、降低企业存货成本而为企业带来收益，又会形成相应成本，所以企业应决定是否采取赊销方式、对什么样的客户采取赊销方式、赊销的条件如何等。企业在做出这些决策之前，需要对客户的资信情况进行调查，目的是确定客户能否取得商业信用和以什么样的条件取得商业信用。对客户进行信用分析，要注意以下几个方面：

1.确定信息渠道

为了对客户的资信情况进行分析，首先要确定从什么渠道获得关于客户资信情况的信息。主要的渠道有三条：对与客户有经济往来的企业和经济机构进行调查和访问；借助信用分析机构对客户的资信评级结果；通过合法的方式，向客户的开户行进行征询。

2.五C分析

五C是指信用分析的五个方面，由于这五个方面的英文词汇的第一个字母均为C而得名。

（1）品德，主要是确定客户是否具有还款意愿，一般是通过对客户以往经济活动变现的考查，分析客户是否具有契约精神和履约意识。

（2）能力，是指考查客户的支付能力。

（3）资本，是通过考查、分析客户的资本数量和资产构成，确定客户的财务实力。

（4）担保，是分析客户对其应付账款提供的财产担保和信用加强情况。

（5）环境，主要是分析客户的经营活动受环境变化的影响程度，从而确定客户资信水平的稳定性。

3.财务分析

财务分析是对客户进行分析，通过计算和比较相关的财务比率，确定客户的偿债能力、盈利能力、营运能力、发展能力和应变能力，以对客户的信用情况得出一个总体评价。

4.信用评分

信用评分是对分析对象的有关财务比率指标和其他信用指标赋予一定的系数后求和，

以得出关于客户信用等级的量化指标。

（三）应收账款政策

应收账款政策是企业制定的有关应收账款管理方面的政策，是企业最重要的财务政策之一，它由信用标准、信用条件和收账政策三部分组成。

1.信用标准

信用标准是销货企业用来判定客户能否得到商业信用所必须具备的基本条件。如果信用标准高，则只有信用很好的客户才能得到商业信用，销货企业的坏账损失将很低，但企业的销售额也会降低。如果信用标准较低，信用较差的客户也会得到商业信用，销货企业的销售额会有很大增长，但其坏账损失及其他应收账款成本一般也会随之增长。因此，信用标准的确定需要在应收账款的收益与成本之间取得平衡，力争使边际收益等于边际成本。

2.信用条件

信用条件是指销货企业要求取得商业信用的购货企业支付赊购货款的条件，一般由信用期限、折扣期限和现金折扣三部分组成。信用期限是销货企业为客户规定的最长付款期限。折扣期限是销货企业为客户规定的可以享受现金折扣的期限。现金折扣是客户在折扣期限内付款可以得到的价格优惠。

信用条件一般以（2/10，1/20，N/30）的形式表示。信用条件优惠，可以增加销售额，但也同时增加应收账款成本，因此，确定信用条件也要进行成本效益分析。

3.收账政策

收账政策是指企业的应收账款不能如期收回时所采取的收账策略和收账方法。一般来说，企业可行的收账措施有信函和电话催收、派人上门催收、聘请法律顾问协助催收以及提起法律诉讼等。

四、存货管理

存货是企业在生产经营过程中持有以备销售的产成品或商品、处在生产过程中的在产品、在生产过程或提供劳务过程中耗用的材料和物料等。企业持有充足的存货，不仅有利于生产过程的顺利进行，能够节约采购费用与生产时间，而且能够迅速地满足客户各种订货的需要，从而为企业的生产与销售提供较大的机动性，避免因存货不足带来损失。但存货过多，又会增加持有成本以及管理费用，影响企业获利能力的提高。

（一）存货的种类与功能

1.存货的种类

（1）按照存货的经济内容，可分为商品、产成品、自制半成品、在产品、材料、包装物、低值易耗品等。

（2）按照存货的存放地点，可分为库存存货、在途存货、在制存货、寄存存货、委托外单位代销存货等。

（3）按照存货的取得来源，可分为外购的存货、自制的存货、委托加工的存货、投资者投入的存货、接受捐赠的存货、接受抵债的存货、非货币性交易换入的存货和盘盈的存货等。

2.存货的功能

（1）保证生产或销售的需要。由于市场的需求是处于变化之中的，一旦市场需求下降，会导致企业的存货积压；而市场需求上升，则会导致企业存货不足。所以，企业必须保持一定量的存货，以应付市场需求的剧烈变化。当市场需求上升时，企业可以用存货来满足销售的需要；当市场需求不足时，企业可以增加库存予以吸收。

（2）降低生产成本。对于企业而言，只有当生产批量达到一定数量时，才能产生规模效应，从而降低产品成本。由于企业的生产设备均已购置，如果产量时高时低，会有部分生产设备未被利用，这部分生产设备的固定性费用就要由其他的产品成本所负担，所以，维持相对稳定的产量是企业生产管理的目标之一。当产量超过需求量时，就以增加库存的方式吸收超额产量；当产量少于需要量时，就以库存应付超额需要。

（3）利用经济订购批量。由于零购商品的价格往往较高，而整批购买在价格上常有优惠，所以企业会整批购入商品，分期分批使用，以降低存货的采购成本。

（4）预防计划不周或缓冲有关作业的失误。经常性存货的持有可以避免因某项作业的失误而导致的生产中止，周转性存货的持有可以避免在两次订购点之间由于订货耽搁等因素造成的生产中止。

（二）存货的成本

存货成本主要表现为存货的生产或购置成本、订货成本、储存成本及缺货成本。

1.生产或购置成本

存货的生产或购置成本是指存货本身的价值。对每一单位存货而言，这一成本是为生产或购置这一存货所发生的费用；对全部存货来说，通常用数量与单价的乘积表示。如果某一期间对某种产品或原材料的需要量为D，该产品或原材料的单位生产成本或购置成本为C，则这批存货总的生产或购置成本为D×C。一般来说，单位存货成本在相当大一个范围内不随需要数量的变化而变化，只有当需要数量出现较大变化时，才会因生产经营规模的变化或购置折扣的出现而发生变化。

2.订货成本

订货成本是指企业由于对外采购存货而发生的成本，包括填制订单、发出订单、订购追踪、到货验收、进库等开支，具体费用表现为办公费、差旅费、谈判费用、邮资、通信费用等支出。严格来讲，从订货次数与订货成本的关系来看，订货成本可以分为变动成本与固定成本两部分。变动成本是与订货次数有关的部分，如差旅费、邮资、谈判费用等，但对每一次订货活动来说，这部分成本又可以看作一个常数S。如果某一期间需求总量为D，每次采购批量为Q，则总的订货变动成本为D/Q×S。不难看出，订货次数越多，这一数额越大。另外，订货成本中还有一部分为固定成本，如维持采购部门日常运行的开支等，这部分成本通常与订货次数无关。为了讨论的方便和简单，在实际固定成本不高的情况下，有时我们也可以只考虑订货成本中的变动部分。

3.储存成本

储存成本是指为保持存货而发生的成本，包括存货占用资金应支付的利息、仓储费用、保险费用、存货的毁损和变质损失等。储存成本通常与存货的订购次数无关，而与存货的数量有关。

4.缺货成本

缺货成本是一种机会损失，通常以存货短缺所支付的代价来衡量。缺货成本主要包括由于停工待料而发生的损失、为补足拖欠订货所发生的额外成本支出、延迟交货而被处以的罚金，以及由于丧失销售机会而蒙受的收入损失和信誉损失等。

（三）存货的控制

存货控制是指在日常生产经营中，根据存货计划和生产经营活动的实际要求，对各种存货的使用和周转状况进行组织、调节和监督，将存货数量（即存货的资金占用）保持在一个合理的水平上。影响存货数量的因素有销售额的大小、生产技术特性和生产周期的长短、存货成本的高低等，常用的存货控制方法有经济批量法、ABC控制法等。

1.经济订货批量法（EOQ）

如前所述，存货成本由存货的生产或购置成本、订货成本、储存成本和短缺成本构成。每次生产或订购的产品或材料数量较多，可以减少订货成本，但将增大储存成本；反之，则会增大订货成本，减少储存成本。通过选择生产或订货批量，可以控制存货的总成本，经济订货批量就是使上述存货成本总和最小时的订货批量或生产批量。

（1）经济订货批量。如果不考虑存货的短缺成本，存货总成本为：

$$TC=D/Q\times S+Q/2\times H$$

式中：TC——存货总成本；D/Q×S——总订货成本；Q/2×H——总储存成本；D——某种产品或原材料在某一时期的需求总量；Q——一次生产或订购的数量；S——一次订购或生产所需要的订货成本或生产准备费用；H——单位存货的储存成本。

使存货总成本最小的订货批量即为经济订货批量（EOQ）：

$$EOQ=(2\times D\times S/H)^{1/2}=(2\times \text{某期间存货需求总量}\times \text{一次性订货成本}\div \text{某期间内单位存货储存成本})^{1/2}$$

如果每日存货消耗量为d，从发出订货指令或生产指令到新的存货可以投入使用的期间（交货期）为L，则发出订货指令的订货点（即发出订货指令时的存货数量）为：

$$R=d\times L$$

【例7-9】某企业对某种物资的年需求量D为3 650件，订货成本S为500元/次，该物资购买价格为125元/件，储存成本为产品购买费用的10%，交货期为7天。其经济订货批量为：

$$EOQ=(2\times D\times S/H)^{1/2}=(2\times 3\,650\times 500\div 125\div 10\%)^{1/2}=540.37\approx 540\text{（件）}$$

订货点为：

$$R=7\times 3\,650\div 365=70\text{（件）}$$

（2）安全存货。存货的消耗很少有绝对稳定和均衡的时候，许多因素都会导致存货消耗数量的波动，如果按照存货均衡消耗所确定的订货点订货，则可能发生在交货期内由于存货消耗量大于平均消耗量而造成现有存货在新存货到达前消耗殆尽、短期内无货可用、影响企业生产和销售活动正常进行的情况，即会发生短缺成本。为了解决这一问题，人们引入了安全存货或保险存货的概念。

所谓安全存货或保险存货，是指为防止在交货期内存货不足，在按每日平均消耗量乘以交货期确定的订货点之上额外加上一定数量的存货，这样，如果在交货期内存货消耗超过了平均消耗水平，可以使用安全存货来应付生产经营活动的需要，减少存货短缺的可能，从而降低短缺成本。安全存货的多少取决于存货消耗的稳定性、取得新订货的稳定性和短缺成本的高低等多种因素，增加安全存货可以减少短缺成本，但无疑会加大存货的储存成本，因此，确定安全存货时必须考虑短缺成本与储存成本此消彼长的关系。

2.ABC控制法

一般来说，企业的存货种类繁多、数量巨大，如果对每一种存货都详加管理，不但费时费力，占用过多的资金和人力，而且还可能因头绪太多，抓不住重点，造成对重点物资的忽视，给生产经营活动造成损失。为了避免这一问题的产生，可以按存货价值和对生产经营活动的重要性的高低将存货分为A、B、C三类。其中A类物资的品种不多，数量也只占企业存货总量的15%~20%，但其所占价格的份额却最大，是价值高、重要性大的产品；B类物资占企业存货总量的30%左右，占有一定的价值份额，重要性一般；C类物资占企业存货总量的50%或更多，价值低，重要性差，但种类繁多。A类物资是企业存货控制的重点，要加强管理，通常要随时核对物资的库存状况，采取定量订货方式管理，而且应减少安全存货，加强资金管理。B类物资需要给予一定的重视，并在管理方面投入适当的力量。C类物资相对只需要较少的管理和关注，常采用定期订货方式和保持较高的安全存货。ABC控制法便于管理人员抓住存货管理的重点，保证存货管理的高效率，同时也可以有效地减少存货资金的占用。

本章小结

投资决定了企业未来的生产经营，对企业项目投资的可行性、必要性和效益性进行分析与评价极其重要。

项目投资的评价方法有非贴现法与贴现法两大类。非贴现法包括静态投资回收期法和平均投资报酬率法；贴现法主要包括净现值法、现值指数法和内部报酬率法。

企业除了进行项目投资，还可能为了实现特定的目的而进行证券投资。企业的证券投资主要包括对债券的投资和对股票的投资。

为了将企业所进行的以固定资产为代表的长期实物投资所形成的潜在生产能力变为现实生产能力，企业还需要对营运资本进行投资。对营运资本的管理主要包括现金管理、应收账款管理和存货管理。

复习思考题

1.简述企业投资的分类。

2.项目投资的管理要求是什么？

3.为什么在项目投资决策中使用现金流量指标？

4.试分析非贴现法与贴现法的区别。

5.试比较债券投资与股票投资的区别。

6.企业持有现金的动机有哪些？

7.简述信用政策的内容。

8.存货管理的成本有哪些？

第八章

营业收入及收益分配管理

学习目标

了解和掌握营业收入和收益分配的含义、销售实现的标志与确认及如何加强对营业收入的管理；掌握和了解收益分配的基本原则、确定收益分配政策时应考虑的因素，各种股利政策的基本原理、优缺点和适用范围，利润分配的程序，股利分配方案的确定，股利的发放程序。

学习重点与难点

营业收入、收益分配的基本原则、股利理论、利润分配的顺序。

第一节 营业收入管理

一、营业收入的含义

销售是企业生产经营成果的实现过程。从资金运动过程来看，销售表现为从商品到货币的转化过程；从资金周转和循环来看，销售表现为资金循环与周转的前一个过程的结束、后一个过程的继起或准备。企业生产的产品或劳务只有提供给消费者，其经营成果才能得到社会承认，企业销售行为才算成立，再生产过程才能持续地进行。

营业收入是指企业在一定时期内由于销售商品或提供劳务等而取得的收入，包括主营业务收入和其他业务收入。

主营业务收入是企业生产经营活动的主要收入来源，在企业营业收入中占较大比重，直接影响企业的经济效益，具体包括销售产成品、代制品、自制半成品等取得的收入。

其他业务收入是指企业除产品销售以外的其他销售或其他业务的收入，包括材料销售、固定资产出租、包装物出租、外购商品的销售、无形资产转让、运输等取得的收入。

企业及时取得营业收入，具有以下重要意义：

首先，及时取得营业收入是保证企业再生产过程不断进行的重要前提条件。每个企业都实行独立经济核算，自负盈亏，这就要求企业必须用自己的收入来抵补生产过程的一切支出。企业只有及时取得货币收入，使企业垫支资金得以实现并收回，才能重新购买材料、支付工资和其他生产费用，进行新的再生产过程。

其次，及时取得营业收入是企业实现盈利的前提。企业只有及时取得营业收入，才能扣除成本，支付期间费用；才能向国家上缴税金，完成财政上交任务，为国家提供资金积累；才能实现盈利，向国家上交所得税，向投资者分配利润，并形成自身积累。

最后，及时取得营业收入是企业加速资金周转的重要环节。企业取得营业收入，意味着成品存货转化为货币资产，这种转化既意味着企业上一次资金循环的结束，也意味着下一次资金循环的开始。实现营业收入越及时，表明企业资金周转速度越快，资金利用效果越好。

二、销售收入实现的标志及确认

合理确认销售实现，既是一个重要的理论问题，也是一个重要的实践问题，还是一个涉及企业经济利益的现实问题。

在采用权责发生制原则下，企业销售的确认不以货款收到与否为标志，而是以销售实现为依据。所谓销售实现（或销售成立）一般有两个标志：一是物权的转移；二是收到货款或取得收取货款的凭据。必须同时具备上述两个条件，才能确认为销售实现。

具体来说，销售收入同时满足下列条件的，才能确认：（1）企业已经将商品所有权上的主要风险和报酬转移给购货方；（2）企业既没有保留通常与所有权相联系的继续管理权，也没有对已售出的商品实施有效控制；（3）收入的金额能够可靠地计量；（4）相关的经济利益很可能流入企业；（5）相关的已发生或将发生的成本能够可靠地计量。

其中，商品包括企业为销售而生产的产品和为转售而购进的商品，如工业企业生产的产品、商业企业购进的商品等，企业销售的其他存货，如原材料、包装物等，也视同商品。

准确地确认企业销售的实现，对于正确处理国家与企业的分配关系、保证税费上交、及时确认企业经营成果、评价企业业绩，具有十分重要的意义。

三、销售收入的计价

销售收入的计价是指销售商品收入的入账价值的计量。一般来说，企业实现的销售收入，都应按确认销售时的应收价款或已收货款计价，即企业应按从购货方已收或应收的合同或协议价款确定销售商品收入金额。但是，合同或协议价款的收取采用递延方式，实质上具有融资性质的，应当按照应收的合同或协议价款的公允价值（通常为合同或协议价款的现值）确定销售商品收入金额。

在实务中，有许多因素影响销售商品收入全额收回，即存在销售退回或折让、销售折扣等事项，从而使销售商品收入的计价复杂化。这样，按照制度规定，企业在销售商品时发生的销售退回、销售折让、销售折扣等，应冲减当期销售商品收入，即销售收入减销售退回、销售折让、销售折扣等于销售净收入。

销售退回是指购买者由于商品质量或品种不符合规定要求，而将已购买的部分商品退回给出售单位的事项。其中，属于销货方责任，购买方要求重新调换同种商品的，不作为销售收入调整处理。只有经协商由销货方退款给购买者的，才应作为销售收入调整处理。

销售折让是指购买者由于商品质量或品种不符合规定要求，但还不至于发生退货，而是要求在价格上给予某些折让的事项。

企业发生销售退回或销售折让，在调整销售收入时，无论是本年销售的产品还是以前年度销售的产品，由购买单位退回或予以折让时一律冲减当期销售收入，其中销售退回应同时冲减当期销售成本。从计算盈亏角度考虑，企业一般按月计算收入，结转成本、费用，计算盈亏，并据以进行利润分配。如果要求企业哪月销售的产品发生退回或折让，就冲减哪月的销售收入和成本，从道理上讲是对的，但在实际工作中则是不太合适的，核算中也难以做到。

销售折扣是国外企业普遍采用的一种办法，企业销售折扣分为商业折扣和现金折扣两种。

商业折扣又称价格折扣，是指企业为了鼓励购买者多购买而在价格上给予一定折扣，即购买越多，价格越便宜。根据习惯，商业折扣都是从价目单价格中直接扣除，购买者应付的和销售方应收的货款，都是按扣减商业折扣以后的销价来计算的，扣减数通常用百分比方式表示，如20%、15%、10%等，即购买方只需按标明价格的80%、85%、90%付款即可，而销售方的销售收入是按商业折扣后的价格来计算反映的。因此，商业折扣不存在调整销售收入处理问题，通俗地讲，商业折扣近似于按批发价格向购买者销售商品。

现金折扣是指企业采用赊销方式销售商品时，允许购货方在一定期限内支付货款，这一期限称为信用期限。销货方为了鼓励购货方尽快付款，往往在合同中规定一个短于信用期限的折扣期限，如果购货方能够在折扣期限内付款，就能得到一定的现金折扣，即从应支付的货款总额中扣除一定比例的金额。这种折扣的条件通常缩写成3/10、2/20、N/30。这就是说，购货方能在10天内付款可享受3%的折扣；如果能在11天到20天付款，可享受2%的折扣；如果能在21天到30天付款，则不享受折扣优惠，按原价付款；超过30天，视同购货方违约拖欠。现行制度中，销售折扣的含义就是指现金折扣。

现金折扣销售时，销售收入的计价（即财务处理）有两种办法：第一种是全价法（也称总额法），即销售收入按全价反映，实际发生的现金折扣则冲减销售收入；第二种为净额法，即销售收入按扣除实际发生的现金折扣值的净额反映，在账务处理上反映的不是实际发生的现金折扣。为了反映销售收入和现金折扣的计算与账务处理全过程，制度对现金折扣的规定采取了第一种方法——全价法进行处理，即销售收入按全价反映，实际发生的现金折扣则冲减销售收入。

四、营业收入的管理

为了完成营业收入计划，企业必须以年度计划为依据，正确编制和认真执行季度、月度营业收入计划，以保证企业资金回流和完成上交任务。为此，企业必须加强营业收入的日常管理，这项工作一般由企业的销售部门和财务部门共同负责。

（一）加强促销工作

促销就是把本企业的产品或劳务向用户、消费者等进行宣传报道、劝说，促进和影响人们的购买行为和消费方式。有效的促销活动不仅可以诱导需求，而且可以创造需求，发掘潜在的需求，从而扩大销售。促销的方式主要有两种：一是直接派人推销；二是非人员推销，包括广告、营业推广和公共关系等多种形式，特别是广告促销，是一种最重要的商品推销和树立企业形象的方式。

（二）加强销售合同管理

为了有计划地组织产品生产和销售，企业必须与客户签订销售合同，明确规定销售商品的品名、规格、数量、质量、价格、发货次数和发货日期、结算方式以及不履行合同的惩罚等。企业财务部门应协助销售部门，组织销售合同的签订和执行，并对合同的内容进行审查。销售合同签订以后，企业必须严格执行，按合同的要求组织产品生产、包装和发运。企业不执行合同，不按合同规定供应产品，就会影响需用单位生产经营活动的正常进行，给需用单位造成损失。加强销售合同管理，是及时取得销售收入的前提，也是维护企业信誉的重要保证。

（三）加强销售结算管理

企业按发货计划发出产品后，应及时办理货款结算，尽快收回货款，以便保证企业再生产活动的顺利进行，完成财政上交任务。

根据资金归口管理制度，销售货款的结算一般由财务部门统一负责办理，生产车间或其他部门均不能直接对外办理货款结算业务。财务部门应根据销售合同规定的货款结算方式，在商品发出后，及时与购货单位办理结算手续。如果未按期收回货款，就应立即查询，并与购货单位联系，查明情况，及时处理。如果购货单位信誉不佳，多次拖欠货款，财务部门应变通结算方式。如果购货单位全部或部分拒付货款，应分析原因，妥善处理。如果是本企业的过失，如质量不符合要求、规格发错、户头写错、数量不足等，企业应当总结经验，改进工作；如果是购货单位无理拒付，企业应与购货单位联系，催收货款，双方分歧无法解决的，可提交经济司法机关仲裁，以便及时合理解决；如果由于运输部门过失造成商品短缺或毁损的，应与运输部门取得联系，要求赔偿经济损失。

（四）加强售后服务工作

加强售后服务工作，是对用户负责、为用户服务的具体体现，也是企业增强竞争能力、促销商品、反馈商品信息、改进企业生产经营工作的一个重要途径。售后服务的内容一般包括产品安装、调试、运行和人员培训、使用、维修等技术指导和人员培训等。

售后服务工作的形式要从实际出发，灵活多样，可以采取分地区设置服务网点、定点服务，可以设立流动服务站，可以派出技术人员上门服务，也可以开展技术咨询工作等。

第二节 收益分配管理

一、收益分配的基本原则

企业在经营过程中取得的收益体现了企业劳动者剩余劳动创造的产品价值的一部分，必须将其在各个相关利益方之间进行分配。企业的收益分配有广义和狭义两种。广义的收益分配是指对企业的收入和收益总额进行分配的过程；狭义的收益分配则是指对企业净收益的分配。我们这里所指的收益分配是指企业净收益的分配。作为一项重要的财务活动，企业的收益分配应当遵循以下原则：

（一）依法分配原则

企业的收益分配必须依法进行。企业的收益分配涉及国家、企业、股东、债权人、职工等多方面的利益，正确处理各方面的利益关系、协调各方面的利益矛盾是进行收益分配的重要内容。为了规范企业的收益分配行为，国家颁布了相关的法规。这些法规规定了企业收益分配的基本要求、一般程序和重要比例，企业应当认真执行，不得违反。

（二）资本保全原则

企业在确认实现的收益和进行收益分配时，不得以侵蚀企业原有资本为前提。以企业的资本金进行分配是一种清算行为，不是收益分配。企业只能在有可供分配留存收益的情况下进行分配，才能充分保护投资者的利益。

（三）兼顾各方面利益原则

企业收益分配必须兼顾各方面的利益。企业是经济社会的基本单元，只有在国家、企业、投资者、债权人及职工个人之间进行合理的分配，才能维护各利益相关团体的合法权益。

（四）分配与积累并重原则

企业的收益分配必须坚持分配与积累并重的原则。企业赚取的利润中，一部分对投资者进行分配；另一部分形成企业的积累。企业积累起来的留存收益仍归企业所有者所有，只是暂时未作分配。积累的留存收益不仅为企业扩大再生产筹措了资金，也增强了企业抵抗风险的能力，提高了企业经营的稳定性和安全性，有利于所有者的长远利益。

（五）投资与收益对等原则

一般而言，企业的收益分配必须遵循投资与收益对等原则，即企业进行收益分配应当体现“谁投资谁收益”、收益大小与投资比例相适应的原则。

二、确定收益分配政策时应考虑的因素

在确定企业的收益分配政策时，应当考虑相关因素的影响。

（一）法律因素

为了保护债权人和股东的利益，法律法规对公司的收益分配做出了规定，公司的收益分配政策必须符合相关法律规范的要求。相关要求主要体现在以下几个方面：

1.资本保全约束

资本保全要求公司股利的发放不能侵蚀资本，即公司不能因支付股利而引起资本减少。资本保全的目的在于防止企业任意减少资本结构中的所有者权益的比例，以保护债权人的利益。

2.偿债能力约束

偿债能力是指企业按时足额偿还各种到期债务的能力，是企业确定收益分配政策时要考虑的一个基本因素。现金股利是企业现金的支出，而大量的现金支出必然影响公司的偿债能力。因此，企业必须保证分配后仍然有较强的偿债能力，以维护企业的信誉和贷款能力，从而保证公司的正常资金运转。

3.资本积累约束

资本积累约束要求企业必须按照一定的比例和基数提取各种公积金，股利只能从企业的可供分配收益中支付，企业当前的净利润按照规定提取各种公积金后和过去累计的留存收益形成企业的可供分配收益。企业在亏损的时候，一般不进行收益分配。

4.超额累积利润约束

因为资本利得与股利收入的税率不一致，公司通过保留利润来提高其股票的价格，可使股东避税。有些国家的法律禁止公司过度积累盈余，如果一家公司盈余的积累大大超过公司目前及未来投资的需要，则可看作过度保留，将被加收额外的税款。我国法律目前对此尚未做出规定。

（二）公司因素

公司在确定收益分配政策时，为长期发展和短期经营着想，需要考虑以下因素：

1.现金流量

公司资金的正常运转，是公司生产经营得以有序进行的必要条件，保证企业正常的生产经营活动对资金的需求是确定收益分配政策的重要限制因素。

2.投资需求

企业未来投资机会多，应该采用较低水平的收益分配政策；相反，如果一个企业未来投资机会较少，可能有较高的股利支付水平。

3.筹资能力

如果公司具有较强的筹资能力，随时能够筹集到所需资金，那么公司就具有很强的股利支付能力。

4.资产的流动性

企业现金股利的支付能力在很大程度上受其资产变现能力的制约。较多地支付现金股利，会减少企业的现金持有量，使资产的流动性降低，而保持一定的资产流动性是企业正常运转的基础和必备条件。

5.盈利的稳定性

一般来说，一个公司的盈利越稳定，则其支付股利的水平也越高。

6.筹资成本

留存收益是企业内部筹资的一种重要方式，它比发行新股或者举债成本低。因此，企业在确定收益分配政策时，留存收益是首选的筹资渠道。

7.股利政策惯性

一般情况下，企业不宜经常改变其收益分配政策。企业在确定收益分配政策时，应当充分考虑股利政策调整可能带来的负面影响，要维持企业股利的稳定性和连续性，避免波动的影响。

8.其他因素

除上述因素外，企业确定收益分配政策还受其他因素的影响，例如，上市公司所处的行业也会影响股利分配等。

（三）股东因素

股东在收入、控制权、税负、风险及投资机会等方面的考虑也对企业的收益分配政策产生影响。

（四）债务契约与通货膨胀

1.债务契约

通常情况下，股利支付水平越高，留存收益越少，公司的破产风险越大，就越可能损害债权人的利益。为了保证自己的利益不受损害，债权人通常在公司的借款合同、债务契约以及租赁合约中加入关于借款公司股利政策的条款，以限制公司股利的发放。

2.通货膨胀

通货膨胀会使货币购买力下降、固定资产重置资金来源不足，因此，企业不得不考虑留用一定的利润，以弥补由于货币购买力下降而造成的固定资产重置资金缺口。所以，在通货膨胀时，企业一般会采取偏紧的收益分配政策。

三、股利理论

关于股利与股票市价的关系，存在不同的观点，并形成了不同的股利理论。股利理论主要包括股利无关论、股利相关论、所得税差异理论及代理理论。

（一）股利无关论

股利无关论也称MM理论，它认为，在一定假设条件下，股利政策不会对公司的价值或股票的价格产生任何影响。一个公司的股票价格完全由公司的投资决策的获利能力和风险组合决定，而与公司的利润分配政策无关。该理论是建立在完全市场理论之上的，假定条件包括：（1）市场具有强式效率；（2）不存在任何公司或个人所得税；（3）不存在任何筹资费用（包括发行费用和各种交易费用）；（4）公司的投资决策与股利决策彼此独立（公司的股利政策不影响投资决策）。

（二）股利相关论

股利相关理论认为，企业的股利政策影响股票的价格。其主要观点包括以下两个：

1.股利重要论

股利重要论，又称“在手之鸟”理论，它认为，用留存收益再投资给投资者带来的收益具有较大的不确定性，并且投资的风险随着时间的推移会进一步增大，因此，投资者更喜欢现金股利，而不愿意将收益留在公司内部，而去承担未来的投资风险。

2.信号传递理论

信号传递理论认为，在信息不对称的情况下，公司可以通过股利政策向市场传递有关公司未来盈利能力的信息，从而影响公司的股价。一般来说，预期未来盈利能力强的公司往往愿意通过相对较高的股利支付水平，把自己同预期盈利能力差的公司区别开来，以吸引更多的投资者。

（三）所得税差异理论

所得税差异理论认为，由于普遍存在的税率的差异及纳税时间的差异，资本利得收入比股利收入更有助于实现收益最大化目标，因此企业应当采用低股利政策。

（四）代理理论

代理理论认为，股利政策有助于减缓管理者与股东之间的代理冲突，股利政策是协调股东与管理者之间代理关系的一种约束机制。较多地派发现金股利至少具有以下几点好处：（1）公司管理者将公司的盈利以股利的形式支付给投资者，管理者自身可以支配的“闲余现金流量”就相应减少了，这在一定程度上可以抑制公司管理者过度扩大投资或进行特权消费，从而保护外部投资者的利益。（2）较多地派发现金股利，减少了内部融资，导致公司进入资本市场寻求外部融资，从而公司可以经常接受资本市场的有效监督，进而减少代理成本。

四、股利政策

股利政策是指在法律允许的范围内，企业是否发放股利、发放多少股利以及何时发放股利的方针及对策。企业的净收益可以支付给股东，也可以留存在企业内部，股利政策的关键问题是确定分配和留存的比例。通常可选择的股利政策包括剩余股利政策、固定或稳定增长股利政策、固定股利支付率政策及低正常股利加额外股利政策。

（一）剩余股利政策

剩余股利政策是指公司生产经营所获得的净收益首先满足公司的权益资金需求，如果还有剩余，则派发股利；如果没有剩余，则不派发股利。其决策步骤如下：

（1）根据公司的投资计划确定公司的最佳资本预算。

（2）根据公司的目标资本结构及最佳资本预算预计公司资金需求中所需要的权益资本数额。

（3）尽可能用留存收益来满足资金需求中所需增加的股东权益数额。

（4）留存收益在满足公司股东权益增加需求后，如果有剩余再用来发放股利。

剩余股利政策的优点是：留存收益优先保证再投资的需要，从而有助于降低再投资的资金成本，保持最佳的资本结构，实现企业价值的长期最大化。

剩余股利政策的缺点是：如果完全遵照剩余股利政策，股利发放额就会每年随投资机会和盈利水平的波动而波动。即使在盈利水平不变的情况下，股利也将与投资机会的多寡呈反方向变动。投资机会越多，股利发放越少；反之，投资机会越少，股利发放越多。而在投资机会不变的情况下，股利发放额将因公司每年盈利的波动而同方向波动。剩余股利政策不利于投资者安排收入与支出，也不利于公司树立良好的形象，一般适用于公司初创阶段。

（二）固定或稳定增长股利政策

固定或稳定增长股利政策是指公司将每年派发的股利额固定在某一特定水平或在此基础上维持某一固定比率逐年稳定增长。只有在确信公司未来的盈利增长不会发生逆转时，企业才会宣布实施固定或稳定增长的股利政策。在固定或稳定增长股利政策下，首先确定的是股利分配额，而且该分配额一般不随资金需求的波动而波动。

固定或稳定增长股利政策的优点是：（1）由于股利政策本身的信息含量，它能将公司未来的盈利能力、财务状况以及管理层对公司经营的信心等信息传递出去，可以向股票市场和投资者传递一个公司经营状况稳定、管理层对未来充满信心的信号，这有利于公司在资本市场上树立良好的形象、增强投资者的信心，进而有利于稳定公司股价。（2）有利于吸引那些打算做长期投资的股东，这部分股东希望其投资的获利能够成为其稳定的收入来源，以便安排各种经常性的消费和其他支出。

固定或稳定增长股利政策的缺点是：（1）固定或稳定增长股利政策下的股利分配只升不降，股利支付与公司盈利相脱离，即不论公司盈利多少，均要按固定的乃至固定增长的比率派发股利。（2）在公司的发展过程中，难免会出现经营状况不好或短暂的困难时期，如果这时仍执行固定或稳定增长股利政策，那么派发的股利金额大于公司实现的盈利，必将侵蚀公司的留存收益，影响公司的后续发展，甚至侵蚀公司现有的资本，给公司的财务运作带来很大压力，最终将影响公司正常的生产经营活动。

因此，采用固定或稳定增长股利政策，要求公司对未来的盈利和支付能力能做出较准确的判断。一般来说，公司确定的固定股利额不应太高，要留有余地，以免陷入公司无力支付的被动局面。固定或稳定增长股利政策一般适用于经营比较稳定或正处于成长期的企业，且很难被长期采用。

（三）固定股利支付率政策

固定股利支付率政策是指公司将每年净收益的某一固定百分比作为股利分派给股东，这一百分比通常称为股利支付率。股利支付率一经确定，一般不得随意变更。固定股利支付率越高，公司留存的净收益越少。在这一股利政策下，只要公司的税后利润一经计算确定，所派发的股利也就相应确定了。

固定股利支付率政策的优点是：（1）采用固定股利支付率政策，股利与公司盈余紧密配合，体现了多盈多分、少盈少分、无盈不分的股利分配原则。（2）由于公司的盈利能力在年度间是经常变动的，因此，每年的股利也随着公司收益的变动而变动，并保持分配与留存收益间的一定比例关系。采用固定股利支付率政策，公司每年按固定的比例从税后利润中支付现金股利，从企业支付能力的角度看，这是一种稳定的股利政策。

固定股利支付率政策的缺点是：（1）传递的信息容易成为公司的不利因素。大多数公司每年的收益很难保持稳定不变，如果公司每年收益状况不同，固定支付率股利政策将导致公司每年股利分配额的频繁变化。股利通常被认为是公司未来发展前途的信号传递，波动的股利向市场传递的信息就是公司未来收益前景不明确、不可靠等，很容易给投资者留下公司经营状况不稳定、投资风险较大的不良印象。（2）容易使公司面临较大的财务压力。公司实现的盈利越多，一定支付比率下派发的股利就越多，但公司实现的盈利多并不代表公司有充足的现金派发股利，只表明公司盈利状况较好而已。如果公司的现金流量状况不好，却还要按固定比率派发股利，就很容易给公司造成较大的财务压力。（3）缺乏财务弹性。股利支付率是公司股利政策的主要内容，模式的选择、政策的制定是公司的财务手段和方法。在不同阶段，根据财务状况制定不同的股利政策，会更有效地实现公司的财务目标。但在固定股利支付率政策下，公司丧失了利用股利政策的财务方法，缺乏财务弹性。（4）合适的固定股利支付率的确定难度大。如果固定股利支付率确定得较低，不能满足投资者对投资收益的要求；而固定股利支付率确定得较高，在没有足够的现金派发股利时会给公司带来巨大的财务压力。另外，当公司发展需要大量资金时，也要受其制约。

由于公司每年面临的投资机会、筹资渠道不同，一成不变地奉行按固定比率发放股利政策的公司在实际中并不多见，固定股利支付率政策比较适合那些处于稳定发展且财务状况也较稳定的公司。

（四）低正常股利加额外股利政策

低正常股利加额外股利政策是指企业事先设定一个较低的正常股利额，每年除了按正常股利额向股东发放现金股利外，还在企业盈利情况较好、资金较为充裕的年度向股东发放高于每年度正常股利的额外股利。

低正常股利加额外股利政策的优点是：（1）低正常股利加额外股利政策赋予公司一定的灵活性，使公司在股利发放上留有余地，具有较大的财务弹性。同时，每年可以根据公司的具体情况选择不同的股利发放水平，以完善公司的资本结构，进而实现公司的财务目标。(2) 低正常股利加额外股利政策有助于稳定股价，增强投资者信心。由于公司每年固定派发的股利维持在一个较低的水平上，在公司盈利较少或需用较多的留存收益进行投资时，公司仍然能够按照既定承诺的股利水平派发股利，使投资者保持一个固有的收益保障，这有助于维持公司股票的现有价格。而当公司盈利状况较好且有剩余现金时，就可以在正常股利的基础上再派发额外股利，而额外股利信息的传递有助于公司股票价格上扬，增强投资者的信心。

可以看出，低正常股利加额外股利政策既吸收了固定股利政策对股东投资收益的保障优点，同时又摒弃了其对公司所造成的财务压力方面的不足，所以在资本市场上颇受投资者和公司的欢迎。

低正常股利加额外股利政策的缺点是：(1) 不同年份之间公司的盈利波动使得额外股利不断变化，或时有时无，造成分派的股利不同，容易给投资者以公司收益不稳定的感觉。(2) 当公司在较长时期持续发放额外股利后，可能会被股东误认为是“正常股利”，而一旦取消了这部分额外股利，传递出去的信号可能会使股东认为这是公司财务状况恶化的表现，进而可能会引起公司股价下跌的不良后果。相对来说，对那些盈利水平随着经济周期而波动较大的公司或行业，这种股利政策也许是一个不错的选择。

五、企业利润分配顺序与方案

(一) 利润分配顺序

根据我国《公司法》的规定，公司税后利润分配的顺序在不同性质的公司有所不同。

1.一般企业的利润分配顺序

企业依法缴纳所得税后的利润，属于所有者权益，对此国家不宜过多干预，但从宏观政策上对分配的次序、分配的原则做出统一规范是十分必要的。为此，现行制度主要是明确了税后利润的分配顺序，即企业实现的利润依法调整后按25%的固定比例税率缴纳所得税，企业缴纳所得税后的利润，一般按照下列顺序分配：

(1) 被没收的财物损失、支付各项税收的滞纳金和罚款。

(2) 弥补以前年度亏损。这里的亏损是指超过用所得税前利润抵补亏损的期限后仍未弥补的亏损，它主要由所得税后利润或盈余公积弥补。

(3) 提取法定盈余公积。根据规定，法定盈余公积按照税后利润扣除前两项后的10%提取，法定盈余公积已达注册资本50%时可不再提取。法定盈余公积与任意盈余公积是企业一般盈余公积，是企业自我发展的一种积累。其用途主要有以下几项：①弥补亏损。②转增资本。转增资本金后，企业的法定盈余公积一般不得低于注册资本的25%。③对于股份制企业来说，盈余公积还有一项用途就是分配股利。当年无利润时，原则上不得分配股利，但在用盈余公积弥补亏损后，经股东会特别决议，可以按照不超过股票面值6%的比率用盈余公积分配股利。分配股利后，企业法定盈余公积不得低于注册资本的25%，其目的是维护企业股票的信誉，避免股票价格大幅度波动。

(4) 向投资者分配利润。企业以前年度未分配利润可以并入本年度向投资者分配。

上述利润分配顺序的逻辑关系是：企业以前年度亏损未弥补完，不得提取盈余公积；在提取盈余公积以前，不得向投资者分配利润；企业必须按年税后利润（减弥补亏损）的10%提取法定盈余公积，当法定盈余公积已达到注册资本50%时可不再提取；企业以前年度未分配利润可以并入本年度利润分配；企业在向投资者分配利润前，经董事会决定，可以提取任意盈余公积，但股份有限公司应先分配优先股股利。

应该指出的是，不同所有制形式和经营方式的企业都应遵循上述利润分配顺序（但股份有限公司除外）。

2.股份有限公司的税后利润分配顺序

考虑到股份有限公司的税后利润分配的特殊性，财务制度单独作了规定，其顺序如下：

（1）被没收的财物损失、支付各项税收的滞纳金和罚款。

（2）弥补以前年度亏损。

（3）提取法定盈余公积。法定盈余公积按照税后利润扣除前两项后的10%提取，法定盈余公积已达注册资本50%时可不再提取。

（4）支付优先股股利。

（5）提取任意盈余公积。任意盈余公积按照公司章程或者股东会议决议提取和使用。企业提取任意盈余公积是指企业由于经营管理的需要，在向投资者分配利润之前预留并从可分配利润中划转出来的那部分有专门用途的留存收益。这是为了控制向投资者分配利润的水平以及调整各年利润分配的波动，通过提取任意盈余公积形式对向投资者分利施加限制。

（6）支付普通股股利。股份有限公司利润分配顺序的特点为：一是明确任意盈余公积提取顺序，即在分配优先股股利之后，但在分配普通股股利之前；二是向投资者分配利润时先向优先股股东分配利润，然后向普通股股东分配利润，目的是保证优先股股东的权益。

3.有限责任公司的税后利润分配顺序

对于有限责任公司的利润分配，在《有限责任公司规范意见》中有所规定，其税后利润分配顺序为：

（1）被没收的财物损失、支付各项税收的滞纳金和罚款。

（2）弥补以前年度亏损。

（3）提取法定盈余公积。

（4）经董事会决议，公司可另外提取任意盈余公积。

（5）按股东出资比例进行分配。

（二）股利分配方案的确定

确定股利分配方案需要考虑以下几方面的内容：

1.选择股利政策

股利政策不仅会影响股东的利益，也会影响公司的正常运营以及未来的发展，因此，制定恰当的股利政策显得尤为重要。

2.确定股利支付水平

股利支付水平通常用股利支付率来衡量。股利支付率是当年发放股利与当年净利润之比，或每股股利除以每股收益。

是否对股东派发股利以及股利支付率高低的确定，取决于企业对下列因素的权衡：（1）企业所处的成长周期；（2）企业的投资机会；（3）企业的筹资能力及筹资成本；

（4）企业的资本结构；（5）股利的信号传递功能；（6）借款协议及法律限制；（7）股东偏好；（8）通货膨胀等。

3.确定股利支付形式

按照股份有限公司对其股东支付股利的不同方式，股利可以分为不同的种类。其中，常见的有以下种类：

（1）现金股利。现金股利是以现金支付的股利，它是股利支付最常见的方式。

（2）财产股利。财产股利是以现金以外的其他资产支付的股利，主要是以公司所拥有的其他公司的有价证券，如公司债券、公司股票等，作为股利发放给股东。

（3）负债股利。负债股利是以负债方式支付的股利，通常以公司的应付票据支付给股东，有时也以发行公司债券的方式支付股利。

财产股利和负债股利实际上都是现金股利的替代方式，但目前这两种股利方式在我国公司中极少使用。

（4）股票股利。股票股利是公司以增发股票的方式所支付的股利，在我国实务中通常也称为“红股”。股票股利对公司来说，并没有现金流出企业，也不会导致公司的财产减少，而只是将公司的留存收益转化为股本。但股票股利会增加流通在外的股票数量，同时降低股票的每股价值。它不会改变公司股东权益总额，但会改变股东权益的构成。

（三）股利的发放

公司在选择了股利政策、确定了股利支付水平和方式后，应当进行股利发放。公司股利发放必须遵循相关的要求，按照日程安排来进行。一般而言，股利的发放需要按照下列日程来进行：

1.预案公布日

上市公司分派股利时，首先要由公司董事会制定分红预案，包括本次分红的数量、分红的方式，股东大会召开的时间、地点及表决方式等，以上内容由公司董事会向社会公开发布。

2.宣布日

董事会制定的分红预案必须经过股东大会讨论，只有讨论通过之后，才能公布正式分红方案及实施的时间。

3.股权登记日

股权登记日是由公司在宣布分红方案时确定的一个具体日期。凡是在此指定日期收盘之前取得了公司股票，成为公司在册股东的投资者，都可以作为股东享受公司分派的股利，在此日之后取得股票的股东则无权享受已宣布的股利。

4.除息日

在除息日，股票的所有权和领取股息的权利分离，股利权利不再从属于股票，所以在这一天购入公司股票的投资者不能享有已宣布发放的股利。另外，由于失去了“附息”的权利，除息日的股价会下跌，下跌的幅度约等于分派的股息。

5.股利发放日

在这一天，公司按公布的分红方案向股权登记日在册的股东实际支付股利。

本章小结

营业收入是指企业在一定时期内由于销售商品或提供劳务等而取得的收入，包括主营业务收入和其他业务收入。

企业及时取得营业收入具有重要的意义：首先这是保证企业再生产过程不断进行的重要前提条件；其次这是实现企业盈利的前提；最后这是加速企业资金周转的重要环节。

销售实现一般有两个标志：一是物权的转移；二是收到货款或取得收取货款的凭据。

销售净收入是销售商品收入减销售退回、销售折让、销售折扣后的余额。

企业必须加强营业收入的管理：首先应加强促销工作；其次应加强销售合同管理；最后应加强销售结算管理。

企业的收益分配应当遵循以下原则：(1) 依法分配原则；(2) 资本保全原则；(3) 兼顾各方面利益原则；(4) 分配与积累并重原则；(5) 投资与收益对等原则。

企业在确定收益分配政策时，应当考虑相关因素的影响，包括法律因素、公司因素、股东因素、债务契约与通货膨胀等。

股利政策是指在法律允许的范围内，企业是否发放股利、发放多少股利以及何时发放股利的方针及对策。企业通常可选择的股利政策包括剩余股利政策、固定或稳定增长股利政策、固定股利支付率政策及低正常股利加额外股利政策。

企业利润分配的顺序是：(1) 被没收的财物损失、支付各项税收的滞纳金和罚款；(2) 弥补以前年度亏损；(3) 提取法定盈余公积；(4) 向投资者分配利润。

股利的支付需要按照下列日程来进行：预案公布日、宣布日、股权登记日、除息日、股利发放日。

复习思考题

1. 简述营业收入的含义及构成。
2. 及时取得营业收入的意义是什么？
3. 如何加强企业营业收入的管理？
4. 收益分配的原则有哪些？
5. 股利政策有哪些种类？各有何优缺点？
6. 股份有限公司利润分配的顺序是怎样的？
7. 股利的种类有哪些？

第九章

财务控制

学习目标

在了解财务控制的含义与种类的基础上，掌握责任中心的特征；重点掌握成本中心、利润中心和投资中心的特点及考核指标。

学习重点与难点

财务控制、财务控制的种类、责任中心、成本中心、利润中心、投资中心。

第一节 财务控制概述

一、财务控制的含义

（一）财务控制的定义与特征

控制是指对客观事物进行约束和调节，使之按照设定的目标和轨迹运行的过程。财务控制是按照一定的程序和方式确保企业及其内部机构和人员全面落实、实现财务预算的过程。财务控制具有以下特征：

1.财务控制是一种价值控制

财务控制以财务预算为目标，财务预算包括的现金预算、预计利润表和预计资产负债表，都是以价值形式反映的，财务控制也是借助价值手段进行的，无论是责任预算、责任报告、业绩考核，还是企业内部各机构和人员之间的相互制约关系，都需借助价值指标或内部转移价格来进行。

2.财务控制是一种综合控制

由于财务控制以价值为手段，将各种性质不同的业务综合在一起，因而财务控制不是针对某一具体业务活动的分散控制。财务控制不仅可以将各种性质不同的业务综合起来进行控制，也可以将不同岗位、不同部门、不同层次的业务活动综合起来进行控制。财务控制的综合性最终表现为其控制内容都归结为资产、利润、成本这些综合价值指标。

3.财务日常控制以现金流量控制为目的

日常的财务活动过程表现为一个组织现金流量的过程，为此，企业要编制现金预算作为组织现金流量的依据，要编制现金流量表作为评估现金流量状况的依据。

（二）财务控制的作用

财务控制与财务预测、决策、预算和分析等环节构成财务管理的循环。其中，财务控制是财务管理循环的关键环节，它对实现财务管理目标具有决定作用。在财务管理中，如果仅限于确定合理的决策，甚至制定切实可行的财务预算，而对实施预算的行动不加控制，预定的财务目标是难以实现的。从一定意义上说，财务预测、决策和预算为财务控制指明了方向，提供了依据、规划、措施；而财务控制则对这些设想和规划加以落实。没有财务控制，任何财务预测、决策和预算都是徒劳无益的。此外，财务控制是借助货币手段对生产经营活动所实施的控制，在企业整个经济控制系统中是一种连续性、系统性和综合性最强的控制，它在企业经济控制系统中处于特殊地位，起着保证、促进、监督和协调等重要作用。

二、财务控制的基础

财务控制的基础是指进行财务控制所必须具备的基本条件，主要包括以下几个方面：

（一）组织保证

控制必然涉及控制主体和被控制对象。就控制主体而言，应围绕财务控制建立有效的组织保证。例如，为了确定财务预算，应建立相应的决策和预算编制机构；为了组织和实施日常财务控制，应建立相应的监督、协调、仲裁机构；为了便于内部结算，应建立相应的内部结算组织；为了考评预算的执行结果，应建立相应的考评机构。在实践过程中，可根据需要，将这些机构的职能合并到企业的常设机构中，或者将这些机构的职能进行归并。就被控制对象而言，应本着有利于将财务预算分解落实到企业内部各部门、各层次和各岗位的原则，建立各种执行预算的责任中心，使各责任中心对分解的预算指标既能控制，又能承担完成责任。

（二）制度保证

内部控制制度包括组织机构的设计与企业内部采取的所有相互协调的方法和措施。这些方法和措施用于保护企业的财产，检查企业会计信息的准确性和可靠性，提高经营效率，促使有关人员遵循既定的管理方针。围绕财务预算的执行，也应建立相应的保证措施或制度，如人事制度、奖罚制度等。

（三）预算目标

财务控制应以建立健全财务预算为依据，面向整个企业的财务预算是控制企业经济活动的依据。财务预算应分解落实到各责任中心，使之成为控制各责任中心经济活动的依据。若财务预算所确定的目标严重偏离实际，财务控制就无法达到预定的目的。

（四）会计信息

无论什么控制都离不开真实、准确的信息，财务控制也必须以会计信息为前提。它包括两个方面的内容：

（1）财务预算总目标的执行情况必须通过企业的汇总会计核算资料予以反映，透过这些会计资料可以了解、分析企业财务预算总目标的执行情况、存在的差异及原因，并提出相应的纠偏措施。

（2）各责任中心以至各岗位的预算目标的执行情况必须通过各自的会计核算资料予以反映，透过这些会计资料可以了解、分析各责任中心以至各岗位预算目标的完成情况，将其作为各责任中心以至岗位改进工作的依据和考核它们工作业绩的依据。

正是由于会计信息或资料对财务控制如此重要，因此必须通过健全会计核算基础工作，确保会计信息或资料真实、准确、及时提供，并应建立按责任中心设置的会计核算体系。

（五）信息反馈系统

财务控制是一个动态的控制过程，要确保财务预算的贯彻实施，必须对各责任中心执行预算的情况进行跟踪监控，不断调整执行偏差。为此，必须建立一个信息反馈系统。它应具备以下特征：

（1）信息反馈系统应是一个双向流动系统，它不仅能由下至上反馈财务预算的执行情况，也能由上至下传输调整预算偏差的要求，做到下情上报、上情下达。

（2）信息反馈系统应是一个传输程序和传输方式都十分规范的系统。就传输程序而言，应明确规定传输的路径、环节以及每一环节的信息内容；就传输方式而言，应明确规定传输的媒体及标准样式，如报告的格式等。

（3）信息反馈系统应灵敏有效。它既要求信息传输及时、迅速，也要求确保传输的信息真实、可靠，并建立起相应的信息审查机构和责任制度。

（六）奖罚制度

财务控制的最终效率取决于是否有切实可行的奖罚制度，以及是否严格执行这一制度；否则，即使有符合实际的财务预算，也会因为财务控制的软化而得不到贯彻落实。奖罚制度及其执行包括以下内容：

（1）奖罚制度必须结合各责任中心的预算责任目标制定，体现公平、合理、有效的原则。

（2）要建立严格的考评机制。是否奖罚取决于考评的结果，考评是否正确直接影响奖罚制度的效力。严格的考评机制包括建立考评机构、确定考评程序、审查考评数据、依照制度进行考评和执行考评结果。

（3）要把过程考核与结果考核结合起来，把即时奖罚与期间奖罚结合起来。这一方面要求在财务控制过程中随时考核各责任中心的责任目标和执行情况，并根据考核结果当即奖罚；另一方面要求一定时期（一般为年度）终了时，根据财务预算的执行结果，对各责任中心进行全面考评，并进行相应的奖罚。

三、财务控制的种类

财务控制可以按不同的标准进行分类。

（一）按控制的时间分类

财务控制按控制的时间分为事前财务控制、事中财务控制和事后财务控制。

（1）事前财务控制是指财务收支活动尚未发生之前所进行的控制，如财务收支活动发生之前的申报审批制度、产品设计成本的规划等。

（2）事中财务控制是指财务收支活动发生过程中所进行的控制，如按财务预算要求监督预算的执行过程，对各项收入的去向和支出的用途进行监督，对产品生产过程中发生的成本进行约束等。

（3）事后财务控制是指对财务收支活动的结果所进行的考核及相应的奖罚，如按财务预算的要求对各责任中心的财务收支结果进行评价，并以此实施奖罚标准，在产品成本形成之后进行综合分析与考核，确定各责任中心和企业的成本责任。

（二）按控制的主体分类

财务控制按控制的主体分为出资者财务控制、经营者财务控制和财务部门的财务控制。

（1）出资者财务控制是为了实现其资本保全和资本增值目标而对经营者的财务收支活动进行的控制，如对成本开支范围和标准做出规定等。

（2）经营者财务控制是为了实现财务预算目标而对企业及各责任中心的财务收支活动所进行的控制。这种控制是通过经营者制定财务决策目标，并促使这些目标被贯彻执行而实现的，如企业的筹资、投资、资产运用、成本支出决策及其执行等。

（3）财务部门的财务控制是财务部门为了有效地组织现金流动，通过编制和执行现金预算，对企业日常财务活动所进行的控制，如对各项货币资金用途的审查等。通常认为出资者财务控制是一种外部控制，而经营者财务控制和财务部门的财务控制是内部控制。

（三）按控制的依据分类

财务控制按控制的依据分为预算控制和制度控制。

（1）预算控制是指以财务预算为依据，对预算执行主体的财务收支活动进行监督、调整的控制形式。预算表明了其执行主体的责任和奋斗目标，规定了预算执行主体的行为。

（2）制度控制是指通过制定企业内部规章制度，并以此为依据约束企业和各责任中心财务收支活动的控制形式。制度控制通常规定只能做什么，不能做什么。与预算控制相比，制度控制具有防护性的特征，而预算控制主要具有激励性的特征。

（四）按控制的对象分类

财务控制按控制的对象分为收支控制和现金控制或货币资金控制。

（1）收支控制是对企业和各责任中心的财务收入活动和财务支出活动所进行的控制。控制财务收入活动，旨在达到高收入的目标；控制财务支出活动，旨在降低成本，减少支出，实现利润最大化。

（2）现金控制是对企业和各责任中心的现金流入和现金流出活动所进行的控制。由于企业财务会计采用权责发生制，导致利润不等于现金净流入，所以，对现金有必要单独控制。此外，日常财务活动主要是组织现金流动的过程，现金控制就十分重要。通过现金控制，力求实现现金流入和现金流出的基本平衡，既要防止因现金短缺而可能出现的支付危机，也要防止因现金沉淀而可能出现的机会成本增加。

（五）按控制的手段分类

财务控制按控制的手段分为定额控制和定率控制，也可称为绝对控制和相对控制。

（1）定额控制是指对企业和责任中心的财务指标采用绝对额进行控制。一般而言，对激励性指标确定最低控制标准，对约束性指标确定最高控制标准。

（2）定率控制是指对企业和责任中心的财务指标采用相对比率进行控制。一般而言，定率控制具有投入与产出对比、开源与节流并重的特征。相比较而言，定额控制没有弹性，定率控制具有弹性。

|第二节| 责任控制

一、责任中心的含义及特征

（一）责任中心的含义

企业为了实行有效的内部协调与控制，通常都按照统一领导、分级管理的原则，在其内部合理划分责任单位，明确各责任单位应承担的经济责任、应享有的权利，促使各责任单位尽其责任协同配合。责任中心就是承担一定经济责任，并享有一定权利的企业内部单位或责任单位。

企业为了保证财务预算的贯彻落实和最终实现，必须把总预算中确定的目标和任务按照责任中心逐层进行指标分解，形成责任预算，使各责任中心明确目标和任务。责任预算执行情况的揭示和考评可以通过责任会计来进行，责任会计围绕各责任中心，把衡量工作成果的会计同企业生产经营的责任制紧密结合起来，成为企业内部控制体系的重要组成部分。由此可见，建立责任中心是实行责任预算和责任会计的基础。

（二）责任中心的特征

1.责任中心是一个责、权、利相结合的实体

责任中心的设立意味着它要对一定的财务指标承担完成的责任，同时，它也被赋予与其所承担责任的范围和大小相适应的权力，并规定了相应的业绩考核标准和利益分配标准。

2.责任中心具有承担经济责任的条件

责任中心有两方面的含义：一是责任中心具有履行经济责任中各条款的行为能力；二是责任中心一旦不能履行经济责任，能对其后果承担责任。

3.责任中心所承担的责任和行使的权力应是可控的

每个责任中心只能对其责权范围内可控的成本、收入、利润和投资负责，在责任预算和业绩考评中也只应包括它们能控制的项目。可控是相对于不可控而言的，不同的责任层次的可控范围并不一样。一般而言，责任层次越高，其可控范围就越大。

4.责任中心具有相对独立的经营业务和财务收支活动

5.责任中心便于进行责任会计核算或单独核算

责任中心不仅要划清责任而且要单独核算，划清责任是前提，单独核算是保证。只有既划清责任又能进行单独核算的企业内部单位，才能作为一个责任中心。根据企业内部责任中心的责权范围及业务流程的特点不同，责任中心可以分为成本中心、利润中心、投资中心三大类。

二、成本中心

（一）成本中心的含义及分类

成本中心是指只拥有对成本控制的管理权限并承担相应责任的责任中心。成本中心的生产经营活动只对成本产生影响而不考虑对收入、利润和投资的影响。

成本中心的应用范围最广，任何成本发生的区域都可以确定为成本中心。在一个企业

里，大到分厂、分公司、车间、职能部门，小到工段、班组，甚至个人，都可能成为成本中心。成本中心的大小对其所计算、考核和控制的内容、范围是不一样的。范围大的成本中心要求全面、完整、系统，往往涉及所有成本项目；范围小的成本中心可能只能控制、考核一项或几项主要成本指标或某个单项成本项目。

成本中心有两种类型：标准成本中心和费用成本中心。

1.标准成本中心

标准成本中心是既有投入也有产出的成本中心，它可以为企业提供一定的物质成果，如在产品、半成品或产成品成本中心，其发生的成本可以通过标准成本或弹性预算予以控制。

2.费用成本中心

费用成本中心主要为企业提供一定的专业性服务，如企业的财会、统计、设计、行政、总务等部门。这类中心的特点是只有管理和服务，无所谓投入和产出，因此只能通过预算的形式进行控制。

（二）成本中心绩效考评的依据

因为成本中心只对本中心所发生的成本负责，因而在进行绩效考评时，应对成本中心能负责的成本控制结果进行考评，而那些虽然在本中心发生，但是本中心不能控制的成本不能作为考评的依据。

【例9-1】某儿童玩具厂主要生产木制幼儿系列玩具，有电动木制玩具，如木制老爷车、汽车仿真模型等；也有手动木制玩具，如转向风车等。由于该儿童玩具厂制造的玩具具有“绿色环保”标志，而且玩具厂也致力于开发幼儿智力，所以虽然玩具厂规模并不是很大，生产数量也并不是很多，但销售情况却不错。今年，玩具厂决定扩大生产规模以提高销售量，所以决定实行全员责任制，寻求更佳的效益。根据过去详细的成本资料，他们制定了详细的成本费用控制办法。

玩具所耗材料实行定额管理：木材采用优质木材，单件定额规定为5元；工人工资实行计件工资制，计件单价为3.5元；制作过程中需用的专用刻刀，每件产品限领1把，单价1.3元；刀片每2件产品更换1片，每片0.5元；劳保手套每产出10件玩具领用1付，单价0.9元。电动玩具电池，每件产品2节，外购单价1元。本月发生固定资产折旧费4 000元，办公费600元，保险费400元，当期计划产量4 000件。

车间管理员刘某所管理的生产一车间被确定为一个成本中心，本月订单2 500件。在组织生产时，刘某为调动生产人员的积极性，在保证生产质量的前提下，对材料消耗定额进行了限定：木材单件消耗定额由5元降低为4.5元，制作过程中需用的专用刻刀由2 500把降低至2 420把，成本3 146元；领用刀片1 200片，成本600元。本月月底，玩具厂负责人在对成本进行考核时，决定对刘某及其所在的生产一车间予以嘉奖。玩具厂负责人根据什么对刘某进行嘉奖呢？

玩具厂负责人首先确定生产一车间的责任成本，然后对成本中心的绩效进行考评。

1.责任成本

责任成本不同于一般的产品成本，它不是以有关产品为对象，而是以有关责任中心为对象进行归集的，是某一特定成本中心必须且能够负责的有关成本费用。现以例9-1为依据，对生产一车间的产品成本和责任成本列表，见表9-1。

表9-1　　生产一车间产品成本及责任成本一览表　　单位：元

序号	成本项目	定额成本	产品成本	责任成本
1	直接材料	14 500	13 250	11 250
1.1	木材	12 500	11 250	11 250
1.2	电池	2 000	2 000	
2	直接人工	8 750	8 750	
3	制造费用	7 100	6 571	
3.1	折旧费	2 000	2 000*	
3.2	专用刻刀	3 250	3 146	3 146
3.3	刀片	625	600	600
3.4	劳保手套	225	225	225
3.5	办公费	600	400*	
3.6	保险费	400	200*	
4	合计	30 350	28 571	15 221

注：（1）2 000*为分配给一车间的折旧费；（2）400*为分配给一车间的办公费；（3）200*为分配给一车间的保险费。

由表9-1可知，产品成本不一定是成本中心的责任成本。为了正确计算和严格控制成本中心的责任成本，必须将一个责任中心所发生的成本划分为可控成本和不可控成本。所谓可控成本，是指成本中心能事先确定成本项目及预计发生额，并能准确计算其实际发生额，对成本项目和耗费进行直接调节、控制的成本。如表9-1中的木材成本，生产一车间能够预知生产一件木制玩具需要耗费多少，并且通过提高生产工艺等方法进行控制。此类成本就属于可控成本。凡不同时具备上述特征的成本，则为不可控成本。如表9-1中的电池成本，属于外购的，生产一车间并不能控制，因此属于一车间的不可控成本。一般说来，可控成本与不可控成本是相对而言的，应视具体情况而定，因为在企业内部，对有些部门是可控成本，对另外一个部门来说可能就是不可控成本。例如，材料的买价和采购费用一般属于采购供应部门的可控成本，而对生产部门或某些服务部门来说，就是不可控成本。同时，某些成本对于下一级责任中心而言是不可控成本，但对于上一级责任中心而言就可能是可控成本。例如，企业发生的保险费，对于企业管理部门来说，属于可控成本，因为企业是否需要保险由企业的管理人员拍板定夺，但对于生产一车间来说，保险费就是该生产车间的不可控成本。再者，某些成本从局部来看是不可控成本，但从全局来看却是可控成本。例如，固定资产折旧费每期实际分配给有关使用单位负担的具体数额，对单个使用单位而言属于不可控成本，但对整个企业而言却是可控成本。此外，某些成本作为某一成本中心的可控成本，并不表明该成本的全部实际耗费都是这一成本中心的可控成本，如加工产品耗用的原材料属于加工车间的可控成本，但由于材料质量原因而造成的超定额消耗，则不应该作为加工车间的可控成本。

从一个成本中心来看，变动成本大多是可控成本，固定成本大多是不可控成本。然而这种划分并不是绝对的，还要结合有关情况，按成本习性作具体分析。从成本的归属与成本中心的关系来看，成本可分为直接成本和间接成本。直接成本是指各成本中心直接发生的成本；间接成本是指由其他部门分配进来的成本。一般来讲，直接成本大多是可控成本，间接成本大多是不可控成本。当然，这样划分也不是绝对的。

2.成本中心绩效考评

由于成本中心没有收入，只对成本负责，因而对成本中心的评价与考核应以责任成本为重点，即以它的业绩报告为依据来衡量责任成本的实际数与预算数出现的差异，并分析其差异产生的原因。

成本中心编制的业绩报告也叫“实绩报告”，通常只需按该中心可控成本的各明细项目列示预算数（定额数）、实际数和差异数三栏，指标可用金额、实物或时间量度。西方有些企业在“差异”栏后面加上“差异原因分析”栏，此栏的主要目的是进行信息反馈或今后进行修改预算。

为保证对成本中心的工作绩效进行恰当的考评，除正确计算、归集各成本中心的责任成本，对其所能控制和调节的直接成本实施有效的控制外，还必须使间接成本在各有关成本中心之间进行合理的分配。间接费用在若干有关责任中心之间进行分配，不应依据费用实际发生额和实际费用分配率，而应依据间接费用预算额和预算分配率。采用这种费用分配方法，有利于明确区分经济责任，正确评价和考核责任中心的工作业绩。如例9-1中，对企业的保险费、折旧费以及办公费都进行了分配，若分配不合理，则生产一车间的绩效考评就会受到影响。生产一车间编制的成本中心绩效报告见表9-2。

表9-2　**生产一车间的成本中心绩效考评报告**　单位：元

序号	成本项目	定额成本	实际发生额	差额
1	可控成本	16 600	15 221	-1 379
1.1	木材	12 500	11 250	-1 250
1.2	专用刻刀	3 250	3 146	-104
1.3	劳保手套	225	225	0
1.4	刀片	625	600	-25
2	不可控成本	13 750	13 750	
2.1	直接人工	8 750	8 750	
2.2	电池	2 000	2 000	
2.3	折旧费	2 000	2 000	
2.4	办公费	600	400	
2.5	保险费	400	200	

注：在表9-2中，虽然木材、专用刻刀、劳保手套、刀片是可控成本，但这是相对而言，因为这几项成本都可划分为消耗定额和单位价格的乘积。严格地说，对于生产一车间，材料消耗定额是可控成本，而单位价格则是不可控成本，因为采购材料的价格是由采购部门负责的。

三、利润中心

（一）利润中心的含义及分类

利润中心是其责任者既能控制成本，又能控制收入的责任中心。利润中心是比成本中心更高一级的责任中心，它不仅要调节和控制成本、费用的发生，而且要调节和控制收入、利润的实现，应对成本和利润同时承担责任。利润中心通常是企业中具有独立收入来源的较高的管理层次中能实现自负盈亏的部门或单位，如分公司、分厂和条件比较成熟的车间。在这些部门和单位里，一般都要进行较为完整的生产经营过程，从事较为全面的会计核算，向上一级责任中心报送规定的收益报表资料。

利润中心要对其实现的利润向上一级责任中心负责，对利润额负责的实质是对收入和成本负责。其中，成本是指责任成本，既包括利润中心发生的可控成本，也包括利润中心的下属成本中心发生的责任成本。

利润中心有两种形式：自然利润中心和人为利润中心。

自然利润中心是指对外能直接销售商品或提供劳务、取得收入、给企业带来利润的责任单位，如独立核算的事业部、对外承接业务并单独核算的修理部门等。自然利润中心的利润构成企业利润总额的一部分，其利润的增减变动会使企业总利润发生相应的变动。显然，一个责任中心要成为自然利润中心应满足以下条件：（1）有独立的收入来源；（2）能够进行独立核算；（3）对销售产品和提供劳务的数量、价格、成本具有控制能力。

人为利润中心是指在企业内部各部门之间供应产品或劳务，但并不对外直接销售的责任单位。如进行多步骤加工产品的车间，假设产品生产流程是一车间生产后转移到二车间，二车间生产后转移到三车间，其中一、二车间的半成品可对外出售，那么，这三个基本生产车间都可以作为利润中心予以核算。实际上，大多数成本中心都可以成为人为利润中心，因为总可以为它们的产品或劳务确定合适的内部转移价格。但不是企业内部所有的责任单位都可以成为利润中心，只有成本和收入都能明确划分并受其控制和影响的责任单位，才能成为利润中心。一般来说，西方企业的利润中心大部分是自然利润中心，都能对外销售产品，为企业赚取利润。我国企业的利润中心多半是人为利润中心，即在内部核算的基础上将产品或劳务转移给内部其他责任中心。人为利润中心的利润并不是通过市场销售实现的利润，而是按照内部转移价格结算，视同内部销售形成的利润，它不是真正的利润，不一定能在企业利润总额中得到直接体现，各人为利润中心的内部利润之和扣除不可控的期间成本并不等于企业利润总额。

（二）利润中心的绩效考评

利润中心对利润负责，因此，利润中心的责任预算应包括销售收入、成本和利润三个组成部分。在利润中心的责任成本中，大部分是下属成本中心的责任成本，通常只有管理费用和销售费用是利润中心的可控成本。利润中心责任预算的格式与一般的收益表形式大体相同。区别在于责任利润预算除了应将成本划分为变动成本和固定成本以外，还应将变动成本和固定成本中由下属成本中心转来的责任成本和利润中心本身的可控成本分开。

由于许多企业都存在应由几个利润中心共同负担的联合固定成本，利润中心无法控制联合固定成本的数额，所以，对这部分固定成本有两种处理方法：其一是不将其在利润中心之间进行分配。在这种情况下，利润中心的业绩报告中没有利润额，只有边际贡献额。

其二是将其在各利润中心之间进行分配。在这种情况下，利润中心的业绩报告中有利润额，但是，对利润中心进行考核时，还要剔除这部分固定成本的影响，即仍然考核其边际贡献额。因此，利润中心的业绩考核重点是边际贡献和利润，通常是以成本、收入、利润的责任预算为依据，考核分析其实际完成情况。利润中心业绩考核指标通常有边际贡献、利润和销售利润率。其计算公式为：

边际贡献=销售收入-（变动性制造成本+变动性营业及管理费用）

利润=边际贡献-（固定性制造成本+固定性营业及管理费用）

销售利润率=利润÷销售收入×100%

利润中心应编制绩效报告，将实际销售成本、实际销售收入及实际利润同销售成本预算、销售收入预算及利润预算进行对比，集中反映利润预算的完成情况。其报告通常只包括“责任预算”、“实际执行情况”和“差异”三栏。对差异产生原因的进一步分析，可以作为第四栏，也可以另附说明材料。

【例 9-2】某销售门市部是某医疗器械厂的直属分销机构，由该厂王某承包，自主经营，自负盈亏，并渐渐脱离医疗器械厂，成为一家专门代理销售医疗器械的销售门市部。王某和医疗器械厂签订了合约，主要内容如下：销售门市部主要经营医疗器械厂的产品，可以从销售医疗器械的收入中提取30%作为销售门市部的收入，销售价格由销售门市部自己掌握，销售门市部的主要推销人员不属于医疗器械厂工人，工资由销售门市部自己负责。

经过测算，销售门市部发生的主要成本费用预算以及预计的收入见表 9-3。

表 9-3　**销售门市部预计费用、收入一览表**

项　目	金额（元）	
一、成本项目		说明 1. 销售人员的效益工资从销售医疗器械的收入中提成5%。若年底完不成销售任务，则对固定工资也给予一定程度的扣除 2. 销售医疗器械每人给予的推销佣金有两种形式：现场试用或每台器械给予500元的推销广告费。这两种形式由销售人员自己选择和掌握 3. 房屋是租用医疗器械厂的门市房，月租金20 000元
（一）销售人员工资，包括：		
1. 固定工资	1 500	
2. 效益工资		
（二）办公费	4 000	
（三）水电费	2 000	
（四）推销费	15 000*	
（五）折旧费	6 000	
（六）房屋租金	20 000	
（七）管理人员工资	30 000	
合计	78 500	
二、销售收入	300 000	

注：*此项费用是根据以往的销售情况确定的。

年底，某销售门市部实际成本执行情况和利润见表 9-4。

表9-4 **某销售门市部的利润绩效报告** 单位：元

项　目	实际数	预算数	差异
一、销售收入	256 000	300 000	-44 000
二、变动成本			
（一）变动性效益工资	50 000	60 000	-10 000
（二）变动性推销成本	45 000	50 000	-5 000
变动成本合计	95 000	110 000	-15 000
边际贡献	161 000	190 000	-29 000
三、固定成本			
（一）办公费	4 000	4 000	
（二）水电费	2 000	2 000	
（三）管理人员工资	30 000	30 000	
（四）推销产品试用成本	15 000	10 000	5 000
固定成本合计	51 000	46 000	5 000
四、不可控成本			
（一）折旧费	6 000	6 000	
（二）房屋租金	20 000	20 000	
不可控成本合计	26 000	26 000	
营业利润	84 000	118 000	-34 000
销售利润率（%）	32.81	39.33	

表9-4中，虽然计算出了预计和实际的营业利润，但是此指标并不能作为绩效考评的依据，因为上述成本中含有两项不可控成本。销售门市部并没有实现预期的利润，分析原因，主要有：

（1）对利润预计稍高。销售门市部只是根据历史销售经验进行销售预测，没有进行认真的市场调查和市场预测。鉴于此，销售门市部决定下一年要对市场进行认真调查和预测，若预测产品销售情况不十分理想，可以拓展其他销售业务。

（2）成本情况估计不准确。因为在推销佣金中采用了两种形式，大多数推销员愿意使用每台给予一定现金推销广告费的形式，这种形式在执行过程中出现了一定的弊端，对这部分成本控制情况并不理想。销售门市部决定下一年实行公司总体做电视广告和发放宣传单的形式，以此扩大销售额。

四、投资中心

（一）投资中心的含义

投资中心是指某些分散经营的单位或部门，其经理所拥有的自主权不仅包括制定价格、确定产品和生产方法等短期经营决策权，而且还包括投资规模和投资类型等投资决策权。投资中心的经理不仅能控制成本和收入，而且能控制占用的资产，因此，不仅要衡量其利润，而且要衡量其资产并把利润与其所占用的资产联系起来。

（二）投资中心的绩效考评

考核和评价投资中心绩效的指标通常有以下三个：

1.投资报酬率

这是最常见的考评投资中心绩效的指标。这里所说的投资报酬率是部门的税前利润除以该部门所拥有的资产额。假设某个部门的资产额为20 000元，税前利润为4 000元，那么投资报酬率为：

投资报酬率=4 000÷20 000×100%=20%

用投资报酬率来评价投资中心绩效有许多优点：它是根据现有的会计资料计算的，比较客观，可用于部门之间以及不同行业之间的比较。投资人非常关心这个指标，公司总经理也十分关心这个指标，用它来评价每个部门的绩效，促使其提高本部门的投资报酬率，有助于提高整个企业的投资报酬率。投资报酬率可以分解为投资周转率和销售利润率两者的乘积，并可进一步分解为资产的明细项目和收支的明细项目，从而对整个部门的经营状况做出评价。

投资报酬率指标的不足也是十分明显的：部门经理会放弃高于资金成本而低于目前部门投资报酬率的机会，或者减少现有的投资报酬率较低但高于资金成本的某些资产，使部门的绩效获得较好评价，却伤害了企业整体的利益。

假设前边提到的企业资金成本为15%，部门经理面临一个投资报酬率为17%的投资机会，投资额为10 000元，每年净利1 700元。尽管对整个企业来说，由于投资报酬率高于资金成本，应当利用这个投资机会，但是它却使这个部门的投资报酬率由过去的20%下降到19%。

投资报酬率=（4 000+1 700）÷（20 000+10 000）×100%=19%

同样道理，若情况与此相反，假设该部门现有资产中有一项价值5 000元，该资产每年获利850元，投资报酬率为17%，超过了资金成本。部门经理却愿意放弃该项资产，以提高部门的投资报酬率：

投资报酬率=（4 000−850）÷（20 000−5 000）×100%=21%

当使用投资报酬率作为绩效评价标准时，部门经理可以通过加大公式分子或减少公式分母来提高这个比率。实际上，减少分母更容易实现，这样做会失去不是最有利但可以扩大企业总净利的项目。从引导部门经理采取与企业总体利益相一致的决策来看，投资报酬率并不是一个很好的指标。

2.剩余收益

为了克服由于使用比率衡量部门绩效带来的次优化问题，许多企业采用绝对数指标来实现利润与投资之间的联系，这就是剩余收益指标。

剩余收益=部门利润−部门资产应计报酬=部门利润−部门资产×资金成本率

剩余收益的主要优点是可以使绩效评价与企业的目标协调一致，引导部门经理采纳高于企业资金成本的决策。根据前面的资料计算：

目前部门剩余收益=4 000−20 000×15%=1 000（元）

采纳增资方案后剩余收益=（4 000+1 700）-（20 000+10 000）×15%=1 200（元）

采纳减资方案后剩余收益=（4 000-850）-（20 000-5 000）×15%=900（元）

这样，部门经理会采纳增资方案而放弃减资方案，这与企业总目标是一致的。

采用剩余收益指标还有一个好处，就是允许使用不同的风险调整资金成本。从现代财务理论来看，不同的投资有不同的风险，要求按风险程度调整其资金成本。因此，不同行业部门的资金成本不同，甚至同一部门的资产也属于不同的风险类型。例如，现金、短期应收款和长期资本投资的风险有很大区别，要求有不同的资金成本。在使用剩余收益指标时，可以对不同部门或者不同资产规定不同的资金成本百分数，使剩余收益这个指标更加灵活。而投资报酬率的评价方法并不区别不同资产，无法分别处理风险不同的资产。

当然，剩余收益是绝对数指标，不便于不同部门之间的比较。规模大的部门容易获得较多的剩余收益，而其投资报酬率并不一定很高。在这里，我们再次体会到引导决策与评价绩效之间的矛盾。因此，许多企业在使用这一方法时，事先建立与每个部门资产结构相适应的剩余收益预算，然后通过实际与预算的对比来评价部门业绩。

3.现金回收率

在前面的讲述中，我们曾强调使用现金流量分析，并指出以利润为项目评估主要指标的局限性，在评估实际绩效时，重点又转移到收益或以收益为基础的衡量指标上（如投资报酬率或剩余收益）。显然，投资决策的评估方法和投资决策执行结果的评价方法之间存在矛盾，这使得事先的预算和事后的评价不能采用统一指标，无法检查设想的实现程度，或者说无法检查是否执行了既定决策。在目前的实践中，投资评估的标准与绩效评价的标准之间不存在直接联系，前者以现金流量为基础，后者以收益为基础。一个通过现金流量分析被认为足够好的项目被采纳了，因其有较好的净现值、内含报酬率和回收期。这个项目执行以后，我们不再根据实际数据计算这些指标，它们好像被遗忘了，而是另外建立一套以收益为基础的指标，如投资报酬率和剩余收益，这些指标在项目实施以前从未计算过。

为了使项目评估和绩效评价趋于一致，我们有两种选择：一种是投资决策改为以利润指标为基础；另一种是绩效评价改为以现金流量为基础。前一种选择会受到间接费用分配方法多样性的困扰，而且难以处理货币的时间价值因素；后一种选择要容易得多。

以现金流量为基础的绩效评价指标是现金回收率和剩余现金流量。

现金回收率=营业现金流量÷总资产×100%

公式中的分子是年现金收入与年现金支出的差额，分母是部门资产的历史成本平均值。假设某部门营业现金流量为5 000元，资产的历史成本平均值为20 000元，则：

现金回收率=5 000÷20 000×100%=25%

如果各年的现金流量相同，则现金回收率为回收期的倒数。对于长期资产来说，例如，寿命在15年以上的资产，现金回收率近似于内含报酬率，即接近实际的投资报酬率，这个指标可以检验投资评估指标的实际执行结果，减少了为争取投资而夸大项目获利水平的现象。

（三）投资中心的绩效报告

由于投资中心既对成本、收入和利润负责，又对资金使用效益负责，所以，投资中心的绩效报告编制不仅要列示收入、成本、利润的实际数、预算数及差异，而且要列示经营资产、销售利润率、经营资产周转率、投资报酬率、剩余收益的实际数、预算数及差异，以全面反映投资中心的绩效。投资中心绩效报告的基本内容和一般格式见表9-5。

表9-5 **投资中心绩效报告** 金额单位：元

序号	项目	预算数	实际数	差异
1	销售收入	100 000	115 000	15 000
2	变动成本			
2.1	变动制造费用	32 000	29 500	-2 500
2.2	变动销售费用	12 500	13 000	500
2.3	变动管理费用	5 000	5 500	500
3	边际贡献	50 500	67 000	16 500
4	固定成本			
4.1	固定制造费用	15 000	15 000	
4.2	固定销售费用	8 000	8 500	500
4.3	固定管理费用	4 000	5 000	1 000
5	利润总额	23 500	38 500	15 000
6	资产总额	130 000	130 000	
7	总资产周转率	0.769	0.885	0.116
8	销售利润率（%）	23.5	33.48	9.98
9	投资报酬率（%）	18.08	29.62	11.54
10	剩余收益（规定的最低投资报酬率为10%）	10 500	25 500	15 000

本章小结

财务控制是按照一定的程序和方式确保企业及其内部机构和人员全面落实、实现财务预算的过程。它在企业经济控制系统中处于一种特殊地位，起着保证、促进、监督和协调等重要作用。

企业为了实行有效的内部协调与控制，通常都按照统一领导、分级管理的原则，在其内部合理划分责任单位，责任中心就是承担一定经济责任，并享有一定权利的企业内部单位。

责任中心分为成本中心、利润中心、投资中心三大类。

成本中心的绩效考评主要是通过一定时期实际发生的成本或费用与其预定的尺度进行对比，编制绩效报告、剖析差异形成的原因和责任。

利润中心不仅考核成本，还要考核收入和利润。对利润中心工作绩效考核与评价的指标有边际贡献、利润和销售利润率。

投资中心不仅要考核成本费用和利润，还要考核其资金的使用效果。对投资中心工作绩效考核与评价的指标有投资报酬率、剩余收益和现金回收率。

复习思考题

1.什么是责任中心？责任中心一般可分哪几种？它们之间有什么区别？
2.责任成本与产品成本有哪些区别与联系？
3.什么是成本中心？如何评价与考核成本中心的工作绩效？
4.什么是利润中心？如何评价与考核利润中心的工作绩效？
5.什么是投资中心？如何评价与考核投资中心的工作绩效？

第十章

财务分析

学习目标

明确财务报表分析的目的和作用；对财务报表分析的资料依据有一个全面的认识和了解；掌握财务报表分析的评价标准和基本方法，特别是比率分析法；掌握偿债能力分析、营运能力分析、盈利能力分析。

学习重点与难点

财务分析、财务分析的方法、财务分析的基础、偿债能力分析、营运能力分析、盈利能力分析。

第一节 财务分析概述

一、财务分析的意义

财务分析是以企业财务报告反映的财务指标为主要依据，对企业的财务状况和经营成果进行分析、评价，并为进一步分析企业的发展趋势、经营前景提供重要财务信息的一种方法。财务分析提供的信息不仅能说明企业目前的财务状况，还能为企业未来的财务决策和财务计划提供重要依据，它在财务管理中起着承上启下的重要作用。做好财务分析工作具有以下重要意义：

（1）评价企业财务状况的好坏，揭示企业财务活动中存在的矛盾，总结财务管理工作的经验教训，从而采取措施，改善经营管理，挖掘潜力，实现企业的理财目标。

（2）为投资者、债权人和其他有关部门和人员提供正确、完整的财务分析资料，便于他们更加深入地了解企业的财务状况、经营成果和现金流量情况，为其做出经济决策提供依据；可以检查财务法规、制度的执行情况，促进企业正确处理与各方面的财务关系，维护各方面的合法权益。

（3）能够检查企业内部各职能部门和单位对于分解落实的各项财务指标完成的情况，考核各职能部门和单位的业绩，有利于合理进行奖励，加强企业内部责任制。

二、财务分析的主体及内容

财务分析的不同主体由于利益倾向的差异，在对企业进行财务分析时必然有不同的要求和不同的侧重点。

（1）投资者要做出是否投资的决策，须分析企业的资产和盈利能力；要做出是否转让股份的决策，须分析企业盈利状况、股价变动和发展前景；要考查经营者的业绩，须分析企业资产的盈利能力、破产风险和竞争能力；为决定股利政策，须分析企业筹资状况等。

（2）债权人要做出是否给予企业贷款的决策，须分析企业的资信状况和贷款风险；为了解企业的短期偿债能力，须分析企业的资金流动状况；为了解企业的长期偿债能力，须分析企业的盈利状况；要做出是否出让债权的决策，须评价该债权的价值。

（3）供应商通过财务分析可以了解购货企业的信用水平，以决定是否对其延长付款期、是否建立长期合作关系等。

（4）政府机构通过财务分析可以了解企业纳税义务的完成情况、遵纪守法和维护市场经济秩序的情况、职工就业和收入状况等。

（5）中介机构可以通过财务分析发现问题，收集证据，确定审计重点，或者回避风险等。

（6）职业经理人员为改善财务决策，提高经营业绩，分析的内容几乎涉及所有方面。

（7）雇员和工会通过财务分析可以了解自身责任目标的完成情况，了解自己的收入、保险、福利与企业盈利之间是否适应等。

尽管不同利益主体进行财务分析有各自的侧重点，但就企业总体来看，财务分析可归纳为三个方面：偿债能力分析、营运能力分析、盈利能力分析。其中，偿债能力是财务目标实现的稳健保证，营运能力是财务目标实现的物质基础，盈利能力是两者共同作用的结果，同时也对两者的增强起推动作用。三者相辅相成，共同构成企业财务分析的基本内容。

三、财务分析的方法

（一）比较分析法

比较分析法是通过对同一经济指标数值的比较，来揭示经济指标的数量关系和数量差异的一种方法。比较分析法的主要作用在于揭示财务活动中的数量关系和存在的差异，从中发现问题，为进一步分析原因、挖掘潜力指明方向。比较分析法是最基本的分析方法，其他分析方法是建立在比较分析法的基础上的。

根据分析的目的和要求不同，比较分析法有以下三种形式：

（1）实际指标同计划（定额）指标对比。通过这种对比，可以揭示实际与计划之间的差异，了解该项指标的计划或定额的完成情况。

（2）本期指标同上期指标或历史最好水平比较。通过这种比较，可以确定前后不同时期有关指标的变动情况，了解企业生产经营活动的发展趋势和管理工作的改进情况。

（3）单位指标同国内外先进单位指标比较。通过这种比较，可以找出与先进单位之间的差距，推动本单位改善经营管理，赶超先进水平。

运用比较分析法对同一经济指标进行数值比较时，要注意所用指标在内容、时间、计算方法、计价标准上口径应当一致，即被比较的经济指标必须是性质上同类、范围上一致、时间上相同，必要时，要对所用指标按同一口径进行调整或换算。

（二）比率分析法

比率分析法是指通过计算经济指标的比率来确定和分析经济活动变动程度的一种分析方法。比率指标可以有不同的类型，主要有以下三类：

1.构成比率

构成比率又称结构比率，用于计算部分占总体的比重，反映的是部分与总体的关系，如固定资产占总资产的比重、负债占总权益的比重等。其计算公式为：

构成比率=某个组成部分数额÷总体数额×100%

利用构成比率指标，可以考查总体中某个部分的形成和安排是否合理，从而协调各种财务活动。

2.效率比率

效率比率是用于计算某种经济活动中所费与所得的比例，反映的是投入与产出的关系，如营业利润率、成本费用利润率、总资产利润率等。利用效率比率指标，可以进行得失比较，从而考查经营成果，评价经济效益水平。

3.相关比率

相关比率是用于计算在部分与总体关系、投入与产出关系之外具有相关关系的指标的比率，反映的是有关经济活动之间的联系，如流动比率、负债比率、产权比率等。利用相关比率指标，可以考查有联系的相关业务安排是否合理，以保障生产经营活动顺畅运行。采用比率分析法，应注意分子、分母的指标之间要有相关性，计算口径要一致，采用的比率指标要有对比的标准。

（三）趋势分析法

趋势分析法是将两期或连续数期财务报告中的相关指标或比率进行对比，求出它们增减变动的方向、数额和幅度的一种方法。采用这种方法，可以揭示企业财务状况和生产经营情况的变化，分析引起变化的主要原因、变动的性质，并预测企业未来的发展前景。运用趋势分析法，主要进行以下三类比较：

1.重要财务指标的比较

对不同时期财务指标的比较，可以计算动态比率指标，如利润增长的百分比等。由于采用的基期数不同，所计算的动态比率指标可有两种：定基动态比率和环比动态比率。其计算公式为：

定基动态比率=分析期数额÷固定基期数额×100%

环比动态比率=分析期数额÷前期数额×100%

2.会计报表金额的比较

这是通过将连续数期会计报表的金额数字并列起来，比较其相同指标的增减变动金额和增减变动幅度，说明企业财务状况和经营成果变化的一种方法。会计报表金额的比较有资产负债表比较、利润表比较、现金流量表比较等。比较时既要计算表中有关项目增减变动的绝对额，又要计算增减变动的百分比。

3.会计报表构成的比较

它是以会计报表中的某个总体指标作为100%，再计算出其各组成指标占该总体指标的百分比，从而比较各个项目百分比的增减变动，以此来判断有关财务活动的变化趋势。这种方法能消除不同时期、不同企业之间业务规模差异的影响，有利于分析企业的耗费水平和盈利水平。

采用趋势分析法时要注意，用于进行对比的各个时期的指标在计算口径上必须一致。由于天灾人祸等偶然因素对财务活动产生的特殊影响，在分析时应加以消除，必要时对价格变动因素也要加以调整。分析中如发现某个指标在一定时期内有显著变动，则应将其作为分析重点，研究其产生的原因，以便采取有效措施。

四、财务分析的基础

财务分析是以企业的会计核算资料为基础的，包括企业日常核算资料和财务报表。由于财务分析使用的数据大部分来自于财务报表，因此，财务分析的前提是正确理解财务报表。

（一）资产负债表

资产负债表是反映企业一定日期财务状况的报表，其特点是：

（1）反映的内容为各类、各项资产、负债和所有者权益的增减变动情况。

（2）反映的时间为期末（包括月末、年末）特定日期的财务状况，属于时点或静态报表。

（3）以“资产=负债+所有者权益”的会计等式为平衡依据，见表10-1。

表10-1 简要资产负债表

编制单位：某公司　　2018年12月31日　　单位：万元

资　产	年初数	期末数	负债和所有者权益	年初数	期末数
流动资产：			流动负债：		
货币资金	2 850	5 020	短期借款	650	485
交易性金融资产	425	175	应付票据及应付账款	1 945	1 295
应收票据及应收账款	3 500	3 885	应付职工薪酬	585	975
预付账款	650	810	应交税费	1 620	2 590
存货	2 610	2 820	一年内到期的非流动负债	385	485
一年内到期的非流动资产	75	80	流动负债合计	5 185	5 830
流动资产合计	10 110	12 790	非流动负债：		
非流动资产：			长期借款	650	975
持有至到期投资	975	1 650	应付债券	400	640
固定资产	5 650	6 280	非流动负债合计	1 050	1 615
无形资产	90	75	负债合计	6 235	7 445
长期待摊费用	75	55	所有者权益：		
其他非流动资产			实收资本（或股本）	4 860	5 850
非流动资产合计	6 790	8 060	资本公积	1 560	2 370
			盈余公积	2 595	3 240
			未分配利润	1 650	1 945
			所有者权益合计	10 665	13 405
资产总计	16 900	20 850	负债和所有者权益总计	16 900	20 850

（二）利润表

利润表是反映企业在一定期间生产经营成果的财务报表。其特点是：

（1）反映的内容为收入、成本费用及利润（或亏损）的发生情况。

（2）反映的时间为一定期间（包括1个月、1年）的状况，属于时期或动态报表。

（3）以“收入-费用=利润”的会计等式为平衡依据，见表10-2。

表10-2 **简要利润表**

编制单位：某公司 2018年度 单位：万元

项目	上期金额	本期金额
一、营业收入	37 580	49 100
减：营业成本	22 500	27 500
税金及附加	1 875	2 450
销售费用	1 575	1 750
管理费用	2 450	2 750
财务费用	165	195
资产减值损失	0	0
加：投资收益（损失以“-”号填列）	245	350
二、营业利润（亏损以“-”号填列）	9 260	14 805
加：营业外收入	195	165
减：营业外支出	165	95
三、利润总额（亏损总额以“-”号填列）	9 290	14 875
减：所得税费用	2 322.50	3 718.75
四、净利润（净亏损以“-”号填列）	6 967.50	11 156.25
五、每股收益	略	略

注：所得税税率为25%。

第二节 偿债能力分析

偿债能力是指企业偿还到期债务的能力，由于企业负债分为短期负债和长期负债，故偿债能力分析也可分为短期偿债能力分析和长期偿债能力分析。

一、短期偿债能力分析

企业对当前债务的清偿能力往往预示着企业的近期财务风险。一个盈利还算不错的企业很可能仅仅因为不能偿还当前债务而陷入危机，甚至可能破产或被兼并。可以说，盈利能力是企业能否发展的重要因素，而短期偿债能力差则是企业破产的导火索。企业的短期偿债能力反映的是企业资产的流动性，企业资产的流动性即资产的变现性，它对短期债务的清偿有重大影响。短期偿债能力比率把流动资产和流动负债联系起来，为经理人员、债权人分析企业的短期偿债能力提供了简便快捷的衡量指标。

评价企业短期偿债能力的指标有流动比率、速动比率、现金比率等。

（一）流动比率

流动比率是企业的流动资产和流动负债之比，它表示每单位流动负债有多少单位流动资产做还款保证。该比率用于衡量企业流动资产在短期债务到期以前可以变为现金并用于偿还流动负债的能力。其计算公式为：

流动比率=流动资产÷流动负债

根据表10-1的资料，某公司2018年12月31日的流动比率为：

流动比率=12 790÷5 830=2.19

即某公司的流动资产是其流动负债的2.19倍。

一般来说，流动比率越高，偿还短期债务的能力越强。从保障债权人的利益和保证企业的偿付能力来说，流动比率越高越好，但综合考虑，流动比率应有一个合理的限度。一方面，企业流动资产在清偿到期债务后应有余力维持日常经营活动所需现金；另一方面，要最有效地运用资金，使流动资产与固定资产合理配置。因此，流动比率也不能太高，一般认为流动比率为2∶1比较合理，但不能绝对化，要同行业性质、该企业本身的理财和营业活动特点等相联系，诸如季节性波动和理财方式等。流动比率只是衡量企业流动能力的一个指标，使用时应作具体分析。因为流动资产由不同项目构成，不同项目的流动资产的变现能力不同，质量差别较大，所以流动比率存在一定的局限性。例如，与某公司同行业的另一公司，流动比率与某公司流动比率相同，也为2.19，但由于其不易变现的存货几乎占流动资产的90%，其流动状况与变现能力与某公司相差很大。

可见，流动比率有一定的局限性，过高的流动比率可能是由于存货过多，或是过多的资金占用于流动资产，甚至存货成本的计算方法也会影响流动比率的计算。因此，在使用流动比率时，应注意流动资产结构的分析。

（二）速动比率

速动比率是企业速动资产与流动负债的比率，速动资产包括货币资金、交易性金融资产、应收票据、应收账款、其他应收款等流动资产，而存货、预付账款等则不应计入。这一比率用于衡量企业流动资产中可以立即用于偿付流动负债的财力。

为什么在计算速动比率时要把存货从流动资产中剔除呢？主要原因是：（1）在流动资产中，存货的变现速度最慢；（2）由于某种原因，部分存货可能已经报废但还未作处理；（3）部分存货已抵押给某债权人；（4）存货估价存在成本与合理的市价相差悬殊的问题。综上原因，在不希望企业用变卖存货的方法还债，以及排除使人产生种种误解因素的情况下，把存货从流动资产总额中减去而计算出的速动比率，反映的短期偿债能力更加可信。

至于预付账款等，本质上属于费用，同时又具有资产的性质，只能减少企业未来时期的现金支付，却不能转变为现金，因此，不应计入速动资产。

速动比率的计算公式为：

速动比率=速动资产÷流动负债

其中：

速动资产=流动资产-存货-预付账款

根据表10-1资料，某公司2018年的速动比率为：

速动比率=（12 790-2 820-810-80）÷5 830=1.56

速动比率可用作流动比率的辅助指标。有时企业流动比率虽然较高，但流动资产中易于变现、可用于立即支付的资产很少，则企业的短期偿债能力仍然较差。因此，速动比率能更准确地反映企业的短期偿债能力。该指标的国际公认标准为1。如果速动比率过低，说明企业的偿债能力存在问题；但如果速动比率过高，则说明企业因拥有过多的货币性资产而可能失去一些有利的投资和获利机会。

（三）现金比率

现金比率是企业现金类资产与流动负债的比率。现金类资产包括企业所拥有的货币资金和持有的有价证券，它是速动资产扣除应收账款后的余额。由于应收账款存在发生坏账损失的可能，某些到期的账款不一定能按时收回，因此，速动资产扣除应收账款后计算出来的金额，最能反映企业直接偿付流动负债的能力。其计算公式为：

现金比率=现金及现金等价物÷流动负债

根据表10-1的资料，某公司2018年的现金比率为：

现金比率=（5 020+175）÷5 830=0.89

该比率是从静态现金支付能力的角度说明企业的短期偿付能力的，其指标值愈高，表明企业的短期偿债能力愈强，反之则相反。与速动比率的道理一样，该比率过高，可能表明企业的现金存量过大，资产利用有失充分。因此，对该比率的评价应结合企业的资产结构及运用效率进行。

除以上因素外，还有一些因素也会影响企业的短期偿债能力，如可动用的银行贷款额度、准备变现的长期资产、偿债能力的声誉、未作记录的或有负债、担保责任引起的负债等。由于上述信息在会计报表中的披露不一定充分，因此，应格外给予关注。

二、长期偿债能力分析

长期偿债能力是指企业清偿长期债务的能力。企业的负债要承担两种责任：一是偿还债务本金的责任；二是支付债务利息的责任。分析企业的长期偿债能力，主要是确定企业偿还债务本金与支付债务利息的能力。

（一）资产负债率

资产负债率又称负债比率，是企业负债总额与资产总额的比值。其计算公式为：

资产负债率=负债总额÷资产总额×100%

根据表10-1的资料，某公司2018年的资产负债率为：

资产负债率=7 445÷20 850 ×100%=35.71%

该比率是从总资产对总负债的保障程度的角度来说明企业的长期偿债能力的，相对而言，其比值越低，表明企业资产对负债的保障程度愈高，企业的长期偿债能力愈强，反之则相反。对该指标的认识和运用应把握以下两点：

1.公式中的负债总额不仅包括长期负债，还包括短期负债

因为就单个短期负债项目而言，可以认为它与长期性资本来源无关，但若将短期负债作为一个整体，企业却总是长期地占用着，因此，可视其为企业长期性资本来源的一部分。例如，一个应付账款明细科目可能是短期的，但从持续经营的过程看，企业总是长期

地保持一个相对稳定的应付账款余额，这部分余额无疑可视为企业长期性资产来源。

2.企业利益主体的身份不同，看待该指标的立场也就不同

（1）从债权人的立场来看，他们所关心的是贷款的安全程度，即能否按期足额地收回贷款本金和利息，至于其贷款能给企业股东带来多少利益，在他们看来是无关紧要的。因此，企业的债权人总是希望企业的资产负债率越低越好。

（2）从股东的立场来看，他们所关心的主要是举债的财务杠杆效益，即全部资本利润率是否超过借入资本的利率，即借入资本的代价。因此，从股东的立场来看，在全部资本利润率高于借款利率时，负债比率越大越好，反之则相反。

（3）从经营者的立场看，他们所关心的通常是如何实现收益与风险的最佳组合，即以适度的风险获取最大的收益。在他们看来，若负债规模过大、资产负债率过高，会给人以财务状况不佳、融资空间和发展潜力有限的评价；反之，又会给人以经营者缺乏风险意识、对企业发展前途信心不足的感觉。因此，他们在利用资产负债率进行借入资本决策时，将全面考虑和充分预计负债经营的风险和收益，并在二者之间权衡利弊得失，以求实现风险和收益的最佳组合。

（二）产权比率

产权比率是负债总额与股东权益总额的比值，又称为债务股权比率。其计算公式为：

产权比率=负债总额÷股东权益×100%

根据表10-1的资料，某公司2018年的产权比率为：

产权比率=7 445÷13 405×100%=55.54%

该比率是企业资本结构稳健与否的重要标志，一般来说，借入资本小于股东资本（自有资本）为好，但盈利水平会受到影响。产权比率高，是高风险、高报酬的资本结构；产权比率低，是低风险、低报酬的资本结构。产权比率同时表明债权人投入的资金受到股东权益的保障程度。

（三）股东权益比率

股东权益比率是所有者权益同资产总额的比率，反映企业资产中有多少是所有者投入的。其计算公式为：

股东权益比率=所有者权益÷资产总额×100%

根据表10-1的资料，某公司2018年的股东权益比率为：

股东权益比率=13 405÷20 850×100%=64.29%

股东权益比率与资产负债率之和按同口径计算应等于1。股东权益比率越大，资产负债率就越小，企业的财务风险也就越小。股东权益比率从另一个侧面反映了企业的长期财务状况和长期偿债能力。

（四）利息保障倍数

利息保障倍数又称已获利息倍数，是指企业息税前利润与利息支出的比率，它反映企业获利能力对债务偿付的保障程度。其计算公式为：

利息保障倍数=息税前利润总额÷利息费用

其中：

息税前利润总额=利润总额+利息支出=净利润+所得税+利息支出

息税前利润是指利润表中扣除利息费用和所得税之前的利润，它可以用利润总额加利息费用测算。利息支出是指本期发生的全部应付利息，不仅包括财务费用中的利息费用，还包括计入固定资产成本的资本化利息。

根据表10-2的资料，某公司2018年的利息保障倍数为：

利息保障倍数=（14 875+195）÷195=77.28

从长期看，利息保障倍数至少应当大于1。比值越高，企业长期偿债能力就越强。如果比值过小，企业将面临亏损、偿债安全性与稳定性下降的风险。

除以上因素影响企业的长期偿债能力外，还有一些因素也会影响企业的长期偿债能力，如长期租赁、担保责任、或有项目等。

第三节 营运能力分析

营运能力分析用来衡量企业资产管理和运营的效率，衡量企业在资产上投资水平的合理性以及运用资产创造营业收入的有效程度，具体反映在企业占用资产的周转率和周转速度上。营运能力比率又称资产管理比率，它由存货周转率、应收账款周转率、固定资产周转率和总资产周转率等指标组成。

一、流动资产周转情况分析

反映流动资产周转情况的指标主要有存货周转率、应收账款周转率和流动资产周转率。

（一）存货周转率

存货周转率是衡量和评价企业购入存货、投入生产、销售收回等环节管理状况的综合性指标，它是营业成本与平均存货的比值。用时间表示的存货周转率就是存货周转期（天数）。其计算公式为：

存货周转率（周转次数）=营业成本÷平均存货

$$存货周转期（周转天数）= 360÷存货周转率=\frac{平均存货}{营业成本}×360$$

平均存货=（期初存货+期末存货）÷2

根据表10-1、表10-2的资料，某公司2018年的存货周转率为：

存货周转率=27 500÷［（2 610+2 820）÷2］=10.13（次）

存货周转期=360÷10.13=35.54（天）

一般情况下，存货周转率高，周转天数少，表明存货的周转速度快，变现能力强，进而说明企业具有较强的存货营运能力和较高的存货管理效率。但在具体评价该项指标时，应注意以下两点：

（1）存货周转率的高低与企业的经营特点（如经营周期、经营的季节性等）紧密相关，企业的经营特点不同，存货周转率存在很大差异。例如，房地产企业的营业周期相对要长于一般制造企业，因而存货周转率通常要低于制造企业的平均水平；制造企业的营业周期又相对长于商品流通企业，这使得制造企业的存货周转率又低于商品流通企业的平均水平。由于存货周转率与企业经营特点具有内在相关性，因此，我们在对该比率进行分析时，必须注意行业可比性。

(2) 存货周转率能够反映企业管理和营运存货的综合状况，但不能说明企业经营各环节的存货营运能力和管理效率，因此，分析者（特别是企业内部分析者）除利用该比率进行综合分析和评价外，有必要按经营环节进行具体分析，以便全面了解和评价企业的存货管理绩效。各环节存货周转率的计算公式如下：

原材料周转率=耗用原材料成本÷平均原材料存货

在产品周转率=完工产品制造成本÷平均在产品存货

产成品周转率=销货成本÷平均产成品存货

(二) 应收账款周转率

应收账款周转率是反映应收账款周转速度的指标，是指一定时期内商品或产品赊销收入净额与应收账款平均余额的比值。用时间表示的周转速度是应收账款周转期（天数），它表示企业从取得应收账款的权利到收回款项、转换为现金所需要的时间。其计算公式为：

应收账款周转率（周转次数）=赊销收入净额÷应收账款平均余额

应收账款周转期（周转天数）=360÷应收账款周转率

其中：

赊销收入净额=营业收入-现销收入-销售退回-销售折让-销售折扣

应收账款平均余额=（期初应收账款+期末应收账款）÷2

根据表10-1、表10-2的资料，某公司2018年的应收账款周转率为：

应收账款周转率=49 100÷［（3 500+3 885）÷2］=13.30（次）

应收账款周转期= 360÷13.30=27.07（天）

一般来说，应收账款周转率高，周转天数少，表明企业应收账款的管理效率、变现能力强；反之，企业营运资金将过多地呆滞在应收账款上，影响企业正常的资金周转。在具体运用该指标时，应注意以下两点：

(1) 在计算应收账款周转率时，“应收账款平均余额”应是未扣除坏账准备的应收金额，而不宜采用应收账款净额，因为坏账准备仅是会计上根据稳健原则所确认的一种可能损失，这种可能损失是否转变为现实损失，以及转变为现实损失的程度取决于企业对应收账款的管理效率。也就是说，已计提坏账准备的应收账款并不排除在收款责任之外；相反，企业应对这部分应收账款采取更严格的管理措施。在这种情况下，若以扣除坏账准备的应收账款计算应收账款周转率，不仅在理论上缺乏合理性，在实务上也可能导致管理人员放松对这部分账款的催收，甚至可能导致管理人员为提高应收账款周转率指标而不适当地提高坏账计提比率。关于公式中的“赊销收入净额”，由于分析者（特别是企业外部分析者）无法获取企业的赊销数据，因而在实际分析时通常是直接采用营业收入净额计算。

(2) 将该比率联系存货周转率分析，可大致说明企业所处的市场环境和管理的营销策略。具体来说，若应收账款周转率与存货周转率同时上升，表明企业的市场环境优越，前景看好；若应收账款周转率上升而存货周转率下降，可能表明企业因预期市场看好而扩大产、购规模或紧缩信用政策，或两者兼而有之；若存货周转率上升而应收账款周转率下降，可能表明企业放宽了信用政策，扩大了赊销规模，这种情况可能隐含着企业对市场前景的预期不甚乐观，应予警觉。

（三）流动资产周转率

流动资产周转率是反映企业流动资产周转速度的指标，它是流动资产的平均占用额与流动资产在一定时期所完成的周转额的比率。用时间表示的流动资产周转率就是流动资产周转期（天数）。其计算公式为：

流动资产周转率（周转次数）=营业收入净额÷流动资产平均余额

流动资产周转期（周转天数）=360÷流动资产周转率

流动资产平均余额=（年初流动资产+年末流动资产）÷2

根据表10-1、表10-2的资料，某公司2018年的流动资产周转率为：

流动资产周转率=49 100÷［（10 110+12 790）÷2］=4.29（次）

流动资产周转期（天数）=360÷4.29=83.92（天）

一般来说，在一定时期内，流动资产周转次数越多，说明企业的流动资产周转越快，以相同的流动资产完成的周转额越多，流动资产利用的效果越好。流动资产周转一次所需要的天数越少，表明流动资产在经历生产和营业各阶段时占用的时间越短，周转越快。

流动资产周转率的计算公式表明：增加营业收入、降低流动资产的资金占用是提高流动资产周转速度的有效途径。增加营业收入，就要在提高产品质量和功能的同时提高产品售价，扩大市场销售数量；降低流动资产占用，就要加速流动资产各项目的周转，减少存货、应收账款等的资金占用。

二、固定资产周转情况分析

固定资产周转率是指企业一定时期（通常为1年）营业收入净额与固定资产平均净值的比率。它是反映企业固定资产周转情况，从而衡量固定资产利用效率的一个指标，也可用它来测定和判断固定资产产生营业收入的能力。其计算公式为：

固定资产周转率（周转次数）=营业收入净额÷固定资产平均净值

固定资产平均净值=（年初固定资产净值+年末固定资产净值）÷2

根据表10-1、表10-2的资料，某公司2018年的固定资产周转率为：

固定资产周转率=49 100÷［（5 650+6 280）÷2］=8.23（次）

固定资产周转率高，说明企业固定资产的利用充分，也表明企业固定资产投资得当，固定资产结构合理，能够充分发挥效率。反之，如果固定资产周转率不高，则说明企业固定资产过多或设备有闲置。与同行相比，如果固定资产周转率较低，意味着企业生产能力过剩；固定资产周转率较高，可能是企业设备较好地利用引起的，也可能是设备老化即将折旧完毕引起的。后一种情况可能会引起较高的生产成本，使企业实现的利润降低，使将来更新改造更加困难。

运用固定资产周转率指标时，需要考虑固定资产净值因计提折旧而逐年减少，或因更新重置而突然增加的影响。在不同企业间进行比较时，还要考虑采用不同折旧方法对净值的影响。

三、总资产周转情况分析

总资产周转率是指企业一定时期（通常为1年）营业收入净额与资产总额的比率。其计算公式为：

总资产周转率=营业收入净额÷资产平均总额

资产平均总额=（年初资产总额+年末资产总额）÷2

根据表10-1、表10-2的资料，某公司2018年的总资产周转率为：

总资产周转率=49 100÷［（16 900+20 850）÷2］=2.60（次）

该指标可用来分析企业全部资产的使用效率。一般情况下，总资产周转率越高越好。如果该比率较低，则表明企业利用全部资产进行经营的效率较差，最终也影响企业的盈利能力。在此情况下，企业应当设法提高各项资产的利用程度，增加企业营业收入，处理多余资产。

第四节　盈利能力分析

企业盈利能力指标反映了企业通过生产经营活动获取利润的能力，无论是投资者、企业管理当局还是债权人都十分关心盈利能力指标。从长远来看，企业的偿债能力、股利的分配、股票的价值最终取决于企业的盈利能力。

在分析企业盈利能力时，应注意以下几点：(1) 对于生产型企业而言，证券买卖等非正常营业项目也会给企业带来收益或损失，但这不是企业真正的盈利能力，在分析企业的盈利能力时，应当排除这些非正常项目。(2) 会计利润反映了收入与成本之差，财务分析人员至多能衡量当前或既往的会计利润，然而，许多商业机会都以牺牲当前利润换取未来利润，如开发新产品初期会有较高的初始投入，因此有较低的初始利润。在这种情况下，当前利润就不足以反映未来的盈利能力。(3) 以会计利润衡量企业盈利能力没有考虑风险。当两家企业的风险显著不同时，仅依据二者的当前利润相同而得出二者的盈利能力也相同的结论有时也会犯错误，因此分析企业盈利能力时应动态地比较分析。反映企业盈利能力的指标很多，通常使用的主要有营业利润率、销售净利率、总资产收益率和净资产收益率等。

一、营业利润率

营业利润率是营业利润与营业收入的比率。其计算公式为：

营业利润率=营业利润÷营业收入×100%

根据表10-2的资料，某公司2018年的营业利润率为：

营业利润率=14 805÷49 100×100%=30.15%

营业利润率越高，表明企业的获利能力越强，市场竞争力越强，发展潜力越大。

需要指出的是，从利润表来看，企业的利润包括营业利润、利润总额和净利润三项指标。而营业收入包括主营业务收入和其他业务收入，收入来源有商品销售收入、提供劳务收入和资产使用权让渡收入等。因此，在实务中也经常使用营业净利率、营业毛利率等指标（计算公式如下）来分析企业经营业务的获利水平。

营业净利率=净利润÷营业收入×100%

营业毛利率=（营业收入-营业成本）÷营业收入×100%

根据表10-2的资料，某公司2018年的营业净利率为：

营业净利率=11 156.25÷49 100×100%=22.72%

式中的净利润即为营业收入减去一切生产成本、税金和各项费用后的净额。营业净利率越高，企业的获利能力越强。从营业净利率的指标关系看，净利润与营业净利率成正比关系，营业收入与营业净利率成反比关系。企业在增加营业收入的同时，必须相对地获得更多的净利润，才能使营业净利率保持不变或有所提高。关注营业净利率的变动，有助于企业在扩大销售的同时，改进经营管理，提高盈利水平。

二、成本费用利润率

成本费用利润率是指企业一定时期利润总额与成本费用总额的比率。其计算公式为：

成本费用利润率=利润总额÷成本费用总额×100%

其中：

成本费用总额=营业成本+税金及附加+销售费用+管理费用+财务费用

成本费用的计算口径也可以分为不同的层次，比如主营业务成本、营业成本等。在评价成本费用开支时，应注意成本费用与利润之间在计算层次和口径上的对应关系。

根据表10-2的资料，某公司2018年的成本费用利润率为：

成本费用利润率=14 875÷（27 500+2 450+1 750+2 750+195）×100%=42.94%

成本费用利润率越高，表明企业为取得利润而付出的代价越小，成本费用控制得越好，获利能力越强。

三、总资产报酬率

总资产报酬率是指企业一定时期内获得的报酬总额与平均资产的比率。它反映企业每1元资产所获取的报酬，是反映企业资产综合利用的指标，也是衡量企业利用债权人和所有者权益总额所取得盈利的重要指标。其计算公式为：

总资产报酬率=息税前利润总额÷资产平均总额×100%

其中：

息税前利润总额=利润总额+利息支出=净利润+所得税+利息支出

总资产报酬率可以分解为以下形式：

总资产报酬率=总资产周转率×营业报酬率×100%

$$=\frac{\text{营业收入}}{\text{资产平均余额}}\times\frac{\text{息税前利润总额}}{\text{营业收入}}\times 100\%$$

根据表10-2的资料，某公司2018年的总资产报酬率为：

总资产报酬率=（14 875+195）÷［（16 900+20 850）÷2］×100%=79.84%

总资产报酬率指标表明了企业全部资产利用的综合效果，企业所有者和债权人对该指标都非常关心。该指标越高，表明企业的资产利用效益越好，整个企业盈利能力越强，经营管理水平越高。

四、股东权益报酬率

相对于总资产带来的报酬，股东更关心自己的投入给自己所带来的回报，这就是股东权益报酬率。它是指一定时期内企业的净利润与股东权益平均总额的比值，也称净资产收益率。其计算公式为：

股东权益报酬率=净利润÷股东权益平均总额×100%

股东权益平均总额=（年初股东权益总额+年末股东权益总额）÷2

根据表10-2的资料，某公司2018年的股东权益报酬率为：

股东权益报酬率= 11 156.25÷［（10 665+13 405）÷2］×100% =92.70%

企业从事财务管理活动的最终目的是实现所有者财富最大化，从静态角度来看，首先就是最大限度地提高股东权益报酬率。因此，该指标是企业盈利能力指标的核心，也是整个财务指标体系的核心。该比率越高，说明企业的盈利能力越强。

五、资本收益率

资本收益率是企业一定时期净利润与平均资本（即资本性投入及资本溢价）的比率，反映企业实际获得投资额的投资回报水平。其计算公式为：

资本收益率=净利润÷平均资本×100%

其中：

平均资本=［（实收资本年初数+资本公积年初数）+（实收资本年末数+资本公积年末数）］÷2

资本公积=资本公积中的资本溢价（股本溢价）

需要指出的是，企业所有者权益包括所有者投入的资本、直接计入所有者权益的利得和损益、留存收益等。其中，所有者投入的资本反映在实收资本（股本）和资本公积（资本溢价或股本溢价）中，直接计入所有者权益的利得和损失反映在资本公积（其他资本公积）中，留存收益则包括未分配利润和盈余公积。也就是说，并非资本公积中的所有金额都属于所有者投入的资本，只是其中的资本溢价（股本溢价）属于资本性投入。

根据表10-2的资料，某公司2018年的资本收益率为：

资本收益率=11 156.25÷{［（4 860+1 560）+（5 850+2 370）］÷2}×100%=152.41%

第五节　上市公司盈利能力分析

对于上市公司而言，投资者更加关注企业的市场价值以及所能得到的投资回报。我们可以通过以下指标进行分析：

一、每股收益

每股收益也称为每股利润或每股盈余，反映企业普通股股东持有每一股份所能享有的企业利润和承担的亏损，是衡量上市公司获利能力最常用的财务分析指标。每股收益越高，说明公司的盈利能力越强。

每股收益的计算包括基本每股收益和稀释每股收益。

基本每股收益仅考虑当期实际发行在外的普通股股份，按照归属于普通股股东的当期净利润除以当期实际发行在外普通股股数的加权平均数计算确定。

计算基本每股收益时，分子为归属于普通股股东的当期净利润，即企业当期实现的可供普通股股东分配的净利润或应由普通股股东分担的净亏损金额。发生亏损的企业，每股收益以负数列示。以合并财务报表为基础计算的每股收益，分子应当是归属于母公司普通股股东的合并利润，即扣减少数股东损益后的余额。

计算基本每股收益时，分母为当期实际发行在外的普通股股数的加权平均数，即期初发行在外普通股股数根据当期新发行或回购的普通股股数乘以其发行在外的时间权重计算的股数调整后的数量。其计算公式为：

基本每股收益=归属于普通股股东的当期净利润÷当期发行在外普通股股数的加权平均数

$$\text{当期发行在外普通股股数的加权平均数}=\left(\text{期初发行在外普通股股数}\times\text{报告期时间}+\text{当期新发行普通股股数}\times\text{已发行时间}\right)\div\text{报告期时间}-\left(\text{当期回购普通股股数}\times\text{已回购时间}\right)\div\text{报告期时间}$$

已发行时间、报告期时间和已回购时间一般按照天数计算；在不影响计算结果合理性的前提下，也可以按月份简化计算。

企业存在稀释性潜在普通股的，应当根据其影响分别调整归属于普通股股东的当期净利润以及发行在外普通股的加权平均数，并据以计算稀释每股收益。计算稀释每股收益时，假设潜在普通股在当期期初已经全部转换为普通股，如果潜在普通股为当期发行的，则假设在发行日就全部转换为普通股，据此计算稀释每股收益。

潜在普通股是指赋予其持有者在报告期或以后期间享有取得普通股权利的一种金融工具或其他合同。目前，我国企业发行的潜在普通股主要有可转换公司债券、认股权证、股份期权等。

稀释性潜在普通股是指假设当期转换为普通股会减少每股收益的潜在普通股。

计算稀释每股收益时，对基本每股收益的分子，应当根据下列事项对归属于普通股股东的当期净利润进行调整：（1）当期已确认为费用的稀释性潜在普通股的利息；（2）稀释性潜在普通股转换时产生的收益或费用。上述调整应当考虑相关的所得税的影响。基本每股收益分母的调整如下：在计算稀释每股收益时，当期发行在外普通股的加权平均数应当为计算基本每股收益时普通股的加权平均数与假定稀释性潜在普通股转换为已发行普通股而增加的普通股股数的加权平均数之和。

根据表10-2的资料，若某公司发行在外的普通股为5 000万股，则该公司2018年的普通股基本每股收益为：

基本每股收益=11 156.25÷5 000 =2.23（元/股）

每股收益指标反映普通股的获利水平，指标数值越高，每股可得的利润越多，股东的投资效益越好。

二、市盈率

市盈率是指上市公司普通股股票每股市价相当于每股收益的倍数，反映投资者对于公司所报告的每元净收益愿意支付的代价，可以用来估计股票的投资报酬和风险。其计算公式为：

市盈率=普通股每股市价÷普通股每股收益

若某公司普通股每股市价为44.60元，则该公司2018年的普通股市盈率为：

市盈率=44.60÷2.23=20（倍）

市盈率是股票投资者对股票进行技术分析的一个基本衡量标准，它表明每股普通股的现行市场价格与目前获利的关系，反映证券市场对公司将来收益和与之相关的风险的评估。从理论上讲，在购入时，市盈率越低的股票越适合投资，因为市盈率越低的股票价格下跌的可能性越小，因而风险越小。反之，市盈率越高的股票，其价格下跌的可能性越大，风险也越大，因而不宜选为投资对象。但是，在股票市场上，只有普遍地被投资者认为值得投资的股票价格才会上升，从而市盈率升高；那些普遍被投资者认为不值得投资的股票，其价格也就低，从而市盈率也低。市盈率太高或太低均不适宜投资，简单地把市盈率的高低作为选择股票投资的标准，在决策时往往无所适从。

在实际操作中，世界各地股票市场的市盈率是很不同的，但在同一行业中具有较强的可比性。正确的方法是，在选择股票时，将准备投资的股票的市盈率与其同行业股票的市盈率的历史水平及当前水平作比较。

三、每股股利

每股股利是指上市公司本期发放的普通股现金股利总额与期末普通股股数的比率。其计算公式为：

每股股利=普通股股利总额÷期末普通股股数

若某公司期末发放普通股股利5 000万元，则该公司2018年的普通股每股股利为：

每股股利=5 000÷5 000=1（元/股）

每股股利用于反映企业净利润的分配情况。在具体运用每股股利时，应注意以下几点：

（1）在计算每股股利时，分母仅限于普通股股数，分子也仅限于普通股股数，不包括优先股股数及其应分配的股利。

（2）当每股收益一定时，每股股利的高低取决于多个因素，如公司的股利政策、投资机会、资产流动性、举债能力、现金流量以及累计未分配利润等。因此，在评价该项指标时，应全面分析，综合考查，以便能客观地评价公司股票的投资价值。

（3）在利用每股收益进行投资收益预测时，应注意前后各期比较，以了解股利分配是否在各个期间具有一贯性和稳定性，谨防以点概面而影响收益预测和投资决策的正确性。

四、每股净资产

每股净资产是上市公司期末净资产（即股东权益）与期末普通股股数的比率，也称每股账面价值或每股权益。其计算公式为：

每股净资产=期末股东权益÷期末普通股发行在外股数

根据表10-2的资料，若某公司发行在外的普通股为5 000万股，则该公司2018年的普通股每股净资产为：

每股净资产=13 405÷5 000=2.681（元/股）

该比率反映公司发行在外的每股普通股的账面权益额，用于说明公司股票的现实财富含量（即含金量）。该比率越高，表明公司股票的财富含量越高，内在价值越大；反之，则股票财富含量低，内在价值小。在具体运用该比率时，应注意以下几点：

（1）在计算该比率时，若公司也发行了优先股，应先从账面权益额中减去优先股权益，再与发行在外的普通股数量比较计算。

（2）在评价该项比率时，必须结合市价进行分析。一般而言，若每股市价高于该比率值，表明投资者对公司未来的发展前景看好，其股票有投资价值；反之，若每股市价低于该比率值，表明公司的发展前景暗淡，投资者缺乏投资信心，因而其股票也就缺乏投资价值。每股市价与每股净资产的比率关系，被称为市净率。其计算公式为：

市净率=每股市价÷每股净资产

可见，当每股净资产一定时，股票投资价值的大小可通过市净率的高低予以说明。

（3）由于会计上执行历史成本计量原则，使得该比率可能难以说明公司股票的真实财富含量。具体地说，当公司净资产的历史成本低于其现行公允价值时，该比率所反映的股票财富含量将高于股票的真实财富含量。

五、留存盈余率

留存盈余率是企业留存收益（税后利润减去全部股利的余额）与企业净利润的比率。其计算公式为：

留存盈余率=（净利润-全部股利）÷净利润×100%

留存收益是指企业的税后留利，包括法定盈余公积和任意盈余公积等，它不是指每年累积下来的盈利，而是指当年利润中留下的部分。全部股利则包括发放的优先股股利和普通股股利。

根据表10-2的资料，若某公司期末发放普通股股利5 000万元，则该公司2018年的留存盈余率为：

留存盈余率=（11 156.25-5 000）÷11 156.25×100%=55.18%

留存盈余率用于衡量当期净利润总额中有多大比例留存在企业用于发展，它体现了企业的经营方针。从长远利益考虑，为积累资金，扩大经营规模，留存盈余率应大些。如果认为可以通过其他方式筹集资金，那么为了不影响投资人的当前利益，留存盈余率应小些。

六、股利支付率

股利支付率是普通股每股股利与每股利润的比率。其计算公式为：

股利支付率=每股股利÷每股利润×100%

若某公司普通股每股股利1元，每股收益（利润）2.23元，则股利支付率为：

股利支付率=1÷2.23×100%=44.84%

该指标反映普通股股东从每股的全部盈余中得到了多少。就单独的普通股投资者来说，这一指标比每股盈余更能直接体现当前利益，因而与个人的联系更为紧密。股利支付并没有一个固定的衡量标准，各公司可根据经营方针、市场变化等状况决定自己的股利政策。

第六节 财务分析应注意的问题

虽然财务分析可以提供企业经营和财务状况的重要信息，但在实际使用时仍存在一些问题与限制，以下几点为财务分析时应注意的事项：

一、财务报表中的信息质量

财务报表中的信息一般均经过企业的提炼和综合，或多或少带有企业的主观行为。企业诚信度或采用的会计处理方法均会造成报表信息一定程度的失真，分析时应加以注意。此外，财务报表存在缺乏非货币信息的缺陷，应注意分析企业对报表的补充及重要事项的披露，如新产品研制、重大诉讼、担保、关联交易、购并等事项。

二、行业差异

由于企业所处的行业不同，企业经营大多有其自身的特点，财务比率相差悬殊，使企业之间各种比率的对比缺乏可比性。

三、企业规模差异

规模较小的企业的经营业务相对比较单一，而许多大公司往往进行跨行业经营，组织机构复杂，要找出一组比较有意义的行业平均值十分困难，因此，比率分析对小企业更具有意义。

四、财务信息的历史性

财务报表反映的是企业的历史资料，然而这些资料并不能代表企业未来的表现，如果企业的经营环境出现重大变化，历史性的财务数据将误导分析的方向及对企业未来的判断。

五、通货膨胀影响

财务报表反映的是企业的历史成本和一般公认会计原则下的数据，资产价格的变化一般不会反映在财务报表中。然而通货膨胀会歪曲企业的资产负债表，当资产价格发生较大变化时，依据财务报表上的数据进行财务分析就不能真实反映企业的财务状况和经营成果。

六、财务核算方法差异

不同的经营和核算方法也歪曲了财务分析，如存货计价、折旧方法和成本及费用的处理多样化，影响了企业的财务报表，从而影响财务分析的可比性。

七、人为假象

企业可以利用装饰技术来美化财务报表。例如，企业可在会计年度快结束时向银行融通一笔长期负债，再以这笔资金当作现金来改善企业的流动比率和速动比率，一旦会计年度结束，立即将贷款还掉。从报表上来看，公司短期偿债能力很强，然而，会计年度结束后，企业的资产负债表又回复到原来的水平。不少公司往往还利用关联方交易来修饰报表。可能的话，应注意数据的来龙去脉及计算过程，注意核对数据相互之间的钩稽关系，全面比较各项财务数据，以检验会计信息的合理性与真实性。

财务分析有助于我们对企业财务和经营状况的客观了解，不同的分析方法各有其侧重点。各种方法均存在一定的局限性，只要运用恰当，充分考虑企业的外部环境和内部因素对会计数据可能产生的影响，结合其他信息与手段综合加以分析，就可以达到财务分析的目的。

本章小结

财务分析是财务管理的基本工作之一。财务分析是以企业财务报表及其他相关资料为基础，对企业财务活动的过程和结果进行评价。财务分析的具体方法是通过财务报表所提供的财务指标及有关经济信息，对财务状况和经营成果做出分析、比较、解释和评价。

财务报表是企业进行财务分析所依据的最主要、最基本的资料。财务报表分析的最基本功能是将大量的报表数据转换成对特定决策有用的信息，减少决策的不确定性。但是，在进行财务报表分析时，也要充分考虑财务报表的局限性。

财务分析的基本方法有比率分析法、比较分析法及趋势分析法等。另外，可结合使用因素分析法、图解分析法等其他方法。其中，最主要的是比率分析法。财务报表分析的主要内容包括偿债能力分析、营运能力分析和盈利能力分析。

复习思考题

1.什么是财务分析？它包括哪些内容？

2.如何进行偿债能力分析？

3.如何进行营运能力分析？

4.分析企业盈利能力的指标主要有哪些？在进行盈利能力分析时，应排除哪些因素的影响？

5.财务分析的局限性是什么？

附　表

附表一　　**复利终值系数表**　　(F/P，i，n) = $(1+i)^n$

i \ n	1	2	3	4	5	6	7	8	9	10	11	12	13	14	n / i
1	1.01000	1.02010	1.03030	1.04060	1.05101	1.06152	1.07214	1.08286	1.09369	1.10462	1.11567	1.12683	1.13809	1.14947	1
2	1.02000	1.04040	1.06121	1.08243	1.10408	1.12616	1.14869	1.17166	1.19509	1.21899	1.24337	1.26824	1.29361	1.31948	2
3	1.03000	1.06090	1.09273	1.12551	1.15927	1.19405	1.2297	1.26677	1.30477	1.34392	1.38423	1.42576	1.46853	1.51259	3
4	1.04000	1.08160	1.12486	1.16986	1.21665	1.26532	1.31593	1.36857	1.42331	1.48024	1.53945	1.60103	1.66507	1.73168	4
5	1.05000	1.10250	1.15763	1.21551	1.27628	1.34010	1.40710	1.47746	1.55133	1.62889	1.71034	1.79586	1.88565	1.97993	5
6	1.06000	1.12360	1.19102	1.26248	1.33823	1.41852	1.50363	1.59385	1.68948	1.79085	1.89830	2.01220	2.13293	2.26090	6
7	1.07000	1.14490	1.22504	1.31080	1.40255	1.50073	1.60578	1.71819	1.83846	1.96715	2.10485	2.25219	2.40985	2.57853	7
8	1.08000	1.16640	1.25971	1.36049	1.46933	1.58687	1.71382	1.85093	1.99900	2.15892	2.33164	2.51817	2.71962	2.93719	8
9	1.09000	1.18810	1.29503	1.41158	1.53862	1.67710	1.82804	1.99256	2.17189	2.36736	2.58043	2.81266	3.06580	3.34173	9
10	1.10000	1.21000	1.33100	1.46410	1.61051	1.77156	1.94872	2.14359	2.35795	2.59374	2.85312	3.13843	3.45227	3.79750	10
12	1.12000	1.25440	1.40493	1.57352	1.76234	1.97382	2.21068	2.47596	2.77308	3.10585	3.47855	3.89598	4.36349	4.88711	12
14	1.14000	1.29960	1.48154	1.68896	1.92541	2.19497	2.50227	2.85259	3.25195	3.70722	4.22623	4.81790	5.49241	6.26135	14
16	1.16000	1.34560	1.56090	1.81064	2.10034	2.43640	2.82622	3.27841	3.80296	4.41144	5.11726	5.93603	6.88579	7.98752	16
18	1.18000	1.39240	1.64303	1.93878	2.28776	2.69955	3.18547	3.75886	4.43545	5.23384	6.17593	7.28759	8.59936	10.1472	18
20	1.20000	1.44000	1.72800	2.07360	2.48832	2.98598	3.58318	4.29982	5.15978	6.19174	7.43008	8.91610	10.6993	12.8392	20
24	1.24000	1.53760	1.90662	2.36421	2.93163	3.63522	4.50767	5.58951	6.93099	8.59443	10.6571	13.2148	16.3863	20.3191	24
28	1.28000	1.63840	2.09715	2.68435	3.43597	4.39805	5.62950	7.20576	9.22337	11.8059	15.1116	19.3428	24.7588	31.6913	28
32	1.32000	1.74240	2.29997	3.03596	4.00746	5.28985	6.98261	9.21704	12.1665	16.0598	21.1989	27.9825	36.9370	48.7568	32
36	1.36000	1.84960	2.51546	3.42102	4.65259	6.32752	8.60543	11.7034	15.9166	21.6466	29.4393	40.0375	54.4510	74.0534	36
40	1.40000	1.96000	2.74400	3.84160	5.37824	7.52954	10.5414	14.7579	20.6610	28.9255	40.4957	56.6939	79.3715	111.120	40
50	1.50000	2.25000	3.37500	5.06250	7.59375	11.3906	17.0859	25.6289	38.4434	57.6650	86.4976	129.746	194.620	291.929	50

续表

n / i	15	16	17	18	19	20	21	22	23	24	25	26	27	28	n / i
1	1.16097	1.17258	1.18430	1.19615	1.20811	1.22019	1.23239	1.24472	1.25716	1.26973	1.28243	1.29526	1.30821	1.32129	1
2	1.34587	1.37279	1.40024	1.42825	1.45681	1.48595	1.51567	1.54598	1.57690	1.60844	1.64061	1.67342	1.70689	1.74102	2
3	1.55797	1.60471	1.65285	1.70243	1.75351	1.80611	1.86029	1.91610	1.97359	2.03279	2.09378	2.15659	2.22129	2.28793	3
4	1.80094	1.87298	1.94790	2.02582	2.10685	2.19112	2.27877	2.36992	2.46472	2.56330	2.66584	2.77247	2.88337	2.99870	4
5	2.07893	2.18287	2.29202	2.40662	2.52695	2.65330	2.78596	2.92526	3.07152	3.22510	3.38635	3.55567	3.73346	3.92013	5
6	2.39656	2.54035	2.69277	2.85434	3.02560	3.20714	3.39956	3.60354	3.81975	4.04893	4.29187	4.54938	4.82235	5.11169	6
7	2.75903	2.95216	3.15882	3.37993	3.61653	3.86968	4.14056	4.43040	4.74053	5.07237	5.42743	5.80735	6.21387	6.64884	7
8	3.17217	3.42594	3.70002	3.99602	4.31570	4.66096	5.03383	5.43654	5.87146	6.34118	6.84848	7.39635	7.98806	8.62711	8
9	3.64248	3.97031	4.32763	4.71712	5.14166	5.60441	6.10881	6.65860	7.25787	7.91108	8.62308	9.39916	10.2451	11.1671	9
10	4.17725	4.59497	5.05447	5.55992	6.11591	6.72750	7.4025	8.14027	8.95430	9.84973	10.8347	11.9182	13.1100	14.4210	10
12	5.47357	6.13039	6.86604	7.68997	8.61276	9.64629	10.8038	12.1003	13.5523	15.1786	17.0001	19.0401	21.3249	23.8839	12
14	7.13794	8.13725	9.27646	10.5752	12.0557	13.7435	15.6676	17.8610	20.3616	23.2122	26.4619	30.1666	34.3899	39.2045	14
16	9.26552	10.7480	12.4677	14.4625	16.7765	19.4608	22.5745	26.1864	30.3762	35.2364	40.8742	47.4141	55.0004	63.8004	16
18	11.9737	14.1290	16.6722	19.6733	23.2144	27.3930	32.3238	38.1421	45.0076	53.1090	62.6686	73.9490	87.2598	102.967	18
20	15.4070	18.4884	22.1861	26.6233	31.9480	38.3376	46.0051	55.2061	66.2474	79.4968	95.3962	114.475	137.371	164.845	20
24	25.1956	31.2426	38.7408	48.0386	59.5679	73.8641	91.5915	113.574	140.831	174.631	216.542	268.512	332.955	412.864	24
28	40.5648	51.9230	66.4614	86.0706	108.890	139.380	178.406	228.360	292.300	374.144	478.905	612.998	784.638	1 004.34	28
32	64.3590	84.9538	112.139	148.024	195.391	257.916	340.449	449.393	593.199	783.023	1 033.59	1 364.34	1 800.93	2 377.22	32
36	100.713	136.969	186.278	253.338	344.540	468.574	637.261	866.674	1 178.68	1 603.00	2 180.08	2 964.91	4 032.28	5 483.90	36
40	155.568	217.795	304.913	426.879	597.630	836.683	1 171.36	1 639.90	2 295.86	3 214.20	4 499.88	6 299.83	8 819.76	12 347.7	40
50	437.894	656.841	985.261	1 477.89	2 216.84	3 325.26	4 987.89	7 481.83	11 222.7	16 834.1	25 251.2	37 876.8	56 815.1	85 222.7	50

附表二　　　　**复利现值系数表**　　　　(P/F, i, n) = $(1+i)^{-n}$

n / i	1	2	3	4	5	6	7	8	9	10	11	12	13	14	n / i
1	0.99010	0.98030	0.97059	0.96098	0.95147	0.94205	0.93272	0.92348	0.91434	0.90529	0.89632	0.88745	0.87866	0.86996	1
2	0.98039	0.96117	0.94232	0.92385	0.90573	0.88797	0.87056	0.85349	0.83676	0.82035	0.80426	0.78849	0.77303	0.75788	2
3	0.97087	0.94260	0.91514	0.88849	0.86261	0.83748	0.81309	0.78941	0.76642	0.74409	0.72242	0.70138	0.68095	0.66112	3
4	0.96154	0.92456	0.88900	0.85480	0.82193	0.79031	0.75992	0.73069	0.70259	0.67556	0.64958	0.62460	0.60057	0.57748	4
5	0.95238	0.90703	0.86384	0.82270	0.78353	0.74622	0.71068	0.67684	0.64461	0.61391	0.58468	0.55684	0.53032	0.50507	5
6	0.94340	0.89000	0.83962	0.79209	0.74726	0.70496	0.66506	0.62741	0.59190	0.55839	0.52679	0.49697	0.46884	0.44230	6
7	0.93458	0.87344	0.81630	0.76290	0.71299	0.66634	0.62275	0.58201	0.54393	0.50835	0.47509	0.44401	0.41496	0.38782	7
8	0.92593	0.85734	0.79383	0.73503	0.68058	0.63017	0.58349	0.54027	0.50025	0.46319	0.42888	0.39711	0.36770	0.34046	8
9	0.91743	0.84168	0.77218	0.70843	0.64993	0.59627	0.54703	0.50187	0.46043	0.42241	0.38753	0.35553	0.32618	0.29925	9
10	0.90909	0.82645	0.75131	0.68301	0.62092	0.56447	0.51316	0.46651	0.42410	0.38554	0.35049	0.31863	0.28966	0.26333	10
12	0.89286	0.79719	0.71178	0.63552	0.56743	0.50663	0.45235	0.40388	0.36061	0.32197	0.28748	0.25668	0.22917	0.20462	12
14	0.87719	0.76947	0.67497	0.59208	0.51937	0.45559	0.39964	0.35056	0.30751	0.26974	0.23662	0.20756	0.18207	0.15971	14
16	0.86207	0.74316	0.64066	0.55229	0.47611	0.41044	0.35383	0.30503	0.26295	0.22668	0.19542	0.16846	0.14523	0.12520	16
18	0.84746	0.71818	0.60863	0.51579	0.43711	0.37043	0.31393	0.26604	0.22546	0.19106	0.16192	0.13722	0.11629	0.09855	18
20	0.83333	0.69444	0.57870	0.48225	0.40188	0.33490	0.27908	0.23257	0.19381	0.16151	0.13459	0.11216	0.09346	0.07789	20
22	0.81967	0.67186	0.55071	0.45140	0.37000	0.30328	0.24859	0.20376	0.16702	0.13690	0.11221	0.09198	0.07539	0.06180	22
24	0.80645	0.65036	0.52449	0.42297	0.34111	0.27509	0.22184	0.17891	0.14428	0.11635	0.09383	0.07567	0.06103	0.04921	24
26	0.79365	0.62988	0.49991	0.39675	0.31488	0.24991	0.19834	0.15741	0.12493	0.09915	0.07869	0.06245	0.04957	0.03934	26
28	0.78125	0.61035	0.47684	0.37253	0.29104	0.22737	0.17764	0.13878	0.10842	0.08470	0.06617	0.05170	0.04039	0.03155	28
30	0.76923	0.59172	0.45517	0.35013	0.26933	0.20718	0.15937	0.1259	0.09430	0.07254	0.05580	0.04292	0.03302	0.02540	30
35	0.74074	0.54870	0.40644	0.30107	0.22301	0.16520	0.12237	0.09064	0.06714	0.04974	0.03684	0.02729	0.02021	0.01497	35

续表

i \ n	15	16	17	18	19	20	21	22	23	24	25	26	27	28	n / i
1	0.86135	0.85282	0.84438	0.83602	0.82774	0.81954	0.81143	0.80340	0.79544	0.78757	0.77977	0.77205	0.76440	0.75684	1
2	0.74301	0.72845	0.71416	0.70016	0.68643	0.67297	0.65978	0.64684	0.63416	0.62172	0.6095	0.59758	0.58586	0.57437	2
3	0.64186	0.62317	0.60502	0.58739	0.57029	0.55368	0.53755	0.52189	0.50669	0.49193	0.47761	0.46369	0.45019	0.43708	3
4	0.55526	0.53391	0.51337	0.49363	0.47464	0.45639	0.43883	0.42196	0.40573	0.39012	0.37512	0.36069	0.34682	0.33348	4
5	0.48102	0.45811	0.43630	0.41552	0.39573	0.37689	0.35894	0.34185	0.32557	0.31007	0.29530	0.28124	0.26785	0.25509	5
6	0.41727	0.39365	0.37136	0.35034	0.33051	0.31180	0.29416	0.27751	0.26180	0.24698	0.23300	0.21981	0.20737	0.19563	6
7	0.36245	0.33873	0.31657	0.29586	0.27651	0.25842	0.24151	0.22571	0.21095	0.19715	0.18425	0.17220	0.16093	0.15040	7
8	0.31524	0.29189	0.27027	0.25025	0.23171	0.21455	0.19866	0.18394	0.17032	0.15770	0.14602	0.13520	0.12519	0.11591	8
9	0.27454	0.25187	0.23107	0.21199	0.19449	0.17843	0.16370	0.15018	0.13778	0.12640	0.11597	0.10639	0.09761	0.08955	9
10	0.23939	0.21763	0.19784	0.17986	0.16351	0.14864	0.13513	0.12285	0.11168	0.10153	0.09230	0.08391	0.07628	0.06934	10
12	0.18270	0.16312	0.14564	0.13004	0.11611	0.10367	0.09256	0.08264	0.07379	0.06588	0.05882	0.05252	0.04689	0.04187	12
14	0.14010	0.12289	0.10780	0.09456	0.08295	0.07276	0.06383	0.05599	0.04911	0.04308	0.03779	0.03315	0.02908	0.02551	14
16	0.10793	0.09304	0.08021	0.06914	0.05961	0.05139	0.04430	0.03819	0.03292	0.02838	0.02447	0.02109	0.01818	0.01567	16
18	0.08352	0.07078	0.05998	0.05083	0.04308	0.03651	0.03094	0.02622	0.02222	0.01883	0.01596	0.01352	0.01146	0.00971	18
20	0.06491	0.05409	0.04507	0.03756	0.03130	0.02608	0.02174	0.01811	0.01509	0.01258	0.01048	0.00874	0.00728	0.00607	20
22	0.05065	0.04152	0.03403	0.02789	0.02286	0.01874	0.01536	0.01259	0.01032	0.00846	0.00693	0.00568	0.00466	0.00382	22
24	0.03969	0.03201	0.02581	0.02082	0.01679	0.01354	0.01092	0.00880	0.00710	0.00573	0.00462	0.00372	0.00300	0.00242	24
26	0.03122	0.02478	0.01967	0.01561	0.01239	0.00983	0.00780	0.00619	0.00491	0.00390	0.00310	0.00246	0.00195	0.00155	26
28	0.02465	0.01926	0.01505	0.01175	0.00918	0.00717	0.00561	0.00438	0.00342	0.00267	0.00209	0.00163	0.00127	0.00100	28
30	0.01954	0.01503	0.01156	0.00889	0.00684	0.00526	0.00405	0.00311	0.00239	0.00184	0.00142	0.00109	0.00084	0.00065	30
35	0.01109	0.00822	0.00609	0.00451	0.00334	0.00247	0.00183	0.00136	0.00101	0.00074	0.00055	0.00041	0.00030	0.00022	35

附表三　　　　**年金终值系数表**　　　　(F/A，i，n) = $[(1+i)^n-1]/i$

i \ n	1	2	3	4	5	6	7	8	9	10	11	12	13	14	n / i
1	1.00000	2.01000	3.03010	4.06040	5.10101	6.15202	7.21354	8.28567	9.36853	10.4622	11.5668	12.6825	13.8093	14.9474	1
2	1.00000	2.02000	3.06040	4.12161	5.20404	6.30812	7.43428	8.58297	9.75463	10.9497	12.1687	13.4121	14.6803	15.9739	2
3	1.00000	2.03000	3.09090	4.18363	5.30914	6.46841	7.66246	8.59234	10.1591	11.4639	12.8078	14.1920	15.6178	17.0863	3
4	1.00000	2.04000	3.12160	4.24646	5.41632	6.63298	7.89829	9.21423	10.5828	12.0061	13.4864	15.0258	16.6268	18.2919	4
5	1.00000	2.05000	3.15250	4.31012	5.52563	6.80191	8.14201	9.54911	11.0266	12.5779	14.2068	15.9171	17.7130	19.5986	5
6	1.00000	2.06000	3.18360	4.37462	5.63709	6.97532	8.39384	9.89747	11.4913	13.1808	14.9716	16.8699	18.8821	21.0151	6
7	1.00000	2.07000	3.21490	4.43994	5.75074	7.15329	8.65402	10.2598	11.9780	13.8164	15.7836	17.8885	20.1406	22.5505	7
8	1.00000	2.08000	3.24640	4.50611	5.86660	7.33593	8.92280	10.6366	12.4876	14.4866	16.6455	18.9771	21.4953	24.2149	8
9	1.00000	2.09000	3.27810	4.57313	5.98471	7.52333	9.20043	11.0285	13.0210	15.1929	17.5603	20.1407	22.9534	26.0192	9
10	1.00000	2.10000	3.31000	4.64100	6.10510	7.71561	9.48717	11.4359	13.5795	15.9374	18.5312	21.3843	24.5227	27.9750	10
12	1.00000	2.12000	3.37440	4.77933	6.35285	8.11519	10.0890	12.2997	14.7757	17.5487	20.6546	24.1331	28.0291	32.3926	12
14	1.00000	2.14000	3.43960	4.92114	6.61010	8.53552	10.7305	13.2328	16.0853	19.3373	23.0445	27.2707	32.0887	37.5811	14
16	1.00000	2.16000	3.50560	5.06650	6.87714	8.97748	11.4139	14.2401	17.5185	21.3215	25.7329	30.8502	36.7862	43.6720	16
18	1.00000	2.18000	3.57240	5.21543	7.15421	9.44197	12.1415	15.3270	19.0859	23.5213	28.7551	34.9311	42.2187	50.8180	18
20	1.00000	2.20000	3.64000	5.36800	7.44160	9.92992	12.9159	16.4991	20.7989	25.9587	32.1504	39.5805	48.4966	59.1959	20
22	1.00000	2.22000	3.70840	5.52425	7.73958	10.4423	13.7396	17.7623	22.6700	28.6574	35.9620	44.8737	55.7459	69.0100	22
24	1.00000	2.24000	3.77760	5.68422	8.04844	10.9801	14.6153	19.1229	24.7125	31.6434	40.2379	50.8950	64.1097	80.4961	24
26	1.00000	2.26000	3.84760	5.84798	8.36845	11.5442	15.5458	20.5876	26.9404	34.9449	45.0306	57.7386	73.7506	93.9258	26
28	1.00000	2.28000	3.94840	6.01555	8.69991	12.1359	16.5339	22.1634	29.3692	38.5926	50.3985	65.5100	84.8529	109.612	28
30	1.00000	2.30000	3.99000	6.18700	9.04310	12.7560	17.5828	23.8577	32.0150	42.6195	56.4053	74.3270	97.6250	127.913	30
35	1.00000	2.35000	4.17250	6.63288	9.95438	14.4384	0.4919	28.6640	39.6964	4.5902	74.6967	101.841	138.485	187.954	35

续表

i \ n	15	16	17	18	19	20	21	22	23	24	25	26	27	28	n / i
1	16.0969	17.2579	18.4304	19.6147	20.8109	22.0190	23.2392	24.4716	25.7163	26.9735	28.2432	29.5256	30.8209	32.1291	1
2	17.2934	18.6393	20.0121	21.4123	22.8406	24.2974	25.7833	27.2990	28.8450	30.4219	32.0303	33.6709	35.3443	37.0512	2
3	18.5989	20.1569	21.7616	23.4144	25.1169	26.8704	28.6765	30.5368	32.4529	34.4265	36.4593	38.5530	40.7096	42.9309	3
4	20.0236	21.8245	23.6975	25.6454	27.6712	29.7781	31.9692	34.2480	36.6179	39.0826	41.6459	44.3117	47.0842	49.9676	4
5	21.5786	23.6755	25.8404	28.1324	30.5390	33.0660	35.7193	38.5052	41.4305	44.5020	47.7271	51.1135	54.6691	58.4026	5
6	23.2760	25.6725	28.2129	30.9057	33.7600	36.7856	39.9927	43.3923	46.9958	50.8156	54.8645	59.1564	63.7058	68.5281	6
7	25.1290	27.8880	30.8402	33.9990	37.3790	40.9955	44.8652	49.0057	53.4361	58.1767	63.2490	68.6765	74.4838	80.6977	7
8	27.1521	30.3243	33.7502	37.4502	41.4463	45.7620	50.4229	55.4568	60.8933	66.7648	73.1059	79.9544	87.3508	95.3388	8
9	29.3609	33.0034	36.9737	41.3013	46.0185	51.1601	56.7645	62.8733	69.5319	76.7898	84.7009	93.3240	102.723	112.968	9
10	31.7725	35.9497	40.5447	45.5992	51.1591	57.2750	64.0025	71.4027	79.5430	88.4973	98.3471	109.182	121.100	134.210	10
12	37.2797	42.7533	48.8837	55.7497	63.4397	72.0524	81.6987	92.5026	104.603	118.155	133.334	150.334	169.374	190.699	12
14	43.8424	50.9804	59.1176	68.3941	78.9692	91.0249	104.768	120.436	138.297	158.659	181.871	208.333	238.499	272.889	14
16	51.6595	60.9250	71.6730	84.1407	98.6032	115.380	134.841	157.415	183.601	213.978	249.214	290.088	337.502	392.503	16
18	60.6953	72.9390	87.0680	103.740	123.414	146.628	174.021	206.345	244.487	289.494	342.603	405.272	479.221	566.481	18
20	72.0351	87.4421	105.931	128.117	154.740	186.688	225.026	271.031	326.237	392.484	471.981	567.377	681.853	819.223	20
22	85.1922	104.935	129.020	158.405	194.254	237.989	291.347	356.443	435.861	532.750	650.955	795.165	971.102	1 185.74	22
24	100.815	126.011	157.253	195.994	244.033	303.601	377.465	469.056	582.630	723.461	898.092	1 114.63	1 383.15	1 716.10	24
26	119.347	151.377	191.735	242.585	306.658	387.389	489.110	617.278	778.771	982.251	1 238.64	1 561.68	1 968.72	2 481.59	26
28	141.303	181.868	233.791	300.252	385.323	494.213	633.593	811.999	1 040.36	1 332.66	1 706.80	2 185.71	2 798.71	3 583.34	28
30	167.286	218.472	285.014	371.518	483.973	630.165	820.215	1 067.28	1 388.46	1 806.00	2 348.80	3 054.44	3 971.78	5 164.31	30
35	254.738	344.897	466.611	630.925	852.748	1 152.21	1 556.48	2102.25	2 839.04	3 833.71	5 176.50	6 989.28	9 436.53	12 740.3	35

附表四　　**年金现值系数表**　　（P/A，i，n）=［1-（1+i）$^{-n}$］/i

n / i	1	2	3	4	5	6	7	8	9	10	11	12	13	14	n / i
1	0.99010	1.97040	2.94099	3.90197	4.85343	5.79548	6.72819	7.65168	8.56602	9.47130	10.3676	11.2551	12.1337	13.0037	1
2	0.98039	1.94156	2.88388	3.80773	4.71346	5.60143	6.47199	7.32548	8.16224	8.98259	9.78685	10.5753	11.3484	12.1062	2
3	0.97087	1.91347	2.82861	3.71710	4.57971	5.41719	6.23028	7.01969	7.78611	8.53020	9.25262	9.95400	10.6350	11.2961	3
4	0.96154	1.88610	2.77509	3.62990	4.45182	5.24214	6.00206	6.73275	7.43533	8.11090	8.76048	9.38507	9.98565	10.5631	4
5	0.95238	1.85941	2.72325	3.54595	4.32948	5.07569	5.78637	6.46321	7.10782	7.72173	8.30641	8.86325	9.39357	9.89864	5
6	0.94340	1.83339	2.67301	3.46511	4.21236	4.91732	5.58238	6.20979	6.80169	7.36009	7.88687	8.38384	8.85268	9.29498	6
7	0.93458	1.80802	2.62432	3.38721	4.10020	4.76654	5.38929	5.97130	6.51523	7.02358	7.49867	7.94269	8.35765	8.74547	7
8	0.92593	1.78326	2.57710	3.31213	3.99271	4.62288	5.20637	5.74664	6.24689	6.71008	7.13896	7.53608	7.90378	8.24424	8
9	0.91743	1.75911	2.53130	3.23972	3.88965	4.48592	5.03295	5.53482	5.99525	6.41766	6.80519	7.16073	7.48690	7.78615	9
10	0.90909	1.73554	2.48685	3.16987	3.79079	4.35526	4.86842	5.33493	5.75902	6.14457	6.49506	6.81369	7.10336	7.36669	10
12	0.89286	1.69005	2.40183	3.03735	3.60478	4.11141	4.56376	4.96764	5.32825	5.65022	5.93770	6.19437	6.42355	6.62817	12
14	0.87719	1.64666	2.32163	2.91371	3.43308	3.88867	4.28830	4.63886	4.94637	5.21612	5.45273	5.66029	5.84236	6.00207	14
16	0.86207	1.60523	2.24589	2.79818	3.27429	3.68474	4.03857	4.34359	4.60654	4.83323	5.02864	5.19711	5.34233	5.46753	16
18	0.84746	1.56564	2.17427	2.69006	3.12717	3.49760	3.81153	4.07757	4.30302	4.49409	4.65601	4.79322	4.90951	5.00806	18
20	0.83333	1.52778	2.10648	2.58873	2.99061	3.32551	3.60459	3.83716	4.03097	4.19247	4.32706	4.43922	4.53268	4.61057	20
22	0.81967	1.49154	2.04224	2.49364	2.86364	3.16692	3.41551	3.61927	3.78628	3.92318	4.03540	4.12737	4.20277	4.26456	22
24	0.80645	1.45682	1.98130	2.40428	2.74538	3.02047	3.24232	3.42122	3.56550	3.68186	3.77569	3.85136	3.91239	3.96160	24
26	0.79365	1.42353	1.92344	2.32019	2.63507	2.88498	3.08331	3.24073	3.36566	3.46481	3.54350	3.60595	3.65552	3.69485	26
28	0.78125	1.39160	1.86844	2.24097	2.53201	2.75938	2.93702	3.07579	3.18421	3.26892	3.33509	3.38679	3.42718	3.45873	28
30	0.76923	1.36095	1.81611	2.16624	2.43557	2.64275	2.80211	2.92470	3.01900	3.09154	3.14734	3.19026	3.22328	3.24867	30
35	0.74074	1.28944	1.69588	1.99695	2.21996	2.38516	2.50752	2.59817	2.66531	2.71504	2.75188	2.77947	2.79939	2.81436	35

续表

n / i	15	16	17	18	19	20	21	22	23	24	25	26	27	28	n / i
1	13.8651	14.7179	15.5623	16.3983	17.2260	18.0456	18.8570	19.6604	20.4558	21.2434	22.0232	22.7952	23.5596	24.3164	1
2	12.8493	13.5778	14.2919	14.9920	15.6785	16.3514	17.0112	17.6580	18.2922	18.9139	19.5235	20.1210	20.7069	21.2813	2
3	11.9379	12.5611	13.1661	13.7535	14.3238	14.8775	15.4150	15.9369	16.4436	16.9355	17.4131	17.8768	18.3270	18.7641	3
4	11.1184	11.6523	12.1657	12.6593	13.1339	13.5903	14.0292	14.4511	14.8568	15.2420	15.6221	15.9828	16.3296	16.6631	4
5	10.3797	10.8378	11.2741	11.6896	12.0853	12.4622	12.8212	13.1630	13.4886	13.7986	14.0939	14.3752	14.6430	14.8981	5
6	9.71225	10.1059	10.4773	10.8276	11.1581	11.4699	11.7641	12.0416	12.3034	12.5504	12.7834	13.0032	13.2105	13.4062	6
7	9.10791	9.44665	9.76322	10.0591	10.3356	10.5940	10.8355	11.0612	11.2722	11.4693	11.6536	11.8258	11.9867	12.1371	7
8	8.55948	8.85137	9.12164	9.37189	9.60360	9.81815	10.0168	10.2007	10.3711	10.5288	10.6748	10.8100	10.9352	11.0511	8
9	8.06069	8.31256	8.54363	8.75563	8.95011	9.12855	9.29224	9.44243	9.58021	9.70661	9.82258	9.92897	10.0266	10.1161	9
10	7.60608	7.82371	8.02155	8.20141	8.36492	8.51356	8.64869	8.77154	8.88322	8.98474	9.07704	9.16095	9.23722	9.30657	10
12	6.81086	6.97399	7.11963	7.24967	7.36578	7.46944	7.56200	7.64465	7.71843	7.78432	7.84314	7.89566	7.94255	7.98442	12
14	6.14217	6.26506	6.37286	6.46742	6.55037	6.62313	6.68696	6.74294	6.79206	6.83514	6.87293	6.90608	6.93515	6.96066	14
16	5.57546	5.66850	5.74870	5.81785	5.87746	5.92884	5.97314	6.01133	6.04425	6.07263	6.09709	6.11818	6.13636	6.15204	16
18	5.09158	5.16235	5.22233	5.27316	5.31624	5.35275	5.38368	5.40990	5.43212	5.45095	5.46691	5.48043	5.49189	5.50160	18
20	4.67547	4.72956	4.77463	4.81219	4.84350	4.86958	4.89132	4.90943	4.92453	4.93710	4.94759	4.95632	4.96360	4.96967	20
22	4.31552	4.35673	4.39077	4.41866	4.44152	4.46027	4.47563	4.48822	4.49854	4.50700	4.51393	4.51962	4.52428	4.52810	22
24	4.00129	4.03330	4.05911	4.07993	4.09672	4.11026	4.12117	4.12998	4.13708	4.14281	4.14743	4.15115	4.15415	4.15657	24
26	3.72607	3.75085	3.77052	3.78613	3.79851	3.80834	3.81615	3.82234	3.82725	3.83115	3.83425	3.83670	3.83865	3.84020	26
28	3.48339	3.50265	3.51769	3.52945	3.53863	3.54580	3.55141	3.55579	3.55921	3.56188	3.56397	3.56560	3.56688	3.56787	28
30	3.26821	3.28324	3.29480	3.30369	3.31053	3.31579	3.31984	3.32296	3.32535	3.32719	3.32861	3.32970	3.33054	3.33118	30
35	2.82545	2.83367	2.83975	2.84426	2.84760	2.85008	2.85191	2.85326	2.85427	2.85502	2.85557	2.85598	2.85628	2.85650	35